Leitfaden Parkraumkonzepte

von

Heinz Peter Appel
Reinhold Baier
Alfons Wagener

BSV Büro für Stadt- und Verkehrsplanung
Dr.-Ing. Reinhold Baier GmbH, Aachen

Berichte der
Bundesanstalt für Straßenwesen

Verkehrstechnik   Heft V 1

Die Bundesanstalt für Straßenwesen veröffentlicht Ergebnisse aus ihrer Arbeit, vor allem Forschungsvorhaben, in der Schriftenreihe **Berichte der Bundesanstalt für Straßenwesen.**
Die Reihe besteht aus folgenden Unterreihen:

A – Allgemeines
B – Brücken- und Ingenieurbau
F – Fahrzeugtechnik
M – Mensch und Sicherheit
S – Straßenbau
V – Verkehrstechnik

Es wird darauf hingewiesen, daß die unter dem Namen der Verfasser veröffentlichten Berichte nicht in jedem Falle die Ansicht des Herausgebers wiedergeben.

Nachdruck und photomechanische Wiedergabe, auch auszugsweise, nur mit Genehmigung der Bundesanstalt für Straßenwesen, Referat Öffentlichkeitsarbeit.

Die Hefte der Schriftenreihe **Berichte der Bundesanstalt für Straßenwesen** können direkt beim Wirtschaftsverlag NW, Verlag für neue Wissenschaft GmbH, Am Alten Hafen 115, 27568 Bremerhaven, Telefon (04 71) 4 60 93–95, bezogen werden.

Über die Forschungsergebnisse und ihre Veröffentlichungen wird in Kurzform im Informationsdienst **BASt-Info** berichtet. Dieser Dienst wird kostenlos abgegeben; Interessenten wenden sich bitte an die Bundesanstalt für Straßenwesen, Referat Öffentlichkeitsarbeit.

Impressum

Bericht zum Forschungs- und Entwicklungsvorhaben 70279/89 des Bundesministers für Verkehr
Leitfaden zur Erstellung von Parkraumkonzepten unter besonderer Berücksichtigung von Mittelstädten

Projektbetreuung:
Wilhelm Kockelke, Sigrid Metz-Dörner

Herausgeber:
Bundesanstalt für Straßenwesen
Brüderstraße 53, D-51427 Bergisch Gladbach
Telefon (0 22 04) 43-0,
Telefax (0 22 04) 43-832

Redaktion:
Referat Öffentlichkeitsarbeit

Druck und Verlag
Wirtschaftsverlag NW
Postfach 10 11 10
D-27511 Bremerhaven
Am Alten Hafen 113–115
Telefon (04 71) 4 60 93–95
Telefax (04 71) 4 27 65

ISSN 0943-9331
ISBN 3-89 429-302-0

Bergisch Gladbach, 2. Auflage, November 1993

Kurzfassung · Abstract · Résumé

Leitfaden Parkraumkonzepte

„Parken" war früher vorwiegend ein Thema der Bauordnung, Parken im Straßenraum war eher die Ausnahme als die Regel, dort, wo es stattfand, war es unproblematisch. Das hat sich massiv geändert. Parken ist ein unverzichtbares Thema der Stadt- und Verkehrsplanung geworden. Mittelstädte haben dabei gegenüber Großstädten einen Nachholbedarf, insbesondere dabei, Parkraumkonzepte nicht zur Befriedigung der steigenden Nachfrage, sondern unter dem Gesichtspunkt der städtebaulichen Verträglichkeit zu entwickeln.

Ein Überblick über den aktuellen Stand der kommunalen Praxis bestätigt den hohen Stellenwert, den die Beschäftigung mit Parkraumkonzepten derzeit hat. Schwerpunkte sind zumeist die Innenstädte und umgebende Mischgebiete; noch enthalten die meisten Konzepte Angebotserweiterungen. Aber: Besonders empfindliche Bereiche werden von fließendem und ruhendem Kfz-Verkehr befreit, Parken ist in steigendem Maße gebührenpflichtig, Anwohner werden fast überall bevorrechtigt. Die meisten aktuellen Handlungskonzepte enthalten Parkleitsysteme, überwiegend statischer oder halbdynamischer Art. Parken wird aber in vielen Fällen noch als „Problem für sich" behandelt: Einbindungen bzw. Verschränkungen mit ÖPNV-Strategien sind (noch) selten.

Ein Parkraumkonzept muß aber sowohl kurzfristige Abhilfen schaffen als auch „strategisch" entwickelt werden; die Bestandteile einer solchen Strategie müssen sein:

1. „Mengenpolitik": Art, Umfang und Lage des Parkraumangebotes

2. „Betriebsform": Berechtigungen, Bedingungen und Kosten der Inanspruchnahme von Parkraum

3. „Erreichbarkeits-Äquivalente": Elemente des Verkehrssystems, die zusätzlich und alternativ zum Auto die Erreichbarkeit der Nachfragezentren sicherstellen: ÖPNV, Radverkehrsnetz, Fußwegenetz, aber auch: Fahrgemeinschaften, Bringedienste, etc.

Damit ein Parkkonzept „funktioniert", muß es beschlossen werden, also mehrheitsfähig sein; darüberhinaus braucht es aber Akzeptanz, d. h. Beteiligung und Befolgung in der alltäglichen Praxis vor Ort; es geht also auch um „Marketing" für das Produkt Parkraumkonzept, und zwar von Anfang an. Dazu gehört unverzichtbar auch eine zweckmäßig angelegte, verhaltenswirksame Kontrolle des Parkverhaltens. Aus diesen Ansprüchen folgt die Notwendigkeit einer 4. Dimension der Strategie:

4. Information, Motivation, Konsens- und Akzeptanzbildung

Die drei fachplanerischen Strategie-Dimensionen müssen kommunikativ verarbeitet, nämlich veröffentlicht, erörtert, begründet werden.

Zweck dieses Leitfadens sind Hilfen für die kommunale Praxis, Adressaten sind sowohl die planende Verwaltung als auch die kommunale Politik und die beteiligte und betroffene Öffentlichkeit. Dieser Adressatenkreis macht eine handlungsorientierte Aufbereitung und Darstellung und eine Vielzahl von Beispielen erforderlich.

Fallstudien in fünf Städten: Esslingen, Delbrück, Geldern, Hanau und Lüneburg weisen den hohen Stellenwert von Beteiligungen und Öffentlichkeitsarbeit, also des „Marketing" von Parkraumkonzepten nach.

Aufbauend auf Erfahrungen zahlreicher Beispiele und der Fallstudien wird ein Leitfaden zur Erstellung von Parkraumkonzepten mit einem strategisch-perspektivischen und einem methodisch-technischen Schwerpunkt entwickelt.

Der praktisch-technische Teil des Leitfadens zeigt Instrumente und Methoden der (problemspezifisch zu differenzierenden) Bilanzierung auf, gibt Hinweise und Beispiele für die Anordnung und Dimensionierung von Parkraum im Straßenraum, in Anlagen und auf privaten Flächen und diskutiert die Möglichkeiten der „Bewirtschaftung" im Sinne des wirtschaftlichen Umgangs mit einem knappen Gut. Neuere Techniken, aber auch Neuerungen im Verkehrs-, Planungs- und Verwaltungsrecht haben hier erhebliche Erleichterungen erbracht.

Mit Hilfe der Synthetisierung eines Beispiels ist der Versuch unternommen worden, die zahlreichen Analyse-, Definitions-, Konzept- und Entscheidungsschritte im Zusammenhang, also auch im Prozeß, darzustellen.

Guideline for parking concepts

In the past, "parking" had primarily been the theme of building regulations or zoning bye-laws; parking in streets was an exception rather than the rule, not causing any trouble if it did happen. This has radically changed. Parking has become an urban and road traffic planning theme that can no longer be overlooked. Mid-size towns compared with large cities have a backlog demand in this context, especially as regards the development of parking concepts from the viewpoint of environmental compatibility rather than satisfying increasing demands.

An overview of the present state of municipal practice confirms the relative importance of the concern about parking concepts. Focal points mostly are city centres and surrounding mixed development areas; most concepts still have built-in possibilities of enlarging the parking space. However: extremely sensitive areas are being freed from moving and stationary traffic; the trend to charge fees for parking is increasing; residential parking is accorded priority almost everywhere. Most of the current management concepts include park piloting systems predominantly static or semidynamic in nature. Often, parking is dealt with as a "problem by itself": its integration into public transit strategies is (still) rare.

A parking concept, however, should not only provide a short-term remedy for a situation but also be "strategically" developed with the strategy containing the following elements:

(1) "Quantity policy": type, capacity and location of the parking space offered

(2) "Form of operation": entitlement, parking conditions and fees

(3) "Accessibiblity equivalent": traffic system elements ensuring the accessibility of urban destinations by means other than the car: public transit system, networks of bicycle and pedestrian lanes, but also car pools, van pools, etc.

For a parking concept "to function" it must be based on a decision, i. e. constituting a quorum; in addition, it needs to be accepted, i. e., people use the system according to its rules wherever it is offered. This also means "marketing" the parking concept product, and that from the outset. Another indispensable element is a suitable and effective form of controlling parking behaviour. All this results in the necessity of a fourth dimension of the strategy:

(4) Information, motivation, consensus and acceptance

The three technical strategy planning dimensions must be made known to the public, namely published, discussed and their reasons explained.

The purpose of this guideline is to assist with the municipal planning practice. It therefore addresses planning authorities, municipal policy makers and the public concerned with a large number of case studies, illustrations and pointers for action.

Case studies were made in five cities. Esslingen, Delbruck, Geldern, Hanau and Luneburg have confirmed the high relative importance of civic participation and public relation efforts, hence of "marketing" parking concepts.

Based on the experience gained from a large number of examples and case studies, a guideline for the drawing up of parking concepts is developed with one part focusing on strategy and perspective and another with the focus on methodology and technical procedures.

The practice-oriented technical part of the guideline points to instruments and methods, contains suggestions, pointers and examples of the design of parking spaces in streets, other public facilities and on private areas. It further discusses possibilities of parking space management in the sense of making economic use of a scarce commodity. Due to new techniques and changes in traffic, planning and administrative laws, it has become much easier to deal with the parking issue.

By means of one example an attempt is made at representing the various stages of analysis, definition, conception and decision required in the planning process as an integrated whole.

Guide pour des concepts d'aires de stationnement

Autrefois, le stationnement était principalement du ressort de la réglementation relative à la construction. Trouver un endroit pour stationner dans des espaces routiers n'était pas de règle et constituait plutôt l'exception. Et il ne se posait aucun problème quant à l'endroit où l'on stationnait. Mais la situation s'est considérablement modifiée. Le problème du stationnement est devenu indissociable de l'urbanisme et de la planification concernant le trafic. Les villes moyennes, en comparaison avec les grandes villes, ont des besoins accumulés à couvrir, notamment en ce qui concerne l'élaboration de concepts d'aires de stationnement, non seulement dans le but de satisfaire á la demande continuellement croissante, mais également du point de vue de compatibilité urbaine.

L'observation de l'état actuel des pratiques au niveau communal confirme l'importance de se consacrer actuellement à l'élaboration de concepts d'aires de stationnement. Les principaux points concernent le plus souvent les centres intériereus des villes et les zones environnantes comportant commerces et habitations; la plupart des concepts présentent encore des élargissements du nombres d'aires de stationnement offertes. Mais des zones particulièrement sensibles sont libérées des trafics automobiles fluides et au repos, de plus en plus de stationnements deviennent payants, les habitants sont prioritaires pratiquement partout. La plupart des concepts d'action actuels comportent des systèmes donnant des indications sur la stationnement, sous forme principalement statique ou semi-dynamique. Le stationnement est cependant considéré, dans de nombreux cas, comme problème en tant que tel: les relations ou les recoupements avec les stratégies des services allemands pour la circulation des personnes en banlieue (ÖPNV) restent encore rares.

Cependant, un concept d'aires de stationnement doit, à la fois, apporter un remède à cours terme et faire l'objet d'un développement stratégique; les composantes de cette stratégie doivent être les suivantes:

1. «Politique de quantité»: forme, dimensions et emplacement des aires de stationnement proposées.

2. «Forme d'exploitation»: autorisations, conditions et coûts qu'impliquent une demande d'une aire de stationnement.

3. «Equivalences d'accessibilité»: éléments du système du trafic permettent d'assurer aux voitures, de manière complémentaire et alternative, l'accessibilité aux centres demandés: services publics pour la circulation de personnes en banlieue (ÖPNV), réseau de pistes cyclables, réseau de voies piétonnières, mais également les possibilités de voyager en commun, les services de livraison, etc.

Afin qu'un concept de stationnement puisse «fonctionner», il doit être décidé et approuvé à la majorité; de plus, une acceptation du cencept est nécessaire, c'est-à-dire qu'il doit faire l'objet d'une participation et d'un suivi sur place; il s'agit donc d'une opération de «marketing» pour l'aire de stationnement en tant que produit, et ce dès de le début du projet. Ce qui implique obligatoirement un contrôle orienté et efficace du comportement du public vis-à-vis du stationnement. De par ces exigences, une quatrième composante, s'impose dans cette stratégie:

4. «Information, motivation, consensus et acceptation.»

Les trois dimensions de cette stratégie, qui concernent une planification spécifique, doivent être traitées dans une optique communicative, c'est-à-dire faire l'objet d'une publication, d'une discussion et d'une justification.

L'objectif de ce guide est d'apporter des aides pratiques au niveau communal et s'adresse aussi bien à l'administration chargée de la planification qu'aux personnes chargées de la politique communale ainsi qu'au public y participant ou se sentant concerné. Ce cercle de destinataires impose une élaboration et une présentation pragmatiques ainsi qu'un recours á de multiples exemples.

Des études de cas réalisées dans cinq villes – Esslingen, Delbrück, Geldern, Hanau et Lüneburg – démontrent bien la signification que peuvent représenter une participation et des opérations de publicité, c'est-à-dire le «marketing» des concepts d'aires de stationnement.

Se fondant sur les expériences de nombreux exemples ainsi que sur les études de cas, un guide concernant l'élaboration de concepts d'aires de stationnement est mis au point, avec un sujet principal axé sur une perspective de stratégie, méthodique et technique.

La partie technique et pratique de ce guide présente des instruments et des méthodes d'établissement de bilan (à différencier selon l'aspect spécifique du problème), donne des conseils et des exemples d'agencement et de dimensions d'aires de stationnement dans des espaces routiers, dans des installations et dans des espaces privés, et analyse les possibilités de «gestion», dans le sens d'une approche économique dans le cas d'un bien limité. Des techniques plus récentes, mais également de nouvelles réglementations en matière de droit de la circulation et de la planification et de droit administratif, ont permis d'alléger considérablement le problème.

En synthétisant un exemple, nous avons essayé de présenter dans un contexte, c'est-à-dire, dans un processus, les nombreuses phases d'analyse, de définition, de conceptualisation et de décision.

Inhaltsverzeichnis

		Seite
	Einleitung: Anspruch und Aufbau dieses Leitfadens	7
1.	Ausgangssituation	9
1.1	Parken als Thema der Stadt- und Verkehrsplanung	9
1.2	Aktuelle Initiativen	12
1.3	Aktueller Handlungsbedarf	15
2.	Typen von Problemlagen und aktuelle Konzepte	17
2.1	Zur Identifikation von "Mittelstädten"	18
2.2	Übersicht und Beispiele zum aktuellen Stand der kommunalen Praxis	21
	Räumlicher Geltungsbereich der analysierten Parkraumkonzepte	23
	Schwerpunkte der aktuellen Ansätze	23
	Instrumente in aktuellen Parkraumkonzepten	25
	Flankierende und ergänzende Instrumente	27
2.3	Typische Parkraumkonzepte in Mittelstädten	29
2.4	Probleme, Konzepte und Ergebnisse in Fallstudienstädten	30
	- Fallstudie: Innenstadt Esslingen am Neckar	32
	- Fallstudie: Innenstadt Hanau	35
	- Fallstudie: Innenstadt Lüneburg	38
	- Fallstudie: Innenstadt Geldern	41
	- Fallstudie: Delbrück-Mitte	45
3.	Strategien der Problemlösung	49
3.1	Mengenpolitik	50
3.2	"Betriebsformen" für Parkraum	57
3.3	"Erreichbarkeits-Äquivalente"	62
3.4	Konsensbildung und Marketing	68
4.	Instrumente, Methoden, Techniken	72
4.1	Parkbilanz	73
	- Parkraumanalyse	73
	- Analyse der Parknachfrage	77
	- Parkbilanz	80
	- Anlage und Ergebnisse von Befragungen	81
4.2	Instrumente der Mengenpolitik	82
	- Parkstände im Öffentlichen Straßenraum	83
	- Parken in Blockinnenbereichen	85
	- Parken auf privaten Grundstücken	86
	- Parkbauten	86
	- Abfertigungsanlagen in Parkbauten	90
	- Mechanische Parkierungsanlagen	91
	- Private Stellplätze	93
4.3	"Management" von Parkraum	96
	- Mehrfachnutzung von Parkraum	96
	- Parkleitsysteme	97
	- Park and Ride	98
	- Kontrolle und Sanktionen	99
	- Parkdauerbegrenzung	101
	- Parkgebühren	102
	- Sonderparkberechtigung für Anwohner	104
4.4	Zusammenfassung von Einzelinstrumenten	110
5.	Ein "synthetisches" Beispiel: Das Parkraumkonzept in Musterstadt	112
6.	Glossar der Begriffe und Konstrukte	121
7.	Literatur- und Abbildungsverzeichnis	125
8.	Index der zitierten Städte	128

Einleitung
Anspruch und Aufbau dieses Leitfadens

Parkraumkonzepte mit regelnden und beschränkenden Eingriffen für **Großstädte** erscheinen in der aktuellen Diskussion als Selbstverständlichkeit, auch wenn die Zahl der tatsächlich restriktiven Eingriffe geringer ist als vermutet.

Schwerpunkte künftiger Parkraumpolitik westdeutscher Großstädte: Quelle: 42

Restriktive Massnahmen	
- Parkraumbeschränkungen	59 %
- Parkdauerregelungen	38 %
- Gebührenregelungen	30 %
- Sonstiges	38 %

Unterstützung restriktiver Massnahmen	
- Förderung von P+R	54 %
- Förderung des ÖPNV	17 %
- Aufbau eines Parkleitsystems	13 %
- Sonstiges	13 %

Nutzerspezifische Parkraumpolitik	
- Anwohner - Sonderregelungen	42 %
- Schaffung von Anwohnerparkraum	34 %
- Sonderregelungen für sonstige Nutzergruppen (z.B. Lieferanten, Behinderte)	21 %

Schaffung von öffentlichem Parkraum	
- durch Parkraumbewirtschaftung	13 %
- durch Parkplatzbau am Innenstadtrand	13 %
- durch eingeschränkten Parkplatzbau innerhalb der Innenstadt	13 %

Parkraumkonzepte für **Mittelstädte** sind (noch) nicht gleichermaßen selbstverständlich: Art, Ausmaß und Ausdehnung der Parkprobleme sind häufig noch vergleichsweise gering. Problemverschärfungen sind später eingetreten bzw. sichtbar geworden.

Parkraumkonzepte werden häufig verkürzt verstanden als Programm zur Schaffung von Parkraum, also zur Anpassung des Angebotes an die (aktuelle oder prognostizierte) Nachfrage. Ebenso aber, wie z.B. die Gewerbeansiedlungsplanung sich nicht nur mit den Flächenansprüchen, der Erschließung etc. beschäftigen kann, sondern die Beeinflussungen und Beeinträchtigungen durch Gewerbeansiedlungen als **Verursacher** von Problemen betrachtet, müssen Parkraumkonzepte die von Parkgelegenheiten ausgehenden oder durch sie verschärften Probleme untersuchen und lösen.

In diesem Verständnis, nämlich von Parken als **Problem** nicht nur für **Parkwillige**, sondern für alle anderweitig davon **Betroffenen**, haben Mittelstädte zumindest in ihrem Kern und den umgebenden Randbereichen gleiche Probleme wie Großstädte; es ist zu vermuten, daß diese Probleme durch bisher ausgebliebene Eingriffe in Mittelstädten sogar noch verschärft anzutreffen sind.

Andererseits gibt es auch in Mittelstädten zahlreiche, zum Teil anspruchsvolle Initiativen.

Zweck dieses Leitfadens sind Hilfen für die kommunale Praxis, Adressaten sind sowohl die planende Verwaltung als auch die kommunale Politik und die beteiligte und betroffene Öffentlichkeit. Der Leitfaden versucht, mit seinem Aufbau den Gang einer "idealen" Diskussion nachzuvollziehen:

- **Kapitel 1** ordnet das **Thema Parken** in die Stadt- und Verkehrsplanung ein, bricht also bisherige thematischer Eingrenzungen der Diskussion auf; es werden aktuelle Initiativen und Interessen genannt und der aktuelle Handlungsbedarf umrissen.

- **Kapitel 2** gibt einen **Überblick** über den aktuellen Stand der kommunalen **Praxis**: es wird auf einige Spezifika von Mittelstädten hingewiesen und versucht, die besondere Aufgabenstellung von Parkraumkonzepten in Mittelstädten zu klären. Anhand einer Stichprobe von 42 aktuellen Untersuchungen und Planungen wird der Stand der Praxis dokumentiert: räumliche Ausdehnung und Schwerpunkte, strategische Elemente und Instrumente, wie sie derzeit verwendet werden, werden erläutert und diskutiert und die vorliegenden Konzepte danach typisiert.

Anhand von **5 Fallstudien** wird die Substanz und der Prozeß von Parkraumkonzeption im Zusammenhang vorgestellt: die Ausgangslage und Befunde zum ruhenden Verkehr, Strategien und Instrumente, die Realisierung der Konzepte und bisher feststellbare Effekte werden am Beispiel der Städte **Esslingen am Neckar**, **Hanau**, **Lüneburg**, **Geldern** und **Delbrück** dargestellt.

Die Ergebnisse aus den Beispielstädten und den Fallstudienstädten sollen dazu dienen, den offensichtlich bestehenden Abklärungsbedarf als Strategie, Methoden und Instrumente auszumachen, denjenigen Informationsbedarf also, zu dem dieser Leitfaden einen Beitrag leisten soll.

- **Kapitel 3** nimmt einen zentralen, "strategischen" Stellenwert in der gesamten Argumentation dieses Leitfadens ein: allzuoft stehen kleinteilige und instrumentelle Arbeiten im Zentrum von Konzepten zur Problemlösung und die strategische, perspektivische Ebene kommt zu kurz. Die notwendigen Dimensionen einer solchen Strategie sind: Menge, Betrieb, alternative Erreichbarkeit und Marketing.

  3.1 beschreibt die im Rahmen der **Mengenpolitik** notwendigerweise zu klärenden Fragen und leitet die **städtebauliche Verträglichkeit** als durchgängigen Standard der Mengenpolitik ab.

  3.2 stellt die unterschiedlichen **"Betriebsformen"** von Parkraum vor, damit wird die statische Größe Parkraum dynamisiert; damit wird die Diskussion von "Parkraum" (als Zahl der Parkstände) modifiziert durch den Bezug auf die abwickelbare "Parkarbeit". Hauptgesichtspunkt zur Planung und Bearbeitung des Betriebs von Parkraum ist seine **Selektivität** in Bezug auf die aktuelle oder erwartbare Nachfrage.

  3.3 stellt die Diskussion von Parkraum und dessen Betrieb in den Zusammenhang des gesamten Verkehrssystems durch den Bezug auf **"Erreichbarkeits-Äquivalente"**, also auf solche qualitativ dem Auto vergleichbare Erreichbarkeiten, die die Autobenutzung unnötig machen, die Notwendigkeit von Parkraum am Ziel also vermindern.

  3.4 bearbeitet eine häufig vernachlässigte Dimension, nämlich die **Konsensbildung** und das **Marketing** von Parkraumkonzepten.

- **Kapitel 4** gibt methodische, technische und instrumentelle Hinweise:

  4.1 stellt die Arbeiten der **Parkraumbilanzierung** dar. Erhebungen, Auswertungen und Darstellungen von Angebot und Nachfrage, die die qualifizierte Ableitung und Vermarktung eines Parkraumkonzeptes ermöglichen.

  4.2 diskutiert die Möglichkeiten und Grenzen der **Schaffung**, d.h. der Dimensionierung, Anordnung und Organisation von Parkierungsanlagen; dabei sind öffentliche, "halböffentliche" und private Anlagen zu berücksichtigen.

  4.3 behandelt Details des **Parkraummanagements**: die Instrumente des Betriebs müssen einzelnen, insbesondere aber in ihrem raumzeitlichen "Mix" bearbeitet werden, um das Ziel tatsächlich zu erreichen.

  Abschließend wird der Versuch gemacht, mit Hilfe von **"Aktionsfeldern"** bzw. "Bausteinen" zu einer übersichtlichen und vermittelbaren "Essenz" eines Parkraumkonzeptes zu kommen.

- **Kapitel 5** stellt die erste Phase eines Parkraumkonzeptes am **Beispiel einer "Musterstadt"** im Zusammenhang dar. Das Beispiel dient zugleich der "Integration" der übrigen Informationen dieses Leitfadens; es soll insbesondere die Notwendigkeit der jeweils orts- und problemspezifischen Herangehensweise betonen und die Einordnung in kommunalpolitische Praxis leisten.

1. Ausgangssituation
1.1 Parken als Thema der Stadt- und Verkehrsplanung

1976 schrieb der Präsident des ADAC: "Jeder Autofahrer erwartet 3 Parkplätze: Zuhause, an der Arbeitsstätte und einen dritten schließlich dort, wo er gelegentlich parken will". Ein aktuelles Buch über kommunale Verkehrsplanung sagt dagegen "Parkplätze bauen ist wie Tauben füttern, es kommen immer mehr". Die kommunalpolitische Diskussion über Parken ist durch sehr kontroverse Positionen gekennzeichnet, die Ausgangslage ist diffus.

*In diesem ersten Kapitel soll die Ausgangslage geklärt werden: Parken ist ein Thema der Stadt- und Verkehrsplanung, in deren Zusammenhang muß es auch bearbeitet werden. Es gibt angesichts von Problemverschärfungen **für und durch** Parken eine Reihe aktueller Initiativen auf verschiedenen Ebenen, zu Problemlösungen zu kommen. Es besteht dringender, nicht aufschiebbarer Handlungsbedarf.*

"Verkehr muß parken können" lautete ein Slogan im letzten Kommunalwahlkampf in einer nordrhein-westfälischen Großstadt. Die selbstverständliche Tatsache, daß am Anfang und am Ende jeder Autofahrt ein Parkvorgang steht, macht die Bedeutung von Parken für die Zeit- und Mobilitätsbudgets der Bevölkerung deutlich. Abstellmöglichkeiten für Pkw sind von einem Thema der **Bauordnung** zu einem Thema der **Stadt- und Verkehrsplanung** geworden. Parken ist Teil jeder motorisierten Reise, Parkmöglichkeiten beeinflussen die Verkehrsmittelwahl, ggf. das Ziel, die Tageszeit und die Routen von Wegen.

Zur Begründung für ansteigenden Parkbedarf wird u.a. auf die wachsende Motorisierung der Bevölkerung verwiesen: 495 Pkw/1.000 Einwohner beträgt derzeit (01.07.90) der westdeutsche Durchschnitt, der Durchschnitt der Landkreise beträgt sogar 518 Pkw/1.000 Einwohner. Wenn alle in den Städten zugelassenen Kfz auf den Straßen stünden, entfiele auf jedes gerade noch 5-7 Meter Straßenlänge, d.h. die Straßen wären voll; bewegen könnte sich dann nichts mehr.

Auf einem "Parkplatz" nimmt jeder Pkw bei günstigster Anordnung rund 20 m² in Anspruch, dieser Platzbedarf läßt sich mit hohem technischen Aufwand mit mechanischen Anlagen auf rund 5 m² reduzieren. Dieser Flächenbedarf steht in den Zentren in systematischer Konkurrenz zum Bedarf nach Verkaufs-, Ausstellungs- und Lagerflächen, zu Flächen mit Grün und Freiraum, für Repräsentation etc.

Die Lokal-Seiten der Tageszeitungen sind voll mit Berichten zum Thema "Parken": mal aus der Sicht der Autofahrer, mal aus der Position der Planer oder dem Blickwinkel anderweitig oder mittelbar Betroffener:

Quelle: 1

Autofahrer gestehen sich selbst große Freiheiten zu, wenn es um Parken geht: unter allen Verkehrsregeln sind diejenigen zum "ruhenden Verkehr" die am wenigsten beachteten. Parkverstöße sind "Kavaliersdelikte".

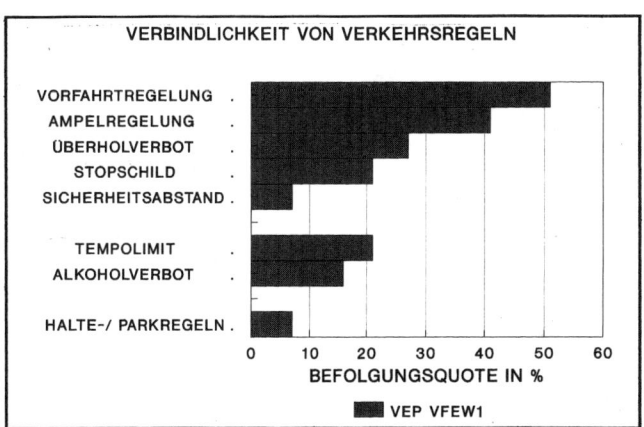

Auf die Frage: "An welche Regeln halten sie sich immer?" nennen nur 7 % der Autofahrer die Halte- und Parkregeln. (Quelle: 56)

Der "Kampf um den Parkplatz" ist sprichwörtlich; es ist nötig geworden, den "Vorrang" an einer Parklücke in der Straßenverkehrsordnung zu regeln. "Parkplatz-Panik" ist ein Gesellschaftsspiel, bei dem Kinder ab 6 Jahren bereits die verschiedenen Techniken einüben, um vor allen anderen einen Parkstand zu erreichen:

PARKPLATZ-PANIK
EIN RASANTES SPIEL FÜR FLINKE VORDRÄNGLER

Autor:	Harold Gilbert
Alter:	Ab 6 Jahre
Anzahl:	2-4 Spieler
Spieldauer:	ca. 45 Minuten

Dabei geht's richtig zur Sache: Schubsen und Drängeln, Beulen und Dellen – alles ist erlaubt. Paß' also gut auf, was hinter Deinem Rücken geschieht und häng' Dich schnell an die Stoßstange Deines Vordermannes.

Die jüngere Diskussion um kommunale Verkehrspolitik sieht in der Parkraumplanung eine "Stellschraube" zur Veränderung der Verkehrsmittelwahl: Über 23 Std. am Tag stehen die meisten Autos; ob sie überhaupt bewegt werden, ist nicht zuletzt eine Frage der Abstellmöglichkeiten am Ziel. Die meisten Autofahrten bewegen nur den Fahrer selber.

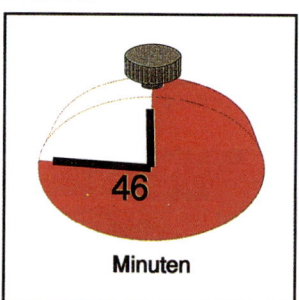

Ein in Kassel zugelassener (privater) Pkw wird im Schnitt eine dreiviertel Stunde pro Tag gefahren, also 96 % der gesamten Zeit geparkt. In etwa 5 von 6 Pkw sitzt nur noch der Fahrer. (Quelle: 108)

Unter "Parken" bzw. "ruhendem Verkehr" wird fast außschließlich das Abstellen von Pkw verstanden, Fahrräder werden kaum, Lkw und Busse üblicherweise gar nicht einbezogen. Notwendigerweise müssen **alle individuellen** Verkehrsmittel am Fahrziel abgestellt werden; Busse und Taxen fahren weiter, wenn der Fahrgast ausgestiegen ist. Nur langsam werden inzwischen auch Abstellanlagen für Fahrräder in die Planungen einbezogen.

In Berlin gab es um 1900 ein mehrstöckiges "Parkhaus" für 250 Pferde. (Quelle: 49)

Ruhender Radverkehr
Vom Fahrradständer zur Fahrradabstellanlage

BAUSTEINE
für die Planungspraxis in Nordrhein-Westfalen

Auch das Abstellen von Fahrrädern kann Probleme aufgeben

Parken im öffentlichen Raum war ursprünglich die Ausnahme, nicht die Regel; so bestimmte die Reichsgaragenordnung 1939: "Die Zunahme der Kraftfahrzeuge im Straßenverkehr erfordert, daß die öffentlichen Verkehrsflächen für den fließenden Verkehr freigemacht und möglichst wenig durch ruhende Kraftfahrzeuge belastet werden. Zu diesem Zweck müssen die Kraftfahrzeuge dort, wo sie regelmäßig längere Zeit stehen, außerhalb der öffentlichen Verkehrsflächen ordnungsgemäß eingestellt werden."

Parken "stört" aber nicht nur den fließenden Kfz-Verkehr, es steht in Konkurrenz zu anderen, nichtmotorisierten Nutzungen im Straßenraum, schafft erhebliche Probleme für das Stadtbild und hat über den höheren Versiegelungsgrad ungünstige Auswirkungen auf das Stadtklima.

Parken als Thema der Stadt- und Verkehrsplanung kann also nicht auf die Frage nach "ausreichenden" Abstellmöglichkeiten beschränkt werden.

Die Bauordnungen der Länder legen für Neubauten oder wesentliche Nutzungsänderungen je nach Art und Maß der Nutzungen die Zahl der erforderlichen **Stellplätze** fest; die Kapazität und insbesondere die Empfindlichkeit der zu- und abführenden Straßen wird dabei nicht berücksichtigt. Das ist ein Grund, weshalb die Forderung nach Berücksichtigung des Parkens im Straßenverkehrs- und Planungsrecht verstärkt erhoben wird: Begrenzung des Parkangebots als regulatives Element für Verkehrsverhalten und Verkehrsmittelwahl. Die Verpflichtung, Stellplätze möglichst auf demselben Grundstück zu errichten, die Hindernisse aus Stellplatzverpflichtungen bei "Nachverdichtung" im Wohnungsbau und insbesondere die Konzentration auf die Pkw-Erreichbarkeit bilden weitere Kernpunkte der aktuellen Kritik.

Für die Auswirkungen im Verkehrssystem, also Verflechtungen, Verkehrsmittelwahl, Belastung von Straßen etc., sind Lage, Zugänglichkeit und Betriebsformen der Parkgelegenheiten wichtige Determinanten; die "Parkhoffnung" gibt mit den Ausschlag für die Autofahrt. Eingriffe der Verkehrsplanung beschränken sich aber üblicherweise auf Anlagen und Regelungen im öffentlichen Straßenraum, betreffen also ggf. nur einen geringen Teil der überhaupt verfügbaren Parkmöglichkeiten: in der Stadt Freiburg zum Beispiel befinden sich gerade noch 25 % des gesamten Parkraumangebotes in unmittelbarer Verfügung der Stadt !

Die Verschärfung der Parkprobleme, noch mehr der Probleme **durch** Parken in den **Großstädten** ist geläufig, dort werden, auch im Hinblick auf eine zumeist gute ÖPNV-Bedienung Parkraumrestriktionen (als Gebührenerhöhung, Dauerbegrenzung, Zugangsbeschränkung) seit Jahren akzeptiert. **Mittelstädte** tun sich bisher noch schwerer damit. Ein oftmals nicht optimaler ÖPNV, die scheinbar geringe Problemschärfe, vor allem aber die Befürchtung, Kunden und Besucher könnten in andere Städte oder auf die "grüne Wiese" abwandern, bilden verbreitet Hemmschwellen gegen eine Politik, die für eine andere Verkehrsmittelbenutzung auch beim Parken ansetzt.

In Mittelstädten hat Parken aber gleichermaßen unverträgliche Größenordnungen angenommen, in Mittelstädten tritt gleichermaßen **Konkurrenz** auf um jeweils zielnächste Parkgelegenheiten, und die "qualifizierte Nachfrage" (wie auch immer sie genau definiert wird) findet nur eingeschränkte Parkchancen vor.

Allerdings: in Mittelstädten konzentrieren sich die Probleme für und durch Parken häufig auf das **Stadtzentrum** und die zentrumsnahen Wohn- und Mischgebiete, das Problem ist also räumlich kleiner, dort aber nicht weniger verschärft. Deshalb werden in diesem Leitfaden vorwiegend die Stadtzentren von Mittelstädten behandelt.

Fazit: "Parken" ist von einem Thema der Bauordnung zu einem Thema der Stadt und Verkehrsplanung geworden. Die Frage richtet sich nicht (mehr) vorwiegend auf die Möglichkeiten, die ungebremste Nachfrage zu befriedigen, sondern verstärkt darauf, diese Nachfrage zu begrenzen und möglichst zu senken.

Parken ist kommunalpolitisch derzeit ein brisantes Thema; der früher für selbstverständlich gehaltene Anspruch, immer und überall Parken zu können, ist angesichts der praktischen Unmöglichkeit und städtebaulichen "Schädlichkeit" nicht mehr aufrecht zu erhalten.

Parken ist als Gesamtproblem zu betrachten: Öffentliche und private Abstellplätze sind gleichermaßen einzubeziehen, die "fließende Komponente" des ruhenden Verkehrs kann sogar einen "limitierenden Faktor" abgeben.

1.2 Aktuelle Initiativen

Angesichts der Unmöglichkeit, die gesamte Parknachfrage vor allem in den Zentren zu befriedigen, angesichts aber auch der massiven Unverträglichkeiten durch fließenden und ruhenden Kfz-Verkehr auf Straßen und Plätzen steigt die Zahl der Städte, die mit "Bewirtschaftung" des Parkraums versuchen, Mengen- und Verträglichkeitsprobleme zu lösen. Problemverschärfungen, aber auch Einsicht, "Wertewandel" und geänderte Bewußtseinsweisen unterstützen und verlangen gleichermaßen diese Entwicklung.

Die Bemühungen der Kommunen, ihre Parkprobleme zu lösen, werden von aktuellen Initiativen der verschiedensten Institutionen auf allen Ebenen unterstützt.

Die Autoindustrie selber spricht von notwendigem "Überlastungsschutz" der Städte gegen zuviel Autoverkehr und entwickelt Konzepte zur peripheren Unterbringung der Fahrzeuge.

Vorbei sind also die Zeiten der "Sozialisierung individuell verusachter Kosten": mit dem Auto wird weder "freie Fahrt" noch überall-Parken gekauft.

Bereits 1973 hat die Arbeitsgemeinschaft der für das Bau-, Wohnungs- und Siedlungswesen zuständigen Minister der Länder (ARGEBAU) die folgenreiche Unterscheidung getroffen zwischen der **Parknachfrage** und dem Bedarf als **"qualifizierter Nachfrage"**; Berufspendlerverkehr und Teile des Käufer- und Besucherverkehrs gelten danach nicht als qualifizierte Nachfrage, sie sollten überwiegend auf den ÖPNV verwiesen werden.

Das Programm "Experimenteller Wohnungs- und Städtebau" des BMBau umfaßt auch ein "städtebauliches Handlungsfeld: Parken"; darin sollen beispielhafte Ansätze und Ergebnisse von stadtverträglicher Ordnung des ruhenden Verkehrs vorgestellt werden.

Mehrere Länderministerien haben mit Erlassen, Arbeitsblättern, etc. die Gemeinden aufgefordert, Parkraumkonzepte mit dem Ziel der Entlastung zentraler Bereiche aufzustellen.

Der Regierungspräsident Münster hat 1991 ein "Handlungskonzept für eine stadtverträgliche Neuordnung des ruhenden Verkehrs zur Entlastung der Innenstädte von Kraftfahrzeugverkehr" vorgelegt mit der Aufforderung, nur die **qualifizierte Nachfrage** zu befriedigen und die übrige Nachfrage auf die Verkehrsmittel des "Umweltverbundes" zu verlagern.

Die Verkehrsverbünde (z.B. VRR, 1988) haben Rahmenkonzepte für das Parken in den von ihnen bedienten Städten erarbeitet mit dem Ziel, die Verkehrsmittelwahl zu beeinflußen.

Parken in der Stadt ist Thema von wissenschaftlichen Veröffentlichungen und Kongressen.

Das "10 Punkte-Programm des deutschen Städtetages zur Verbesserung des Stadtverkehrs" enthält die Forderung nach "umfassendem Parkraummanagement in den Innenstädten und Ortsteilzentren".

Beschlossene (z.B. Berlin) und in der Beratung befindliche (NRW, Hessen) Landesbauordnungen enthalten die Möglichkeit, Ablösebeträge "für bauliche Maßnahmen zum Ausbau und zur Modernisierung von Einrichtungen des öffentlichen Personennahverkehrs zu verwenden" (Berliner Bauordnung vom 25.09.1990).

Zahlreiche Städte haben für Bereiche mit besonderer Empfindlichkeit "Stellplatzbeschränkungssatzungen" aufgestellt: bei Nutzungserweiterungen, Umnutzungen und Neubauten darf nur eine begrenzte Zahl neuer Stellplätze errichtet werden, nämlich für Wohnungen.

Andererseits gibt es Mittelstädte, die ihre Parkkapazität noch ausweiten, um den Bedürfnissen der aus dem ländlichen Raum kommenden und bei ungenügender ÖPNV-Bedienung auf den Pkw angewiesenen Bevölkerungsteile entgegenzukommen.

Besonders stark engagiert sich zum Thema Parken der städtische Einzelhandel und seine Vertretungen:

- die meisten Parkhäuser des Einzelhandels stehen nicht nur den **eigenen** Kunden offen, sondern (zumeist mit unterschiedlichen Tarifen) der gesamten Nachfrage

- **Parkgebühren** werden unter bestimmten Bedingungen erstattet (Initiativen, Verwarnungsgelder auch für Falschparken zu erstatten, sind glücklicherweise nicht fortgesetzt worden)

- im Interesse schnellerer **Parkumschläge** fordert der Handel häufig kürzere Höchstparkdauern und höhere Parkgebühren

- der Handel gibt übersichtliche **Stadtpläne** mit Angaben der günstigsten Parkzufahrten heraus.

Handel und Gewerbe begründen ihre Forderung nach optimaler Pkw-Erreichbarkeit u.a. mit der Feststellung, daß Pkw-Kunden größere Umsätze tätigen als solche mit anderen Verkehrsmitteln. Dieser Vorbehalt bestätigt sich zumeist nicht bei differenzierter Betrachtung (Einkaufshäufigkeit, Zahl der Personen, Parkort und Fußweglängen), er spielt aber häufig eine in der öffentlichen Diskussion bedeutsame Rolle und sollte sorgfältig bearbeitet werden. Kaum verständlich, eher kontraproduktiv zu sehen ist vor diesem Hintergrund die Praxis des Einzelhandels, Parkgebühren ab einer Einkaufssumme von 5,-- DM, ÖPNV-Fahrkarten dagegen erst ab 35,-- DM zu erstatten.

Befunde zur Verkehrsmittelwahl von Kunden und Besuchern müssen also sehr kritisch und differenziert betrachtet werden, sie fallen darüberhinaus sehr unterschiedlich aus, je nachdem, welche Stichprobe betrachtet wird:

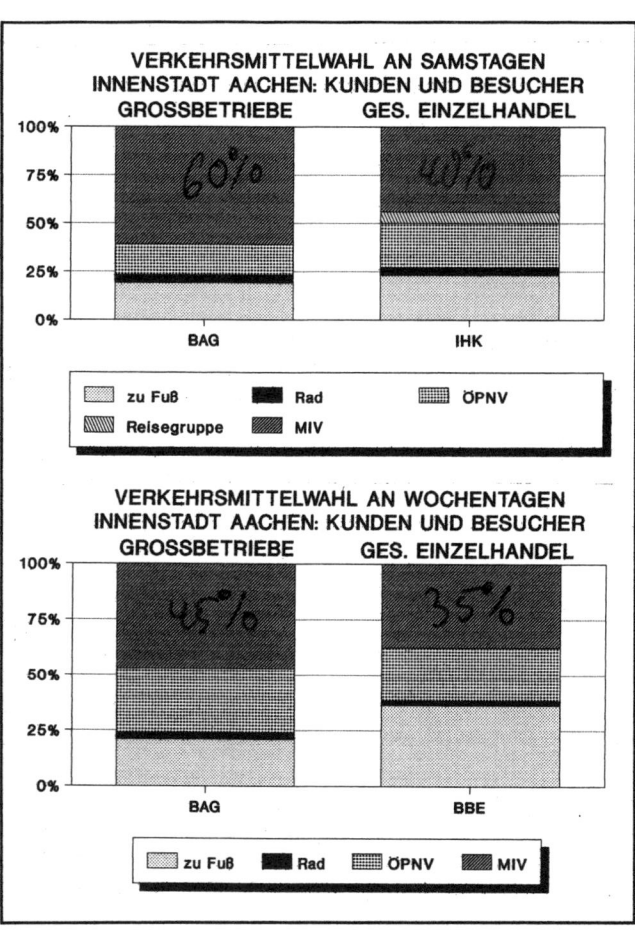

Befragungen der BAG (Bundesarbeitsgemeinschaft der Mittel- und Großbetriebe des Einzelhandels) betreffen Kunden und Besucher ihrer Mitgliedshäuser, also überwiegend Kaufhäuser und Großformen des innerstädtischen Einzelhandels, während andere Untersuchungen sich auf **alle** Kunden und Besucher der Innenstadt beziehen. Am Beispiel von Befragungen in Aachen läßt sich zeigen, daß die Besucher von Kaufhäusern an Wochentagen zu 27 %, an Samstagen sogar zu 38 % häufiger mit dem Auto kommen als die Gesamtheit der Kunden und Besucher. Die Generalisierung von Befunden aus einer gezielten Stichprobe auf den gesamten innerstädtischen Einzelhandel ist also kaum zulässig.

Einzelne Städte werben immer noch für sich sogar: "wo man gut parken und einkaufen kann"; Anzeigen von Einzelhändlern mit den Hinweis auf großzügige Parkmöglichkeiten sind verbreitet.

Aber: in vielen Städten erstattet der Einzelhandel auch die Fahrpreise der öffentlichen Nahverkehrsmittel.

Fazit: Ein Großteil der aktuellen Initiativen zur Lösung der Parkprobleme, und zwar der kommunalen wie der überregionalen, beschäftigt sich bereits mit Alternativen zur bisherigen Autonutzung: der Gesichtspunkt der städtebaulichen Verträglichkeit hat denjenigen der jederzeitigen Nachfragebefriedigung in unmittelbarer Zielnähe bereits weitgehend abgelöst.

Der Einzelhandel erstattet nicht nur Parkgebühren, oft auch den Fahrpreis mit öffentlichen Verkehrsmitteln. Der Einzelhandel ist also durchaus bereit, sich seiner Erreichbarkeit "etwas kosten zu lassen". (Quelle: 91)

Auch der ADAC unternimmt Parkuntersuchungen und macht Vorschläge zur Änderung des Parkverhaltens.

Auch der ADAC versteht seine **Interessenvertretung** für die Autofahrer nicht im Sinne von **Durchsetzung**: In einem Artikel über die Möglichkeiten der Vermehrung innerstädtischer Parkgelegenheiten wird zugleich auf die Schädlichkeit von Parkverhaltensweisen hingewiesen. (Quelle: 11)

1.3 Aktueller Handlungsbedarf

Welcher Handlungsbedarf läßt sich für Mittelstädte aus dem kurzen Überblick über aktuelle Initiativen und mit einem erweiterten Verständnis des "Parkproblems" ableiten?

Es stellt sich für Mittelstädte massiv die Aufgabe, die **qualifizierte Nachfrage** nach Parkraum **stadtverträglich** zu befriedigen, das bedeutet:

- Parken als flächen-"verbrauchende" Nutzung im einzelnen Straßenraum muß mit den Ansprüchen des nicht-motorisierten Verkehrs und des ÖPNV, den anliegenden Nutzungen und Gestaltungsansprüchen **verträglich** sein

- die durch Zu- und Abfahrten hervorgerufenen Belastungen dürfen diejenigen **Verträglichkeitsschwellen** nicht überschreiten, die sich aus den Randnutzungen und den Anforderungen der nicht-motorisierten Verkehrsteilnehmer und des Aufenthalts im Straßenraum ergeben

- die **qualifizierte Nachfrage**, das sind insbesondere Anwohner- und Wirtschaftsverkehre, müssen ausreichende Parkchancen in angemessener Entfernung zum Ziel vorfinden, Behinderte brauchen Bevorrechtigung

- Parkorte, -bedingungen und -preise sollten **Chancengleichheit** unter den Benutzern verschiedener Verkehrsmittel herstellen: der Pkw in der Garage und vor dem Geschäft "liegt" häufig noch näher als die nächste Bushaltestelle

- die Ansiedlung/Erhaltung/Verdichtung erwünschter Nutzungen darf nicht durch **Stellplatzforderungen** behindert oder erschwert werden

- Lage, Erschließung und Orientierung der Parkgelegenheiten müssen eindeutig und instruktiv sein, sie müssen kurze und direkte **Zufahrten** von unempfindlichen Hauptverkehrsstraßen haben.

Die Auflistung dieser Leistungsansprüche macht bereits deutlich, daß Parkraumkonzepte **den gesamten Parkraum**, ob öffentlich oder privat, berücksichtigen, die "fließende **und** ruhende Komponente" des Kfz-Verkehrs integriert planen und die Bildung tragfähiger **Konsense** einbeziehen müssen.

Von zentraler, strategischer Bedeutung ist die auf konkrete örtliche Daten gestützte **Definition der "qualifizierten Nachfrage"**; wer dazu gehört und wie groß sie anzusetzen ist, braucht solide Begründungen und einen breiten Konsens, um akzeptiert zu werden.

Für die Diskussion, welche **Parkzwecke** zur qualifizierten Nachfrage zu rechnen sind, kann folgende Übersicht nützlich sein:

	Bewohner	Berufs- und Ausbildungsverkehr	Einkaufs- und Besorgungsverkehr	Besucherverkehr	Liefer- und Wirtschaftsverkehr
Parkdauer kurz	○	○	●	◐	●
Parkdauer lang	●	●	○	◐	○
auf das Parken im öffentlichen Straßenraum angewiesen	◐	◐	◐	◐	●
Verlagerung auf öffentliche Verkehrsmittel möglich	○	●	◐	◐	○
Fußweg zumutbar	○	●	◐	◐	○
Gebührenerhebung zweckmäßig	○	◐	●	●	○
durch Informationssysteme ansprechbar	○	○	●	●	○

● trifft zu
◐ trifft teilweise zu
○ trifft nicht zu

Quelle: 63

Handlungsbedarf besteht in einzelnen Straßenräumen wie im gesamten kommunalen Verkehrssystem: Erreichbarkeit und Verbindungsqualität müssen insgesamt verbessert werden. Handlungsbedarf besteht dementsprechend hinsichtlich der Finanzierungsbedingungen (hauptsächlich für den ÖPNV) und hinsichtlich zahlreicher gesetzlicher Regelungen. Handlungsbedarf besteht schließlich in besonders großem Umfang als "Überzeugungsarbeit": alltägliche Verhaltensweisen und eingeübte Sichtweisen, Präferenzen und Ursachenzuschreibungen müssen gründlich verändert werden, um zu tragfähigen, nämlich akzeptierten Lösungen zu kommen.

Der Hinweis auf überkommunalen Handlungsbedarf kann die Gemeinden nicht davon befreien, selber Parkraumkonzepte aufzustellen und durchzusetzen. Dafür sollen in diesem Leitfaden Ansätze und Beispiele vorgestellt werden. Vieles ist möglich und vieles ist irgendwo auch bereits kommunale Realität; d.h. viele Strategien und die meisten Instrumente sind über das Versuchsstadium hinaus und es liegen bereits nachweisbare Erfahrungen vor.

Die aktuell notwendigen Parkraumkonzepte für Mittelstädte müssen strategische und pragmatische Komponenten haben: die Suche nach unmittelbar problemvermindernden Eingriffen macht perspektivische Planungen nicht unnötig und umgekehrt. Die räumlich und teilweise auch sachlich (noch) nicht so große Problemschärfe in Mittelstädten verlangt gerade vorausschauende Vermeidung erwartbarer Problemverschärfungen. Die Ursache vieler Parkprobleme sind nicht zu wenig Parkplätze, sondern zu viele Autos.

Die Diskussion darf nicht nur von denjenigen Bevölkerungsgruppen geführt bzw. bestimmt werden, die selber parken wollen, sie muß vielmehr auch diejenigen zu Wort kommen lassen, die mittelbar und unmittelbar Betroffene sind. Allzuoft noch sind diejenigen, die über Lösungen entscheiden, unter den Verursachern der Probleme überrepräsentiert.

*Fazit: Die Kommunen (und hier haben viele Mittelstädte einen "Nachholbedarf") müssen ihr bisheriges Parkkonzept überprüfen und dabei strenge Maßstäbe anlegen. Diese Maßstäbe dürfen sich nicht in dem Bemühen erschöpfen, die aktuelle und prognostizierte Nachfrage zu befriedigen. Die Nachfrage nach Parkraum ist immer auch abhängig vom Angebot: seinem Umfang und seinem Preis. Angesichts der Parkprobleme, insbesondere aber der Probleme **durch** Parken in den Zentren der Mittelstädte hat der Handlungsbedarf für eine anspruchsvolle Neuordnung hohe Priorität.*

*In vielen Mittelstädten konzentrieren sich mit den zentralen Einrichtungen auch die Zielverkehre weitgehend auf die historischen Zentren, Bereiche also, in, denen die verfügbaren Flächen besonders klein, die Nutzungsdichte hoch und die Straßen- und Stadträume eng und verwinkelt, der Gebäudebestand empfindlich und kaum 'säurebeständig' ist. "**Autoverkehr** ist die flächenextensivste, gefährlichste und emissionsreichste Verkehrsart in der Stadt, es besteht also ein objektives Interesse an seiner **Minimierung**". /58/*

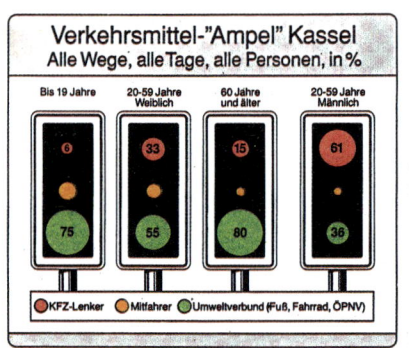

Aktuelle Untersuchungen ergeben immer wieder Häufungen der Pkw-Nutzung bei berufstätigen Männern der mittleren Altersgruppe, also einer Minderheit in der Gesellschaft, die aber besonders artikulationsfreudig auftritt. (Quelle: 86)

2. Typen von Problemlagen und aktuelle Konzepte

Was wird in Mittelstädten derzeit bereits gemacht ? Was ist also bereits Stand der kommunalen Praxis, aber (noch) nicht allgemein bekannt ? Wie lassen sich die aktuell in Mittelstädten verfolgten Konzepte typisieren ?

*In diesem Kapitel wird der Frage nach der derzeit realisierten Praxis von Parkraumkonzepten als **Produkt** und als **Prozeß** nachgegangen, beide hängen eng zusammen: Wer definiert das Problem ? Welche Strategie, welche Methoden und Instrumente werden verwendet ? Wie wird Erfolg oder Mißerfolg des Parkraumkonzeptes verstanden ?*

Im Teilkapitel 2.1 wird zunächst der Frage nach der Definition von "Mittelstädten" nachgegangen: sie können identifiziert werden als Mittelzentren, teilweise auch als kleine (oder "mögliche") Oberzentren. Ihre Ausstattung mit zentralörtlichen Einrichtungen stellt sie je nach räumlicher Lage in Konkurrenz zu Oberzentren, aber auch zu Versorgungseinrichtungen auf der "Grünen Wiese".

Siedlungsstruktur und vorhandener ÖPNV-Bedienung in Mittelstädten werden verbreitet als Begründung für einen hohen "Bedarf" an Pkw-Fahrten und dementsprechenden Park-Bedarf angeführt. Aber: auch Mittelstädte haben erhebliche Potentiale der Verkehrsverlagerung.

Das Teilkapitel 2.2 soll einen Überblick über derzeit verfolgte Ansätze und derzeit eingesetzte Instrumente geben; zu den meisten Instrumenten liegen inzwischen auch für Mittelstädte Erfahrungen vor.

Kapitel 2.3 faßt die Einzelbefunde aus aktuellen Parkraumkonzepten zu einer typenmässigen Übersicht zusammen.

*Das Teilkapitel 2.4 berichtet von den Problemen, Ansätzen, Konzepten und bisher feststellbaren Effekten aus 5 Fallstudienstädten. "Fallstudie" heißt zunächst, daß die Parkraumkonzepte im Zusammenhang, in ihrer Geschichte und deren Stationen, insgesamt also als **Prozeß** betrachtet werden. Die Fallstudienstädte sind wieder weniger ideal als vielmehr typisch.*

*Aus der Übersicht über aktuelle Konzepte und die Fallstudien müssen Folgerungen für den Informationsbedarf gezogen werden, zu dem dieser Leitfaden einen Beitrag leisten soll: Angesichts der derzeitigen Praxis, angesichts von Problemen und Interessen, von Vorbehalten und Befürchtungen, aber auch ermutigenden Erfahrungen besteht Bedarf nach systematischer Anleitung auf strategischer wie auf methodisch-instrumenteller Ebene; ebenso besteht Bedarf nach Anleitung und Beispielen für den **Prozeß** der Bearbeitung, Beratung, Entscheidung und Umsetzung eines Parkraumkonzeptes.*

2.1 Zur Identifikation von "Mittelstädten"

Der Begriff "Mittelstadt" ist diffus, er wird von der raumordnerischen Kategorie des "Mittelzentrums" nicht vollständig abgedeckt. Es müssen für Zwecke dieses Leitfadens Abklärungen getroffen werden, die über spezifische Verkehrsprobleme eine zusätzliche Identifikation erlauben.

Dem besonderen Interesse an Mittelstädten liegt die Vermutung zugrunde, daß spezifische Problemlagen in diesen Städten einen besonderen, bisher vernachlässigten Handlungsbedarf begründen:

- in Mittelstädten bildet der **ÖPNV** (noch) nicht wie in Großstädten "das Rückgrat" der Mobilität, sondern "nur" ein Konkurrenzsystem, häufig sogar nur ein System mit "Grundversorgungsfunktion"

- Mittelstädte sehen sich zwar "im Aufwind" (BAG 1988) aber in starker **Konkurrenz** zu den Großstädten einerseits, der "Grünen Wiese" andererseits

- **Umfang** und **räumliche Ausdehnung** der zentralen Einrichtungen der Versorgung, Kultur, Verwaltung und Freizeit sind klein, zumindest überschaubar: der Stadtkern mit der Konzentration von Angeboten hat fußläufige Ausdehnung, er ist häufig, aber nicht immer von weniger dichten Randbereichen mit weniger problematischer Nutzungsmischungen umgeben.

Insgesamt ist das Zielverkehrsaufkommen im Kern von Mittelstädten entsprechend ihrer geringeren Zentralität kleiner als das von großstädtischen Zentren, damit verbunden können einzelne Aufkommensspitzen (von großen "Verkehrserzeugern") aber auch deutlicher und problematischer "durchschlagen".

In der Systematik der Raumordnung sind die hier betrachteten Städte als **Mittelzentren**, zum Teil aber auch als kleinere (bzw. "mögliche") **Oberzentren** zu identifizieren, sie verfügten i.d.R. über folgende zentralörtliche Einrichtungen (vgl. z.B. LEP I/II, NRW, 1979)

- vollständiges Schulangebot und Einrichtungen der Weiterbildung
- Krankenhaus mit mehreren Fachabteilungen
- Zentren und Einrichtungen für Jugend, Alte, Sport, Kultur, Freizeit, Wirtschaft und Verwaltung
- Einkaufs- und Dienstleistungseinrichtungen für den gehobenen Bedarf.

Mittelstädte leisten diese mittelzentralen und teilweise oberzentralen Funktionen für ihre eigene Bevölkerung und eine je nach räumlicher Lage und unter einzelnen "Themen" unterschiedlichen Einzugsbereich, d.h. die Zentralität der Städte reicht je nach Teilfunktion unterschiedlich weit: viele der betrachteten Städte haben Versorgungsfunktionen für den mittleren und gehobenen Bedarf für über 1/4 Millionen Einwohner, Bildungs- und Weiterbildungseinrichtungen, auch kulturelle Angebote können noch weiter reichen.

Von Bedeutung ist die Lage der Mittelstädte im Raum (Ballungskern, Randzonen, ländliche Zone) und die Lage zu umgebenden Zentren (andere Mittelzentren, Oberzentren). Es ist deshalb sinnvoll, zumindest zu unterscheiden nach

- Konglomerat, etwa: Städte im Ruhrgebiet
- Satellit, z.B. Esslingen als Nachbar des Landeshauptstadt Stuttgart
- Solitär, etwa Soest im ländlichen Raum an der Entwicklungsachse Dortmund-Paderborn

STRUKTUR	BESCHREIBUNG	EINWOHNERZAHL IN DER ZENTRALEN EINHEIT
'Konglomerat'	Mittelstadt zwischen Groß- und Mittelstädten im Ballungsraum	10.000 - 100.000
	Mittelstadt neben Mittelstädten im Verdichtungsraum	10.000 - 50.000
'Satellit'	Mittelstadt in Großstadtnähe	10.000 - 100.000
	Mittelstadt mit Bezug auf eine andere Mittelstadt	10.000 - 50.000
'Solitär'	Große Mittelstadt im ländlichen Raum	50.000 - 100.000
	Kleine Mittelstadt im ländlichen Umland	10.000 - 50.000

Mittelstädte sind je nach Lage und Struktur differenziert zu betrachten

Betrachtet werden in diesem Leitfaden Mittelstädte mit Einwohnerzahlen von unter 50.000 - 150.000 in der gesamten Stadt; Vergleiche mit größeren und kleineren Stadttypen werden zur Illustration angeführt und wenn es zum Herausarbeiten der spezifischen Problematik förderlich ist.

Die amtliche Statistik identifiziert Mittelstädte als solche mit 20.000 - 100.000 Einwohnern; die Literatur verwendet abweichend davon den Begriff "Mittelstadt" für solche mit 15.000 - 50.000 Einwohnern und bezeichnet Städte mit 50.000 - 125.000 (ggf. 150.000) Einwohnern als "große Mittelstädte". Demgegenüber liegt die "untere Schwelle" für die Bedeutung einer Stadt als Oberzentrum bei 45.000 - 50.000 Einwohnern, Orte ab dieser Größe können also über eine eigene Stadtregion verfügen. Entscheidend ist jeweils die Ausstattung mit zentralen Einrichtungen und die raumstrukturelle Lage. /106/

Generell gilt: "Je größer ein Ort, desto mehr verwischt sich die Bedeutung einzelner, gesonderter, auch hervorragender Funktionen". Z.B.: Während bei sehr kleinen Kurorten (Bad Sassendorf, ca. 10.000 Einwohner) der Fremdenverkehr den Ortscharakter und das Verkehrsgeschehen maßgeblich prägt, ist diese Dominanz bei Mittelstädten (Lüneburg, ca. 60.000 Einwohner) deutlich geringer, in Großstädten (Aachen, Wiesbaden) ist der Kur- und Fremdenverkehr nur noch als räumliche/zeitliche "Färbung" auszumachen. "Die mögliche Prägung durch Fremdenverkehr hört bei einer Grenze von 50.000 Einwohnern auf, da dann die Impulse aus Einwohnerzahl und Einzugsbereich überwiegen". /106/

Die Identifikation des "Untersuchungsgegenstandes Mittelstädte" kann sich für Zwecke dieses Leitfadens zusätzlich verkehrlicher Daten bedienen:

Mittelgroße Städte (mit einer "Werktagsbevölkerung" aus Wohnbevölkerung und Einpendlern von 70.000 bis 200.000 Personen) haben derzeit im westdeutschen Durchschnitt Pkw-Anteile von über 50 % im Einkaufs- und Besucherverkehr und über 1/3 im Berufsverkehr /19/

Es gibt aber einige gleichgroße Städte, die einen deutlich niedrigeren Pkw-Anteil bei diesen beiden Reisezwecken haben; die Pkw-Anteile in diesen "Vorbildstädten" liegen um 19 %-Punkte beim Einkaufs- und Besucherverkehr und um 14 %-Punkte beim Berufspendlerverkehr unter dem Durchschnitt der gleichgroßen Städte. Die Pkw-Anteile der "Vorbild-Städte" stellen noch nicht das Minimum dar; der unverzichtbare Pkw-Anteil kann mit dem Wert der Stadtbewohner (also ohne Besucher aus dem Umland) von Städten mit besten Werten abgeschätzt werden: Freiburg zum Beispiel hat einen Pkw-Anteil der Stadtbewohner von 11 % beim Einkauf im Stadtzentrum.

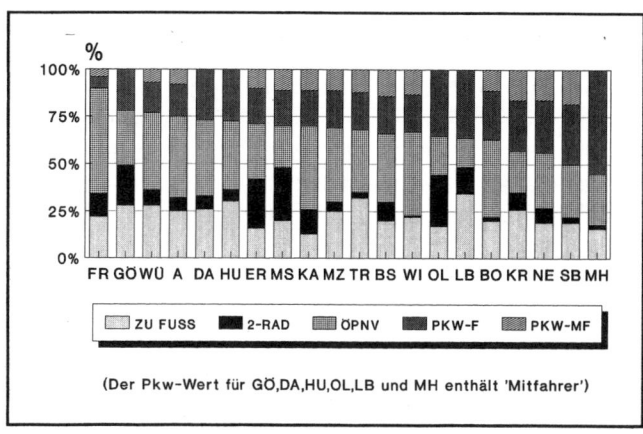

(Der Pkw-Wert für GÖ,DA,HU,OL,LB und MH enthält 'Mitfahrer')

Die Pkw-Anteile von Stadtbewohnern beim Besuch ihrer Innenstadt schwanken erheblich und drücken eine stadtspezifische "Kultur" aus. (Quelle: 47)

Geringe Pkw-Anteile sind natürlich nicht nur Ergebnis von restriktiver Parkraumpolitik (Göttingen z.B. mit einer relativ geringen Parkplatzausstattung im Zentrum hat einen Pkw-Anteil im Einkaufs- und Besucherverkehr von 37 %), sondern diese Anteile sind Ergebnis der gesamten Verkehrspolitik; dazu ein Beispiel:

In Freiburg konnte ein großer Teil des Zuwachses an täglichen Wegen von 1976 - 1988 (+ 95.000 Wege = + 25 %) von den Verkehrsmitteln Rad und ÖPNV aufgefangen werden und zwar u.a. mit erheblichen Erweiterungen des Radverkehrsnetzes, das heute etwa die gleiche Länge wie das städtische Straßennetz hat (Quelle: 77):

Referenzstadt Freiburg		
Strukturdaten	Radverkehrsnetz	Erfolg: Wege pro Tag nach Verkehrsmittel
180.000 Einw. 100.000 Arbeitsplätze 27.000 Studenten 100.000 zugelassene Kfz 426 km Straßennetzlänge	45 km selbstständige Wege 105 km straßenbegleitende Wege 120 km Tempo 30-Zonen 130 km Land- u. Forstwirtschaftswege 400 km Summe	ges. 385.000 / ges. 480.000 RAD 18% / 27% ÖV 22% / 25% KFZ 60% / 48% 1976 / 1988

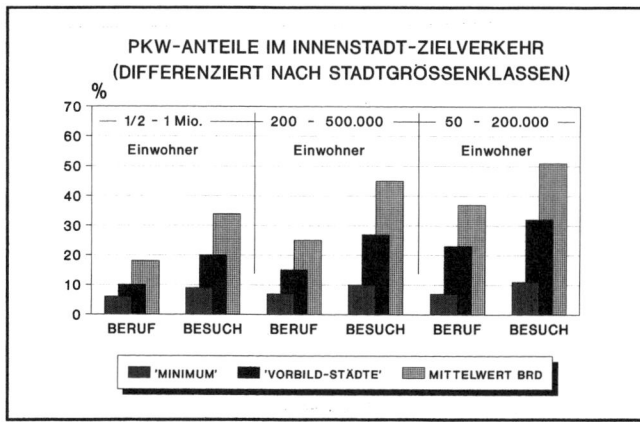

Nach Stadtgrößen unterschiedlich liegt der Pkw-Anteil im Berufspendler- und Einkaufsverkehr in der Innenstadt für Beispielstädte bei 55 % - 63 % des Durchschnitts, noch weit darunter liegt das unverzichtbare "Pkw-Minimum". (Quelle: 19)

Im Gegensatz zu den Großstädten verzeichnen Mittelstädte seit einigen Jahren Steigerungen der Kunden- und Besucherzahlen, und zwar: je kleiner desto mehr; die Versorgungsaufgabe der Mittelstädte wächst also. Ungünstigerweise wächst damit verbunden auch der Pkw-Anteil am Einkaufs- und Besorgungsverkehr, und zwar an Wochentagen noch stärker als an Samstagen. Die BAG (Bundesarbeitsgemeinschaft der Groß- und Mittelbetriebe des Einzelhandels) interpretiert das so: "hier macht sich die Zweitwagennutzung und der zunehmende Pkw-Besitz der Frauen bemerkbar".

Besucherentwicklung nach Ortsgrößenklassen am Langen Samstag
Veränderung Oktober 1988 gegenüber Oktober 1984 in %

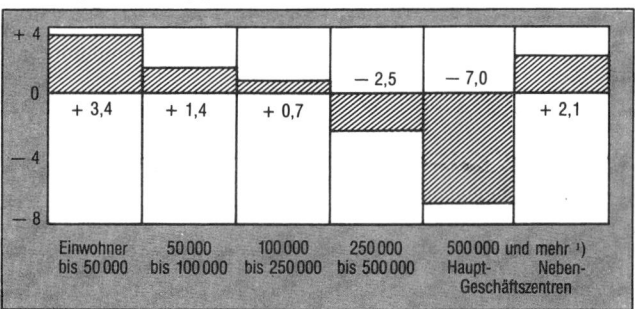

¹) ohne Berlin (West) aufgrund der besonderen Zentrenstruktur

Hier erzielten besonders die Gemeinden bis 50 000 Einwohner deutliche Zuwächse.

Das muß nicht so sein, es ist vielmehr auch eine Reaktion auf komfortable Fahr- und günstige Parkmöglichkeiten sowie mangelhafte Qualität im ÖPNV und Fahrradverkehr. Gerade die höhere Bedeutung der Zentren von Mittelstädten für die **tägliche** Versorgung weist auf Chancen hin, die Pkw-Anteile zu verringern.

In Mittelstädten sind Handel und Dienstleistungen deutlich stärker im Zentrum konzentriert als in Großstädten.

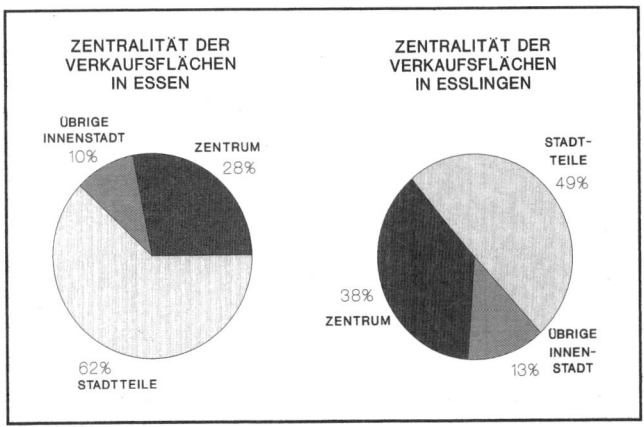

Während die Verkaufsflächen des Essener Einzelhandels sich nur zu 28 % auf die Innenstadt konzentrieren, beträgt der Anteil in Esslingen am Neckar 38 %.

Die Zentren von Großstädten spielen für die tägliche Versorgung eine deutlich geringere Rolle als diejenigen von Mittelstädten.

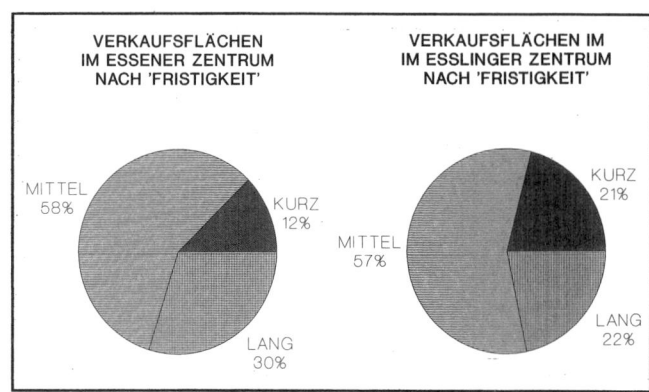

In Esslingen dienen 21 % der Verkaufsflächen in der Innenstadt dem täglichen Bedarf, in Essen nur 12 %.

Fazit: Bei der Betrachtung der "Mittelstadt" ist nicht allein die Größe nach Einwohnern entscheidend, ebenfalls kann die Definition mit dem raumordnerischen Begriff des Mittelzentrums oder des möglichen Oberzentrums nicht ausreichen. Die in diesem Leitfaden betrachteten Mittelstädte haben zwischen 25.000 und 150.000 Einwohnern in der Gesamtstadt, sie haben zumindest mittelzentrale Ausstattung und Einzugsbereiche bis über 1/4 Million Einwohner.

Mittelstädte liegen mit der Qualität ihres ÖPNV-Angebotes deutlich unter den meisten Großstädten, allerdings gibt es auch einzelne gegenteilige Beispiele. Das Potential für geänderte Verkehrsmittelbenutzung ist in Mittelstädten beträchtlich, einzelne Beispielstädte liegen mit ihrem Pkw-Anteil um rund 40 % unter dem Durchschnitt.

Mittelstädte sehen sich mit ihrem Zentrum in Konkurrenz sowohl zu Großstädten als auch zur "Grünen Wiese", daraus werden bezüglich des Parkraumkonzeptes wie hinsichtlich des gesamten Verkehrssystems noch nicht immer die richtigen Folgerungen gezogen.

Die Versorgungsaufgaben der Mittelstädte sind entgegen der Entwicklung in Großstädten in den letzten Jahren gewachsen, der damit gestiegene Pkw-Anteil ist aber nicht zwangsläufig, sondern Ergebnis übergeordneter Entwicklungen wie kommunaler Maßnahmen.

Die Zentren von Mittelstädten spielen für die Versorgung ihrer Bevölkerung (noch) eine große, und zwar "alltägliche" Rolle, das weist auf einen Interventionspunkt für günstigere Entwicklungsmöglichkeiten hin.

2.2 Übersicht und Beispiele zum aktuellen Stand der kommunalen Praxis

In diesem Teilkapitel soll ein Überblick über die derzeitige Praxis in Mittelstädten gegeben und anschließend ein Typisierungsversuch gemacht werden.

Ein flächendeckendes Inventar der von den westdeutschen Städten verfolgten Parkraumkonzepte liegt nicht vor, vereinzelte Umfragen ergeben jeweils nicht verallgemeinerungsfähige Ausschnittbilder. Deshalb kann nur begrenzt auf die Literatur zurückgegriffen werden; eigene Recherchen sind nötig.

Die Städte reagieren auf die wachsende Motorisierung unterschiedlich, teils mit Erweiterungen, teils mit Einschränkungen des Parkraumangebotes in den Zentren. Auffällig bei aller Heterogenität der aktuell verfolgten Ansätze ist ein in der zweiten Hälfte der 80er Jahre sprunghaftes Ansteigen der Auseinandersetzung mit insbesondere innerstädtischen Parkraumkonzepten. Eine Umfrage des Deutschen Instituts für Urbanistik (difu) von 1988 bei 150 westdeutschen Städten über 50.000 Einwohnern ergab nur einen Anteil von 14 % von Städten, in denen nicht an einem Parkraumkonzept gearbeitet wird:

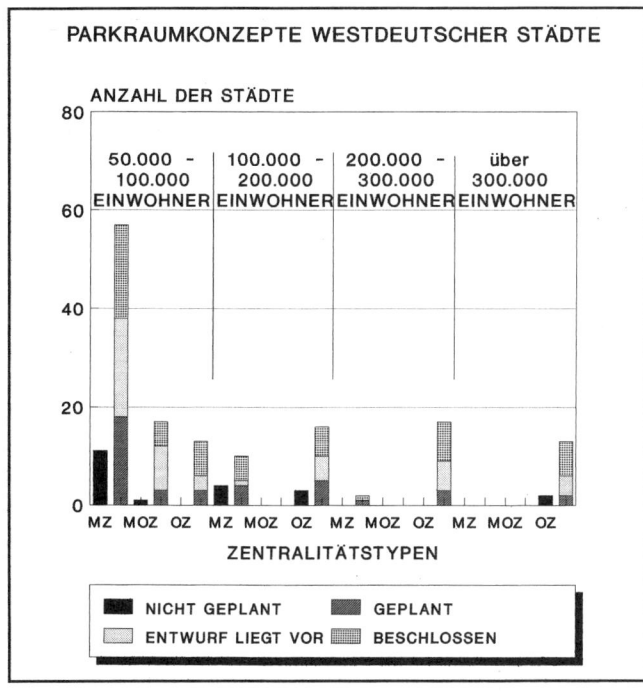

Ergebnisse einer Umfrage des difu 1988 bei 150 westdeutschen Städten: In der Stichprobe sind 99 Städte mit unter 100.000 Einwohnern enthalten, davon sind 68 Mittelzentren (MZ), 18 mögliche Oberzentren (MOZ) und 13 Oberzentren (OZ). Nur 12 dieser Städte arbeiten nicht an einem Parkraumkonzept, 31 haben ein Parkraumkonzept beschlossen, 32 haben eines im Entwurf vorliegen. 1988 sind Mittelstädte in Bezug auf Parkraumkonzeption also bereits genauso "aktiv" wie Großstädte.

Alle Städte, die sich mit der Verminderung von Kfz-Verkehr in ihren Zentren beschäftigen (Stichwort "autofreie Innenstadt", prominentestes Beispiel derzeit in Deutschland ist Lübeck), verwenden Parkrestriktionen zumindest als ein Instrument.

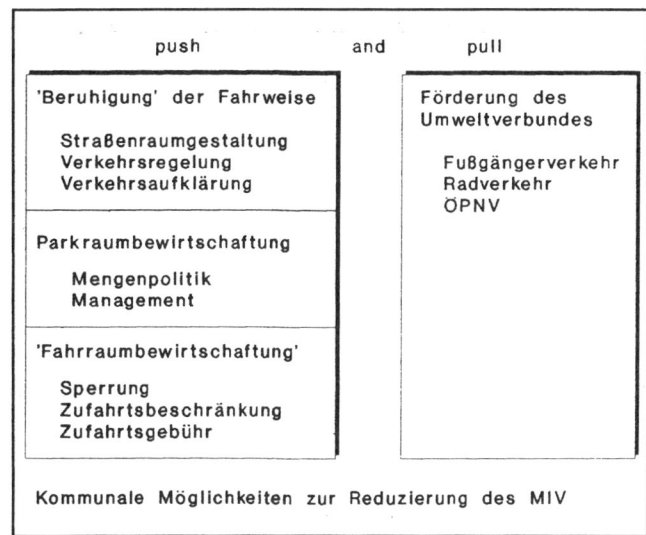

Die Konzepte zur Reduzierung der Autofahrten enthalten "schiebende" und "ziehende" Maßnahmenprogramme: Einschränkungen von Komfort, Schnelligkeit und Preiswürdigkeit der Autobenutzung steht die Förderung der Alternativen gegenüber.

Die vorliegenden Umfragen zu Parkraumkonzepten leiden vielfach unter kategorialen Unschärfen (Parkplatz/Stellplatz, öffentlich/allgemein zugänglich/privat) und nicht einheitlicher Abgrenzung der Raumeinheit "Innenstadt". Häufig kann erst mit genauer Orts- und Problemkenntnis die Zuordnung von Parkgelegenheiten zur "Innenstadt" oder anderen Quartieren geklärt werden.

Eine Umfrage der Planungsgruppe Nord, Kassel bei 22 Mittelstädten ergab extrem unterschiedliche Parkraumausstattungen der Innenstädte: bezogen auf die Einwohnerzahl schwankt das Verhältnis von 1:10 (City-Stellplatz je Einwohner der Gesamtstadt) bis über 1:50. Eine Faustformel in den neuen "Empfehlungen für Anlagen des ruhenden Verkehrs" (EAR) für den Parkraumbedarf im Kernbereich von Klein- und Mittelstädten führt zu Verhältnissen von 1:13 bis 1:25.

Für Zwecke dieses Leitfadens konnte eine **Stichprobe von 42 aktuellen Untersuchungen** und Konzepten aus westdeutschen Städten zwischen 20.000 und 500.000 Einwohner, die regional die westdeutschen Bundesländer abdeckt, gewonnen werden.

Der Plan auf der nächsten Seite gibt die Städte dieser Stichprobe wieder; zusätzlich wurden Untersuchungen und Planungen der niederländischen Stadt Maastricht und solche für einen zentrumsnahen Stadtteil in Luxemburg einbezogen.

Städte mit aktuellen Parkraumkonzepten, die für diesen Leitfaden analysiert wurden.

▓▓▓ = "Fallstudienstädte"

Räumlicher Geltungsbereich der analysierten Parkraumkonzepte

40 % der Parkraumkonzepte sind **eigenständige Untersuchungen** und Planungen, also nicht Teil größerer Planungszusammenhänge. Je 30 % sind eingebettet in Verkehrsentwicklungsplanungen oder spezifische Verkehrsstädtebauliche Untersuchungen.

Rd. 1/3 der Parkraumkonzepte beschränken sich räumlich auf den engeren **Citybereich**, fast die Hälfte betrifft die City und angrenzende Bereiche; gesamtstädtische Ansätze sind selten, Untersuchungen zu räumlichen Teilaspekten spielen definitionsgemäß in diesen Untersuchungen nur eine untergeordnete Rolle.:

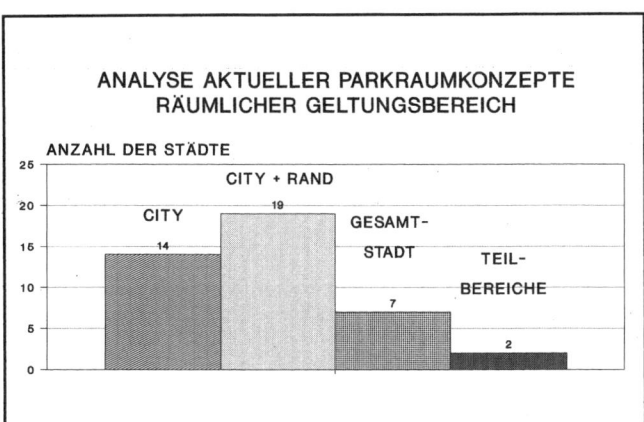

Massive Eingriffe sind selten: 70 % sehen eine Erweiterung der Gesamt-Kapazität vor, 20 % haben die **Zahl der Parkmöglichkeiten** beibehalten und nur 10 % das Angebot reduziert. Parkmöglichkeiten werden von den Betroffenen häufig als "Besitzstand" betrachtet, dementsprechend schwer tun sich die Städte mit massiven Reduzierungen:

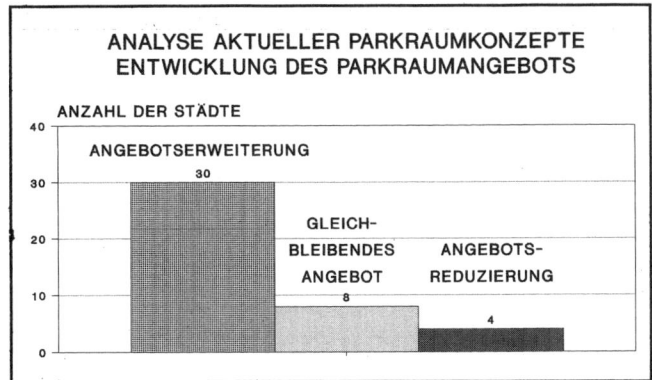

30 von 42 Konzepten sehen Angebotserweiterungen, also die Vermehrung der Zahl der **Parkstände** vor; zusammen mit geänderten Bewirtschaftungsformen gehen damit zum Teil erhebliche Steigerungen der Leistungsfähigkeit des "Teilsystems Parken", meßbar in täglich abwickelbaren "Parkfällen", einher.

Schwerpunkte der aktuellen Ansätze

3/4 der Konzepte sehen die **Verlagerung** zumindest von Teilen des Parkraums aus empfindlichen zentralen Bereichen in weniger empfindliche, periphere Lagen vor.

Die meisten Konzepte setzen im (problematischen) **Straßenraum** an und ordnen dort das Parken neu; es ist anzunehmen, daß die Verbreitung der neuen "Empfehlungen für die Anlage von Erschließungsstraßen - EAE '85" mit veränderten Ansätzen für Fahrgassenbreiten, Raum für Fußgänger und Aufenthalt etc. einen Anstoß für neue Arrangements von Parken im Straßenraum gegeben haben.

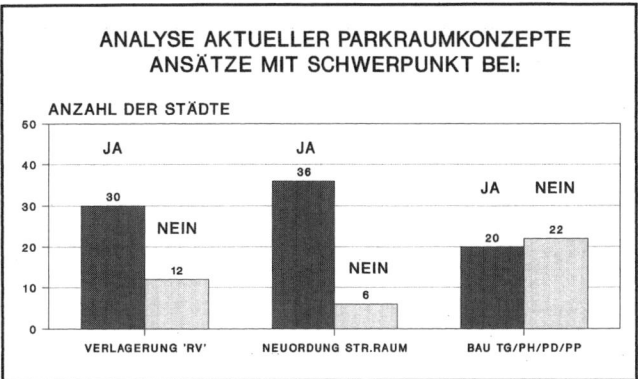

Straßenräumliche Umgestaltungen und Verlagerung von Parkraum gehen häufig Hand in Hand, zumeist bedingen sie einander; dazu als **Beispiel** die Innenstadt von **Unna**:

Quelle : 20

Die Straßen der nordwestlichen Altstadt in Unna sind gerade im Zusammenhang umgestaltet worden: eine kleinteilige, am früheren Straßenbelag orientierte und auf die Bauformen abgestimmte Pflasterung, Ausstattung und Begrünung schafft hier ein zusammenhängendes altstädtisches Ensemble mit einem angenehmen Erscheinungsbild und hoher Aufenthaltsqualität. Der Ausbau ist niveaugleich, schafft aber in Material und Farbe abgetrennte Räume für Fußgänger und Aufenthalt.

Es gelten die Regeln des "verkehrsberuhigten Bereich". Gestaltung und Regelung haben inzwischen nahezu sämtlichen Fremdverkehr aus dem Quartier ferngehalten, das Leben hier ist angenehm, ruhig und sicher geworden.

Parkende Fahrzeuge (tagsüber auch solche von Innenstadt-Beschäftigten) bestimmten früher das Straßenbild, versperrten die Sicht auf querende Fußgänger ebenso wie den Blick auf architektonische "Kostbarkeiten". Das Parken ist nun geordnet und den Anwohnern vorbehalten.

In diesem Teilquartier lagen vor dem Umbau 93 Parkstände im öffentlichen Straßenraum, nach der Umgestaltung verbleiben noch 52, die ausschließlich Anwohnern mit Sonderparkberechtigung vorbehalten sind. Der Anwohnerbedarf wird damit nur zum Teil gedeckt, einige Anwohner haben Einstellplätze in der Tiefgarage am Bahnhof zu günstigen Bedingungen gemietet.

Insgesamt wird die "Bilanz" für die gesamte Innenstadt Unna ausgeglichen sein; möglicherweise wird langfristig die Gesamtkapazität sogar durch Anlage eines Parkhauses südlich der Bahnlinie steigen. Die Parkgelegenheiten im Inneren nehmen insgesamt ab, diejenigen an der Peripherie nehmen zu.

Der Begriff "Bilanz" scheint bei Verlagerungen, die 1:1 gerechnet werden, zu hoch gegriffen: noch werden Abstellplätze, nicht Parkgelegenheiten auf dem "Nenner" von Parkfällen vorher und nachher gegeneinander aufgerechnet. Unter Bedingung weiterer Bewirtschaftungsmaßnahmen, nämlich Gebühren und Dauerbegrenzung wird z.B. in der Innenstadt Unna die "Parkleistung" merkbar steigen: mehr tägliche Parkfälle können abgewickelt werden.

Mit der **Verlagerung von Parkraum** sind je nach Parkzwecken unterschiedliche Erwartungen, Hoffnungen und Beführchtungen verbunden:

- **Berufspendler** sollen, so die Hoffnung, durch Verlagerung von Parkmöglichkeiten in periphere Bereiche längere Fußwege in Kauf nehmen (was mit Blick auf die lange Aufenthaltsdauer als zumutbar gilt) oder auf eine andere Reiseorganisation (Fahrgemeinschaften) oder andere Verkehrsmittel (ÖPNV, für kürze Entfernungen das Fahrrad) umsteigen. Die "Schwellen" an Gehwegentfernung zwischem abgestelltem Fahrzeug und Ziel, jenseits derer Berufspendler auf den Pkw verzichten, sind nicht genau anzugeben, sicherlich sind sie abhängig von der Stadtgröße und der Gesamt-Reiseweite: In Luxemburg z.B. parken Berufspendler in 800 - 1.000 m Entfernung von ihren Arbeitsplätzen in der Innenstadt !

- Mit der Auslagerung von **Kunden- und Besucherparkplätzen** ist verbreitet die Beführchtung insbesondere des städtischen Einzelhandels verbunden, Kunden würden dann andere Einkaufslagen (auf der "Grünen Wiese") oder andere Städte aufsuchen. Gehwegentfernungen vom Parkplatz zum Zentrum von 5 - 7 Minuten werden auch von Vertretern des Handels als angemessen bezeichnet, sehr viel längere werden beobachtet.

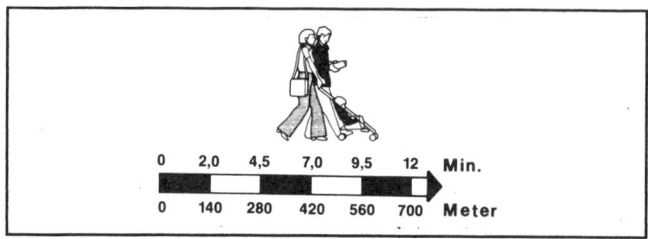

Die "normale" Gehgeschwindigkeit beträgt rund 1 Meter pro Sekunde, in 5 Minuten können also 300 Meter, in 7 Minuten 420 Meter zurückgelegt werden. (Quelle: 107)

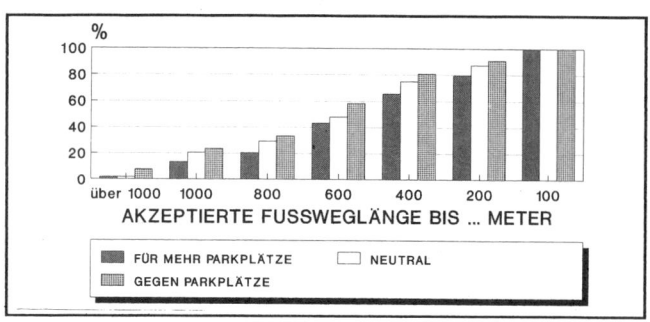

Bei motorisierten Besuchern in Saarbrücker Kurzzeitparkzonen wurden die aktzeptierten Fußweglängen zwischen Parkstand und Ziel erhoben: Etwa die Hälfte akzeptieren sogar Entfernungen bis 600 Meter. Verständlicherweise sind geringere Fußwegakzeptanzen häufiger mit der Forderung nach mehr Parkplätzen verbunden. (Quelle: 71)

Attraktive Ziele werden auch bei weiter nach außen verlagerten Parkgelegenheiten, dann über die Benutzung von Park and Ride aufgesucht. Als die Lübecker Altstadt für Autos gesperrt wurde, hatte die Anzeigenkampagne einer Nachbarstadt mit Hinweisen auf ihre Anfahrbarkeit und Parkmöglichkeiten im Zentrum keinen Erfolg.

Etwa die Hälfte der analysierten Konzepte sieht den **Bau von Tiefgaragen oder Parkbauten**, also die "Bündelung" von Parkgeschehen in (zumeist gebührenpflichtigen) Anlagen vor. Diese Anlagen gleichen teilweise dem Wegfall von Parkständen in Straßenräumen aus, teilweise bilden sie aber auch echte Erweiterungen der Kapazität. Mit Neuansiedlungen oder Nutzungsänderungen sind fast immer auch neue Parkierungsanlagen verbunden.

Die direkte **Pkw-Anfahrbarkeit** der zentralen Nutzungen steht häufig in Konkurrenz zu Angebotserweiterungen und Verdichtungen der Handels- und Dienstleistungsangebote. In **Kassel** wandeln derzeit zahlreiche Kaufhäuser und Spezialgeschäfte ihre Parkflächen in Verkaufs-, Ausstellungs- und Lagerflächen um und lösen ihre Stellplatzverpflichtung ab zu Gunsten eines am Rande der Innenstadt zu errichtenden Parkhauses.

Instrumente in aktuellen Parkraumkonzepten

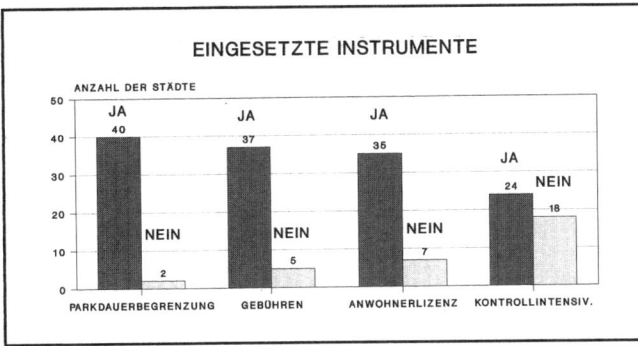

Parkdauerbegrenzungen dienen dem Ziel, auf vorhandenen Plätzen mehr "Umschlag", also mehr Parkfälle abwickeln zu können. Parkdauerbegrenzung ohne Gebühren, also die Vorschrift zur Benutzung der Parkscheibe wird nur noch selten angewandt: die Gefahr, daß die Parkscheiben nach Ablauf der Parkzeit verstellt werden und der durch keine Einnahmen gedeckte Aufwand für Überwachung sprechen gegen die Regelung als "Blaue Zone".

In Kassel wurden im Frühjahr 1982 die Parkfälle in der "Blauen Zone" (Innenstadt mit Dauerbegrenzung auf 2 Std) und im umgebenden "City-Ring" (85 % der Plätze ohne Dauerbegrenzung) erhoben:

	blaue Zone	City-Ring
Anzahl der Parkstände	1.399	5.277
"Umschlag"	4,2	2,7
Dauerparker (über 5 1/2 Std.) in % der Parkstände	39 %	60 %
Langzeitparker (über 3 Std aber unter 5 1/2) in % der Parkstände	19 %	23 %

In diesem Beispiel wird deutlich: die "Parkleistung" der blauen Zone beträgt etwa das 1,6fache des weitgehend uneingeschränkten Cityrings, allerdings: 58 % der Parkstände in der blauen Zone werden zumindest tageszeitweise "fehlbelegt".

Überwiegend wird inzwischen die Parkdauerbeschränkung mit **Parkgebühren** verbunden. In der Novellierung des Straßenverkehrsgesetzes von 1980 (§ 6 a, 3(6)) ist ein Verständnis- und Funktionswandel der Parkgebühr vollzogen worden: Parkgebühren sind nicht nur **Verwaltungsgebühren** (für die Bereitstellung der Parkuhr bzw. für die Ausnahmegenehmigung von Parkverbot), sondern jetzt eine **Benutzungsgebühr**, die den **Wert** des Parkraums für den Benutzer berücksichtigen soll. Die Mindestgebühr beträgt 0,10 DM/halbe Stunde, eine Höchstgrenze ist nicht generell, sondern länderweise festgelegt, in NRW gilt seit 1991 die Obergrenze von 2,-- DM je halbe Stunde. Üblicherweise schwanken die Gebühren in Mittelstädten derzeit zwischen 0,20 DM/halbe Stunde (Stadt Lahr für Gebührenzone II) und 1,-- DM/halbe Stunde (u.a. Stadt Freiburg).

Höchstparkdauern und Parkgebühren werden verbreitet entsprechend den Empfehlungen des Straßenverkehrsgesetzes gestaffelt, so zum **Beispiel** in **Kassel**:

Die Stadt Kassel hat 1983 bzw. 1987 in ihrem Zentrum und den zentrumsnahen Mischgebieten 2 Gebührenzonen eingerichtet:

- Zone 1: Zentrum mit 1.399 öffentlichen Parkgelegenheiten, Höchstparkdauer ist hier 3 Std., der Preis beträgt 0,50 DM/halbe Std. In dieser Zone liegen Parkhäuser mit 940 Einstellplätzen, davon sind 489 fest vermietet

- Zone 2: Zentrumsrand und citynahe Mischgebiete; hier liegen 5.277 öffentliche Parkgelegenheiten, davon sind
  = 850 Kurzzeitparkplätze mit 2 Std Höchstparkdauer und 0,50 DM/halbe Std
  = 4.427 Dauerparkplätze mit Gebühren von 3,-- DM/5 Std bzw. 4,-- DM/9 Std

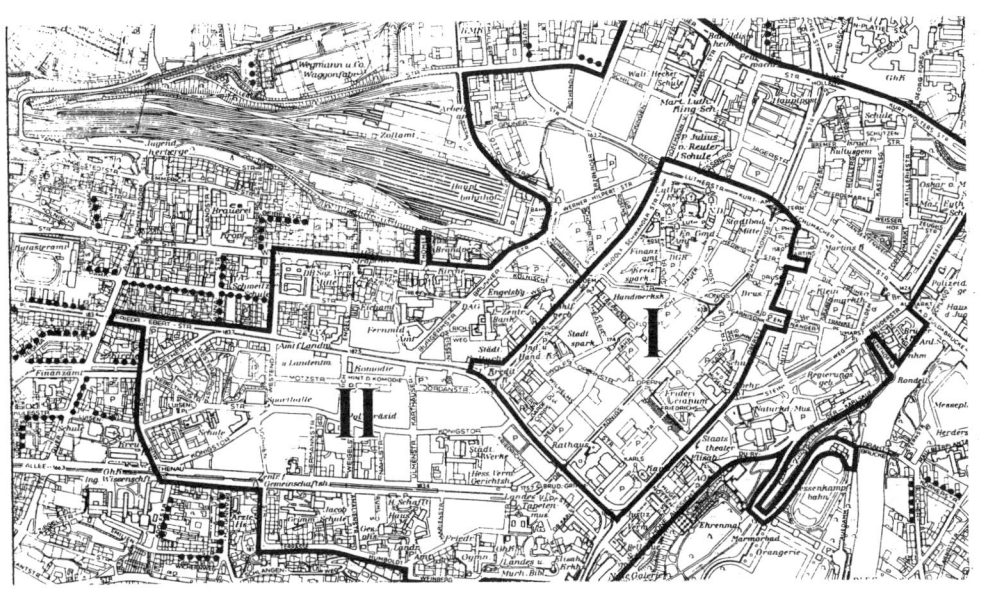

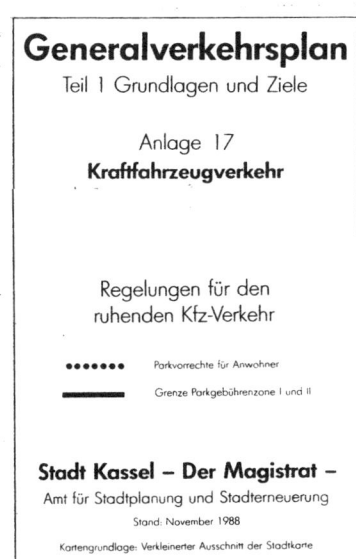

Der Auslastungsgrad der öffentlichen Parkgelegenheiten ist im Kasseler Zentrum von 121 % (Zeit der "blauen Zone") auf 82 % (neue Gebührenordnung) zurückgegangen, es sind damit auch zur Zeit des Auslastungsmaximums Parkchancen gegeben. Die Auslastung des Cityrandes hat sich von 110 % auf 120 % erhöht. Im gesamten Bewirtschaftungsgebiet blieb der Umschlag je Parkstand mit 2,77 bzw. 2,78 pro Tag praktisch gleich. Die Parkhäuser werden seit der Gebührenpflicht stärker angenommen: ihre Auslastung wuchs von 43 % auf 55 %.

Im Zentrum (Zone 1) treten nach der Gebührenerhöhung fast 1.000 tägliche Parkfälle (16 %) weniger auf; bei ihnen handelt es sich zu

- 30 % um Kurzzeitparker, die sich in die Parkhäuser verlagert haben
- 40 % Dauerparker (über 5 Std), sie sind in Randbereiche der Gebührenzonen, Parkhäuser und zum ÖPNV übergegangen
- 10 % Langzeitparker (über 3 Std), die jetzt in Parkhäusern oder am Rand der Gebührenzone parken.

Parkgebühren können also den "wirtschaftlichen" Umgang mit vorhandenem Parkraum erleichtern.

Anwohnerbevorrechtigung in bestimmten Bereichen kommt in den meisten Konzepten vor, lediglich 7 von 42 verwenden dieses Instrument nicht. Die wichtigste Unterscheidung bei den verwendeten Formen ist diejenige nach dem Mischungsprinzip und dem Trennungsprinzip:

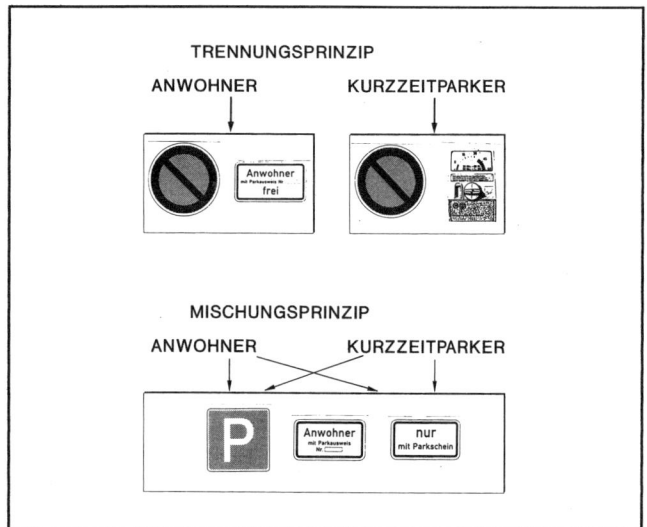

- Beim **"Trennungsprinzip"** sind bestimmte Bereiche (Straßenabschnitte, aber auch ganze Quartiere) nur für (lizenzierte) Anwohner reserviert, andere Bereiche sind für **alle** Parkenden gebührenpflichtig und/oder dauerbegrenzt. Dieses Modell ist geeignet, den Anwohnern ihr Kontingent an Parkraum auch tatsächlich exklusiv vorzubehalten.
- Beim **"Mischungsprinzip"** gelten an den selben Parkständen unterschiedliche Regeln: Anwohner mit Lizenz können ohne Gebühr und Dauerbegrenzung parken, alle anderen Parker nur gegen Gebühr und bis zur angegebenen Höchstparkdauer. Das Mischungsprinzip ist flexibel und kann kleinräumige und tageszeitliche Schwankungen gut ausgleichen.

Parkdauerbegrenzung und **Gebührenpflicht** können ihre angestrebte **Wirkung** des häufigeren Umschlags, also der Schaffung von **Parkchancen** und der **räumlichen Trennung von Parkzwecken** nur dann erreichen, wenn ausreichend überwacht wird, d.h.: wenn ordnungswidriges Verhalten jederzeit damit rechnen muß, "erwischt" zu werden und wenn der "Preis" für das Fehlverhalten ausreichend hoch ist.

Die Neufestsetzung der Verwarnungs- und Bußgelder (zuletzt am 04.07.89) und insbesondere die "Halterhaftung" (seit 01.04.87) haben die Bedingungen für effektive, d.h. verhaltenswirksame Überwachung verbessert. Zweck der Überwachung ist die Einhaltung der Regeln, nicht die Erzielung von Einnahmen !

In einer Vergleichsuntersuchung (v. MÖRNER/TOPP 1984) in Wiesbaden nach einer Gebührenerhöhung von 0,10 auf 0,50 DM/halbe Std und einer Überwachung mit 3 täglichen Rundgängen (138 Parkuhren) wurden folgende Effekte festgestellt:

1. eine Erhöhung der Umschlagziffer pro Parkplatz von 5,1 auf 7,3;

2. eine Reduzierung der mittleren Parkraumbelegung um 10 % - in Spitzenzeiten zwischen 15 und 17 Uhr bestand noch eine Parkraumreserve von 3 bis 5 %;

3. Parkvorgänge auf Gehwegen und im absoluten Halteverbot gingen um mehr als die Hälfte, Parkdauerüberschreitungen um 8 % zurück;

4. der Umfang des fließenden Kfz-Verkehr blieb im Gebiet nahezu gleich, die Verkehrszunahme durch die Zunahme der Parkvorgänge wurde im Untersuchungsgebiet durch die Abnahme des Parksuchverkehrs kompensiert;

5. die Gesamtzahl der an einem "normalen" Werktag in der Zeit von 8 bis 18 Uhr an den Parkuhren parkenden Fahrzeuge nahm um 39 % zu; in der Gesamtbilanz (einschließlich eines Kaufhaus-Parkhauses und eines öffentlichen gebührenpflichtigen Parkplatzes) stieg die Zahl parkender Fahrzeuge jedoch nur um 7 % (von 3.260 auf 3.500 Kfz);

6. Gleichzeitig mit der Erhöhung der Parkgebühr wurde an 57 Parkuhren die maximal zulässige Parkzeit erhöht, dennoch lag die mittlere Parkdauer, unabhängig von der vorgeschriebenen maximalen Parkzeit, bei 1,2 bis 1,3 Stunden.

Trotz der Unverzichtbarkeit von Parküberwachung bei jeder Form von Bewirtschaftung enthalten die dokumentierten Konzepte nur zu knapp 60 % eine Kontrollintensivierung. Viele Gemeinden wollen den Eindruck intensiver Verhaltenskontrolle vermeiden, damit werden allerdings die Wirkungen der Konzepte zum Teil neutralisiert.

Mit Einführung der "kommunalen Verkehrsüberwachung" hat sich der kommunale Handlungsspielraum stark erweitert: Bewirtschaftung und Überwachung können integriert geplant und damit effektiv gestaltet werden.

Flankierende und ergänzende Instrumente

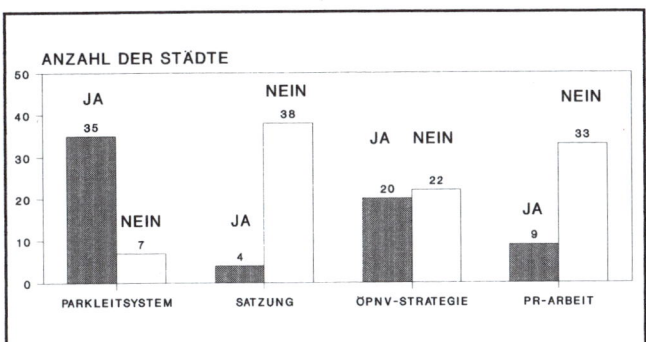

Parkleitsysteme werden von der Mehrzahl der analysierten Konzepte verwendet: 18 Städte verwenden "statische" Hinweissysteme: am Zentrumseingang bzw. an Verzweigungsstellen des Zufahrtsverkehrs werden instruktive Hinweise auf Parkgelegenheiten gegeben, allerdings **ohne** Hinweis auf den aktuellen Belegungsgrad:

Nur 2 der analysierten Parkraumkonzepte für Mittelstädte verwenden dynamische Parkleitsysteme: an den Zufahrten werden Bereiche und dort aktuell freie Plätze angegeben:

Quelle: 7

15 Konzepte arbeiten mit "halb-dynamischen" Leiteinrichtungen, überwiegend so, daß bei den Zufahrten zu einzelnen Parkgelegenheiten Informationen über frei/besetzt gegeben werden:

Quelle: 6

Von dynamischen Parkleitsystemen versprechen sich die Anwender (vgl. auch /7/) eine Verminderung des Parksuchverkehrs und eine Erhöhung der Parkchancen, gleichzeitig eine bessere und damit wirtschaftlichere Auslastung der Parkgelgenheiten. In einem Wettbewerb des ADAC 1983 hatten

- 12 Städte über 100.000 Einwohner (30 %)
- 21 Städte mit 20.000 - 100.000 Einwohner (21%)

ein Parkleitsystem. Aus den Erfahrungen des Wettbewerbs 1983 wurden als Eignungsbedingungen für ein Parkleitsystem

- "Parkdruck", also Nachfrageüberhang
- Bündelung nennenswerter Anteile der Gesamtkapazität in Parkbauten oder anderen, "leitfähigen" Anlagen
- hoher Anteil an ortskundigem Zielverkehr

nicht aber die Stadtgröße genannt.

Belege für durchschlagende Erfolge von dynamischen Parkleitsystemen in Mittelstädten liegen nicht vor, dynamische Leitsysteme werden verbreitet als "unmaßstäblich" beurteilt. Der hohe Anteil an ortskundigen Besuchern macht aufwendige Parkleitsysteme in Mittelstädten i.a. unwirtschaftlich. Selbst Großstädte haben inzwischen vorbehaltliche Positionen gegen dynamische Parkleitsysteme; so zum Beispiel das "Gesamtkonzept Parken Innenstadt **München**" von 1991:

"Ein Indiz für die geringe Wirksamkeit von Parkleitsystemen für den in Rede stehenden Bereich läßt sich auch aus der Tatsache ableiten, daß die Parkhäuser in der Altstadt konsequent trotz Belegtanzeige angefahren werden. Die Praxis hat hier nämlich gezeigt, daß ein Parkplatz nach relativ kurzer Wartezeit auch in Stoßzeiten regelmäßig zu erhalten ist." (Quelle: 123)

Zwar haben viele Mittelstädte **Stellplatzsatzungen**, etwa zur Festlegung von Ablösebeträgen, häufig in räumlicher Staffelung über das Stadtgebiet.

Bestimmungen über die Ablösung der Stellplatzverpflichtung in der Fassung vom 4. Februar 1991

Der Gemeinderat der Stadt Esslingen am Neckar hat am 4. 2. 1991 aufgrund des § 39 Abs. 5 Satz 4 der Landesbauordnung folgende Bestimmungen über die Ablösung der Stellplatzverpflichtung beschlossen:

§ 1 Ablösung
(1) Die Pflicht zur Herstellung von Stellplätzen (Stellplatzverpflichtung) gemäß § 39 Abs. 1 und Abs. 4 der Landesbauordnung kann abgelöst werden, wenn ein Bauvorhaben im Stadtgebiet von Esslingen am Neckar verwirklicht werden soll und wenn die Herstellung von Stellplätzen im Rahmen der gesetzlichen Pflicht nicht oder nur unter großen Schwierigkeiten möglich ist.
(2) Die Ablösung kann auf Teile der Stellplatzverpflichtung beschränkt werden.
(3) Ein Rechtsanspruch auf Ablösung der Stellplatzverpflichtung besteht nicht.
(4) Eine Ablösung der Stellplatzverpflichtung für Vergnügungsstätten und Spielhallen wird ausgeschlossen.

Quelle: 112

Stellplatzbeschränkungssatzungen dagegen sind (noch) selten: Bestimmungen über die Einschränkung des Stellplatzneubaus bei Neubauten oder wesentlichen Nutzungsänderungen. Die Herstellung von Stellplätzen bei Errichtung von Wohnraum ist durchgängig von der Beschränkung ausgenommen. Satzungen in diesem Sinne haben die Mittelstädte Hagen-Hohenlimburg, Hanau und Paderborn. In zahlreichen weiteren Mittelstädten sind entsprechende Satzungen im Verfahren.

Fast die Hälfte der untersuchten Konzepte umfaßt zusätzlich zu Eingriffen in den Parkraum auch Ansätze zur Verbesserung der **ÖPNV-Bedienung**: Beschleunigung von Bussen im Straßenraum, Taktverdichtung und Anlage von P+R-Plätzen sind die am häufigsten verwendeten Instrumente.

9 der 42 analysierten Parkraumkonzepte unternehmen Anstrengungen, die sich im weiteren Sinne als **PR-Arbeit** bezeichnen lassen. Das Spektrum reicht von Druck und Verteilung instruktiver Park-Stadtpläne bis zu gezielten Informations- und Meinungsbildungskampagnen, die über die Ordnung des Parkens hinausgehen und generell Änderungen des Verkehrsverhaltens anzielen.

Fazit: Parkraumkonzepte für Mittelstädte sind nicht mehr die Ausnahme, aber auch noch nicht die Regel. Schwerpunkte der aktuellen Ansätze in Mittelstädten sind die Stadtkerne und die umgebenden Cityrandgebiete. Die meisten Konzepte enthalten Angebotserweiterungen, "dynamische" Betrachtung und Planung des Parkraums und dementsprechend wirtschaftlicher Umgang mit dem Bestand sind noch eher die Ausnahme.

Neuordnung des Parkens im Straßenraum und Verlagerung von Parknachfrage in periphere Bereiche, zum Teil auch in Parkierungsanlagen sind derzeit verbreitet. Praktisch alle aktuellen Konzepte arbeiten mit Parkdauerbegrenzung in den Zentren der Nachfrage, die meisten auch mit Gebühren und Anwohnerbevorrechtigung; dabei kommt teilweise das "Trennungsprinzip", teilweise das "Mischungsprinzip" zum Einsatz. An eine intensive und damit effektive Kontrolle "trauen" sich nur knapp 60 % der untersuchten Konzepte heran.

Instruktive Wegweisungen werden in über 80 % der Konzepte verwendet, dabei wird "statischen Parkleitsystemen" und "halbdynamischen" Einrichtungen der Vorzug gegeben, "dynamische" Systeme stoßen mit unterschiedlicher Begründung auf Vorbehalte.

Auch in Mittelstädten gibt es weitreichende Versuche mit Stellplatzbeschränkungssatzungen, die städtebauliche Entwicklung in manchen Problemgebieten ist ohne Beschränkung des Stellplatzbaus kaum möglich.

Fast die Hälfte der Konzepte kombiniert ihr Parkraumkonzept mit Verbesserungen im ÖPNV-Angebot. Nur etwa 1/5 vermarktet sein Parkkonzept offensiv und mit weiteren Zielsetzungen.

2.3 Typische Parkraumkonzepte in Mittelstädten

*Wesentlicher als die beschreibende und statistische Übersicht über die Verwendung von Einzelinstrumenten ist die Kenntnis der **Kombinationen** von Instrumenten: gerade der **Instrumentenmix**, die räumliche und sachliche Maßnahmenkombination ist oft die entscheidende Determinante für Erfolg oder Wirkungslosigkeit des Parkraumkonzeptes.*

Das derzeit vorliegende Spektrum an Parkraumkonzepten für Mittelstädte läßt sich folgendermaßen charakterisieren:

1: undifferenzierte Angebotserweiterung

Dieser Konzepttyp setzt auf Kapazitätserweiterung sowohl durch Erhöhung des Umschlages als auch durch Herstellung neuer Anlagen, und verwendet **nicht** das Instrument der Anwohnerbevorrechtigung. Alle diese Konzepte erweitern die Parkkapazität, verwenden das Instrument der Parkdauerbeschränkung, aber ohne Kontrollintensivierung und ohne spezielle PR-Kampagnen.

2: Angebotserweiterungen im Straßenraum mit teilweise kompensierenden Begleitmaßnahmen

Die Konzepte dieses Typs enthalten Angebotserweiterungen und Bevorrechtigung von Anwohnern; die Angebotserweiterungen finden auf Straßen und Plätzen statt. Die Kontrolle des (nach Parkzwecken) differenzierten Parkens wird nur bei gut der Hälfte der Konzepte verstärkt, gut 1/3 sieht gleichzeitig Verbesserungen im ÖPNV vor.

In diesem Konzepttyp wird Parkraum für Anwohner als "verlorengegangener Parkraum" angesehen, für den anderswo Ersatz geschaffen werden muß.

3: Angebotserweiterung durch Parkierungsanlagen mit ordnenden und kompensierenden Begleitmaßnahmen

Alle Konzepte dieses Types enthalten die Sonderparkbevorrechtigung für Anwohner, alle erweitern die Kapazität, überwiegend durch Anlage von Parkierungsbauten.

Begleitet wird die Kapazitätserweiterung durch Intensivierung der Kontrolle und Ergänzungen im ÖPNV-Angebot. Durch Konzentration und Ordnung des "Fremdparkens" wird bei diesem Konzepttyp versucht, Angebotserweiterungen "stadtverträglich" zu halten.

4: restriktive Differenzierung mit alternativem Angebot

Anstatt einer Ausweitung des Parkraums werden Differenzierungen der Parkberechtigung, Kontrollintensivierung und Ergänzungen im ÖPNV-Angebot vorgenommen. Vereinzelt werden Parkierungsanlagen gebaut, um anderweitig aufgehobenen Parkraum zu ersetzen. Unter allen Typen ist dieser derjenige mit konsequentesten Eingriffen.

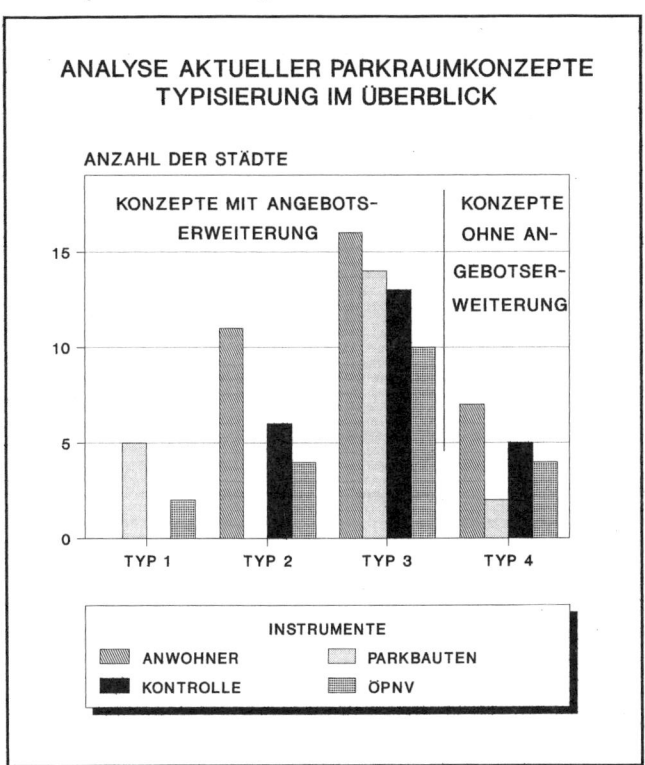

Typ 3 ist die größte Einzelgruppe unter den analysierten Konzepten; hier wie teilweise auch beim Typ 2 werden Kapazitätserweiterungen zumindest örtlich nach Verträglichkeitsgesichtspunkten geplant und durch ordnende Maßnahmen wie auch Erreichbarkeits-Äquivalente zumindest begleitet. Städtebaulich und für die "qualifizierte Nachfrage" sind mit solchen Konzepten durchaus Verbesserungen zu bewirken. "Im System" (hauptsächlich also: in der Aufteilung der Verkehrsarbeit auf die Verkehrsmittel) werden damit kaum merkbare Verschiebungen zu erreichen sein.

Fazit: Angebotserweiterungen in aktuellen mittelstädtischen Parkraumkonzepten werden inzwischen differenziert und nach Gesichtspunkten städtebaulicher Verträglichkeit geplant. Viele Konzepte schrecken (noch) vor wirksamer Kontrolle der (geänderten) Regelungen zurück, Konzepte ohne Angebotserweiterungen sind noch in der Minderzahl.

2.4 Probleme, Konzepte und Ergebnisse in Fallstudienstädten

*Die Planungspraxis und die politische Praxis in den Kommunen steht unter dem Anspruch, situations- und problemangemessene Lösungen des Parkproblems mit beabsichtigten Wirkungen entwickeln und unter den konkreten örtlichen Bedingungen durchsetzen zu müssen. Das weist auf die Notwendigkeit hin, Parkraumkonzepte **im Zusammenhang zu untersuchen** und **unter komplexen Fragestellungen anzugehen**. Dafür kann es lehrreich sein, den Bearbeitungs- und Entscheidungsprozeß sowie die Effekte von Parkraumkonzeptionen in Form von "Fallstudien" nachzuzeichnen.*

Im Rahmen der Arbeiten für diesen Leitfaden wurden **5 Fallstudien** unternommen, die geeignet sind, den Problemkontext, die Entwicklung des Parkraumkonzeptes, seine Diskussion und den Entscheidungsprozeß sowie zumindest ansatzweise Effekte des Konzeptes im Sinne zwischenzeitlich eingetretener Wirkungen darzustellen. Die Fallstudienstädte: **Esslingen am Neckar, Geldern, Hanau** und **Lüneburg** wurden danach ausgewählt, daß unterschiedliche Instrumente in verschiedenen Problemlagen zum Einsatz kommen und von daher möglichst verallgemeinerbare Erkenntnisse daraus gezogen werden können. **Delbrück** ist typisch für eine kleine Mittelstadt mit teilweise originellen Lösungen.

Die Fallstudien müssen sich auf das **Produkt** (nämlich das Konzept, seine Elemente und seine Effekte) und den **Prozeß** (der Beratungen, Entscheidungen und Bewertungen) beziehen.

Situations- und Problemdefinitionen kommen sozial, d.h. politisch zustande, Strategien und Problemlösungen können vom "kommunalen Klima" nahegelegt oder auch erschwert werden. Mit Eingriffen in Parkmöglichkeiten sind Eigentums- und Verwertungsinteressen ebenso berührt wie solche der Wohnentwicklung, des Stadtbildes und der kommunalen Finanzen. Das Image und das gesamte "Marketing" der Stadt kann mit dem Parkraumkonzept, seiner "Etikettierung" und Verbreitung erscheidende Wendungen erhalten.

Es muß also der Frage nachgegangen werden, wer das **Problem definiert** bzw. wie, unter welchen Themen und mit wessen Beteiligung diese Problemdefintion zustande kommt. Aktuelle Prozesse in den Schweizer Städten und Gemeinden zeigen, daß der gesamtstaatliche Zwang, übergeordnete Ziele der Luftreinhaltung zu erfüllen, für Konsense über einschneidende Beschränkungen und darauf ausgerichtete Investitionen einen sehr fruchtbaren "Boden" bildet.

Mit der Problemdefinition hängt die Frage nach den **"Akteuren"** (Betreiber, meinungsbildende Gruppen) des Parkraumkonzeptes eng zusammen. Die Hinweise auf die zum Teil extrem geringen Anteile des Parkraums, die überhaupt noch dem kommunalen Einfluß unterliegen (teilweise weit unter 50 %) machen die Frage nach der planenden Instanz und ihrer "Verfügungsmasse" besonders interessant.

Erfolg oder Mißerfolg, Wirksamkeit oder Wirkungslosigkeit eines Parkraumkonzeptes hängen entscheidend davon ab, **welche Gruppen** bzw. welche Gruppenvertretungen in welcher Phase der Konzeptbearbeitung **beteiligt werden**.

Zusätzlich zur inhaltlichen Bearbeitung müssen also **vorbereitenden und begleitende Programme** der Konsensfindung und Akzeptanzsteigerung ablaufen, damit das Parkraumkonzept sich überhaupt durchsetzt. In den Schubladen mancher Ämter wie in den Akten vieler Betroffenengruppen lagern zahlreiche Parkraumkonzepte, die niemals überhaupt das "Licht der Öffentlichkeit" erblickt haben. Die Frage nach dem **Prozeß** der Erarbeitung der Konzepte ist insgesamt also gleichermaßen wichtig wie diejenige nach den Details von Problemlagen und Problemlösungen. Deshalb werden bei den Fallstudien die "Entscheidungsparameter", soweit sie im Nachvollzug sichtbar wurden, mit dargestellt.

Für die Vermutung, der Parkraum und seine Bewirtschaftung sei eine "Stellschraube" der Verkehrsmittelwahl, gibt es zumindest für Großstädte plausible Belege. Allerdings: der Zusammenhang von **Verkehrsmittelwahl** und **Parkraumangebot** ist abhängig von zahlreichen Nebenbedingungen, die wichtigsten dürften Kontrollen und die Qualität der alternativ zum Auto verfügbaren Verkehrsmittel sein.

Stadt	Einwohner	Arbeitsplätze in der City	Abstellplätze in der City	Abstellplätze/Beschäftigte	Modalsplit*
Aachen	242.000	38.350	18.000	0,47	0,22
Lübeck	235.000	29.000	7.000	0,24	0,30
Dortmund	626.000	52.500	15.700	0,30	0,40
Bonn	274.000	49.800	23.300	0,47	0,27
Mühlheim/Ruhr	191.500	13.400	6.800	0,51	0,21
Hamburg	188.780	29.449		0,156	0,48

Der "Modal-Split" (hier als: Anteil des ÖPNV am gesamten Fahrverkehr) ist umgekehrt proportional zur citybezogenen Parkstruktur. (Quelle: 36).

Der Begriff der "Stellschraube" dürfte aber zumindest immer dann "zu hoch" gegriffen sein, wenn nicht **der gesamte Parkraum**, der Ziel von Autofahrten sein kann, im Konzept berücksichtigt wird. Das ist derzeit in den wenigsten Konzepten der Fall. Die Tatsache, daß der öffentliche Straßenraum "Sache" der Ordnungs-, Tiefbau- und Planungsämter ist, die privaten Stellplätze aber die des Bauordnungsamtes, kann keinen ernsthaften Einwand darstellen. Vielfach wird in Befragungen von Berufspendlern berichtet, daß die Sicherheit, am Ziel einen (ggf. reservierten) Parkplatz vorzufinden, die Autobenutzung selbstverständlich werden läßt; ein reservierter Abstellplatz ist zu einem zusätzlichen Statussymbol geworden.

Parken wird in der kommunalpolitischen Diskussion mit Recht in sehr engem Bezug zur **Erreichbarkeit** behandelt, allerdings wird dabei zu häufig nur an die Pkw-Anfahrbarkeit gedacht.

In einer sehr kontrovers aufgenommen Untersuchung hat das Deutsche Institut für Urbansitik (difu) 1990 nachgewiesen, daß der vielfach behauptete Zusammenhang von Einzelhandelsentwicklung und Parkraumangebot **nicht** besteht: besonders prosperierender Einzelhandel findet sich auch in Städten mit geringem Parkangebot und besonders geringen Pkw-Anteilen an allen innenstadtbezogenen Wegen.

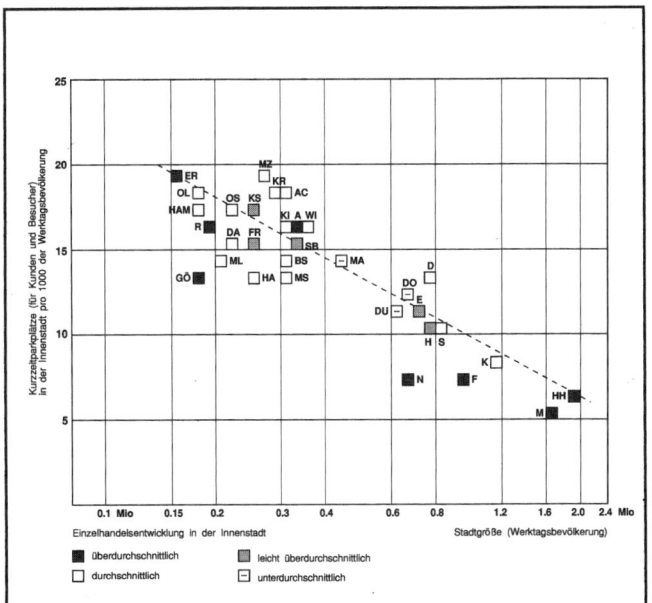

Das Diagramm zeigt die Einzelhandelsentwicklung verschiedener Innenstädte in Abhängigkeit von der spezifischen Ausstattung der Innenstädte mit Parkmöglichkeiten für Kunden und Besucher. Neben einem generell degressiven Trend nach Stadtgröße (größere Städte haben in ihrem Zentrum relativ geringe Parkraumkapazität) zeigt sich, daß Innenstädte mit vergleichsweise guter Einzelhandelsentwicklung nur durchschnittliche bis unterdurchschnittliche Parkraumausstattung haben. (Quelle: 19)

Die Wirkung von Parkraumkonzepten kann so auf einer sehr generellen "Makro"-Ebene analysiert werden; Wirkungen sind aber auch zu verfolgen etwa auf der mittleren Ebene der Be- und Entlastungen von Quartieren, z.B. als Reaktion auf Restriktionen im Zentrum.

Auf der "Mikro"-Ebene des einzelnen Straßenraums führen Änderungen des "Parkarrangements" und der Parkregelung zu Veränderungen im Parkgeschehen (Parkwechsel, Parkdauer, Parkzwecke, Auslastung des Parkraums) wie solchen im fließenden Verkehr (Zahl der Zu- und Abfahrten, Fahrgeschwindigkeiten als Reaktion auf geänderte Fahrgassenbreiten, Behinderungen durch Ein- und Ausparken). Schließlich sind Wirkungen im einzelnen Straßenraum auf das Wohnumfeld und die Qualität des nicht-motorisierten Verkehrs zu betrachten.

"Parkplätze bauen ist wie Tauben füttern, es kommen immer mehr" (MONHEIM, 1991); ob das stimmt, ob also Vermehrung von Parkraum Steigerungen des Verkehrsaufkommens zur Folge haben, ist neben dem Erschließungssystem hauptsächlich abhängig vom "Nachfrageüberhang". Instrumente wirken unterschiedlich je nach örtlichen Verhältnissen und je nach Problemlage. Das macht "Rezeptbücher" wenig erfolgversprechend, komplexe bzw. differenzierte Betrachtungen dagegen unverzichtbar.

Darüberhinaus muß die Erarbeitung und Umsetzung von Parkraumkonzepten **situationsangepaßt sein**, d.h. Empfehlungen zum Vorgehen, zu notwendigen Gesichtspunkten und unverzichtbaren Abstimmungen sind wertvoller für die Arbeit vor Ort als die unreflektierte Übertragung andernorts verwandter Modelle.

Im Gegensatz zu den **"Beispielen"**, die querschnittlich und zum Teil statistisch ausgewertet wurden, sollen die **"Fallstudien"** in ihrem Kontext und mit den Planungs- und Entscheidungs**prozeß** vorgestellt werden. Dazu wird im Text ein 2 - 3 seitige Kurzfassung wiedergegeben, in einem Materialband finden sich umfassendere Erläuterungen.

Ein durchgängiges **Ergebnis** aus den Fallstudien kann vorweggenommen werden: es besteht ein großer und dringender **Bedarf** nach Überblick, Vergleichen, Beispielen, Information und Argumentation. Vielfach wurden Fragen mit Gegenfragen beantwortet. Auch das ist ein Grund, weshalb die Fallstudienstädte nicht als Vorbild vorgeführt werden können. Es sind vielmehr "normale", vielleicht typische Städte, in denen das Thema Parken derzeit sehr engagiert verfolgt wird.

Fallstudie: Innenstadt Esslingen am Neckar

Esslingen am Neckar ist Mittelzentrum mit rd. 90.000 Einwohnern (Volkszählung 1987) im hochverdichteten Umland der Kernstadt Stuttgart. Die Stadt verfügt über zentrale Einrichtungen (u.a. der Bildung und Weiterbildung) mit weitem Einzugsbereich. Die Esslinger Altstadt ist kulturelles, wirtschaftliches und soziales Zentrum für die Gesamtstadt und die insbesondere südlich und östlich umgebenden Gemeinden. Der Einzelhandel ist mit 47 % der Betriebe und 50 % der Beschäftigten hier konzentriert.

Befunde zum ruhenden Verkehr

Laufende Untersuchungen zum Verkehrsentwicklungsplan und eine Vorlage für ein Innenstadtkonzept vom Juni 1990 machten einen aktuellen Überblick über Parkraumangebot und -nachfrage erforderlich; die bisherige Diskussion vollzog sich erstaunlicherweise ohne genaue und vollständige Daten, teilweise mit solchen aus den 60er Jahren.

Das Esslinger Zentrum hat gut 2.600 allgemein zugängliche Pkw-Abstellplätze, fast 1.800, nämlich 69 % davon befinden sich in Parkhäusern bzw. Tiefgaragen, die von privaten Gesellschaften bewirtschaftet werden. Die gut 30 % der Parkkapazität, die im öffentlichen Straßenraum liegen, sind nahezu zu gleichen Teilen gebührenfrei und ohne Dauerbegrenzung und gebührenpflichtig mit einer Festsetzung von Höchstparkdauern (1 bzw. 2 Std.). 13 % der Plätze im Straßenraum sind für Anwohner bzw. Behinderte reserviert. Die Autofahrer "vermehren" die Parkkapazität im Straßenraum um 17 %, i.w. durch Parken auf Geh- und Radwegen, innerhalb von Halteverbotszonen und in Einfahrten.

Die 815 Parkstände im öffentlichen Straßenraum werden durchschnittlich 4,1 - mal täglich umgeschlagen; die Kurzzeitparker machen zwar 70 % der täglichen Parkfälle aus, das gesamte "Parkbild" entspricht aber keinesfalls dem Bewirtschaftungsziel:

- mit 2 schwach ausgeprägten Spitzen wird der öffentliche Parkraum knapp über 100 % ausgelastet
- zur Zeit des morgendlichen Auslastungsmaximums sind 43 % der Parkenden Langzeitparker.

Zusätzlich wurden die Parkfälle mit der Kfz-Halterdatei abgeglichen, um Anwohner der Innenstadtquartiere von anderen, also "Fremparkern" unterscheiden zu können, und damit exakte empirische Befunde für die Dimensionierung von Anwohnerparken zu erhalten:

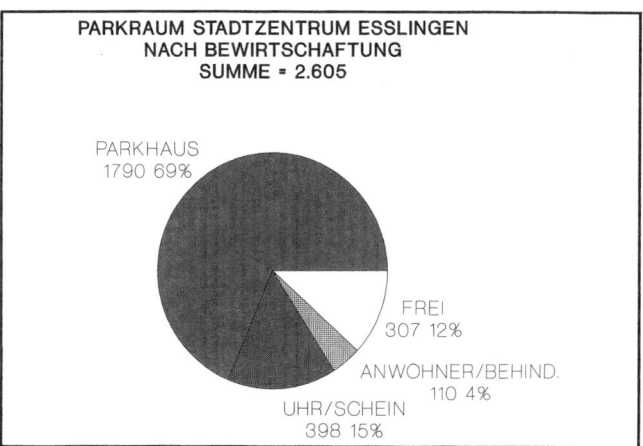

STATISTIK DER PARKFÄLLE: INNENSTADT ESSLINGEN

Dauer (Std)	Beginn: erstes Antreffen um ... Uhr							Summe
	5	9	11	13	15	17	19	
<4	270	324	338	274	388	410	507	2.511
<6	46	88	41	42	53	144		414
<8	29	29	19	7	36			120
<10	24	62	7	13				106
<12	14	42	6					62
<14	13	19						32
>14	104							104
SUMME	500	564	411	336	477	554	507	3.349

Die "Statistik der Parkfälle" gibt die Zeitpunkte der Ankunft und die Dauer (in 2-Std.-Intervallen) wieder; z.B. sind 104 Kennzeichen bei jedem der sieben Umgänge des Stichtages angetroffen worden.

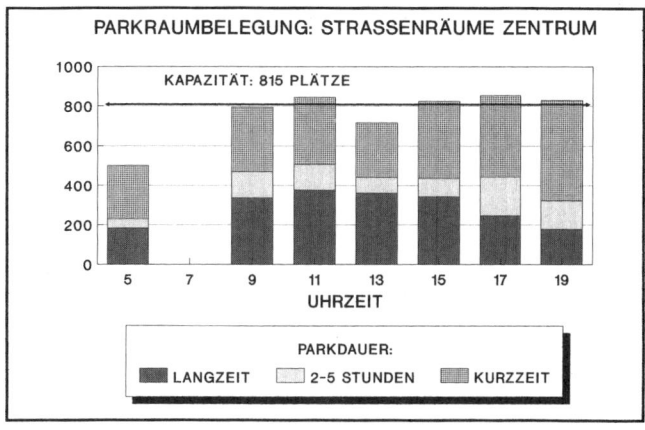

- Nachts parken in den Innenstadtstraßen rd. 500 Pkw, 280 sind solche von Bewohnern der Innenstadt, zusätzlich parken in der östlichen und westlichen Vorstadt 62 Innenstadtbewohner. Die übliche Gleichsetzung der nachts Angetroffenen Parkenden mit Anwohnern ist in Esslingen also nur zu 60 % richtig.
- Das Parkaufkommen der Anwohner schwankt über den Tag erstaunlich gering: um 13.00 Uhr beträgt ihr Aufkommen 65 % des morgendlichen bzw. 74 % des abendlichen Maximums.
- Über Tag parkt der Großteil der Anwohner über lange Dauer im Straßenraum.

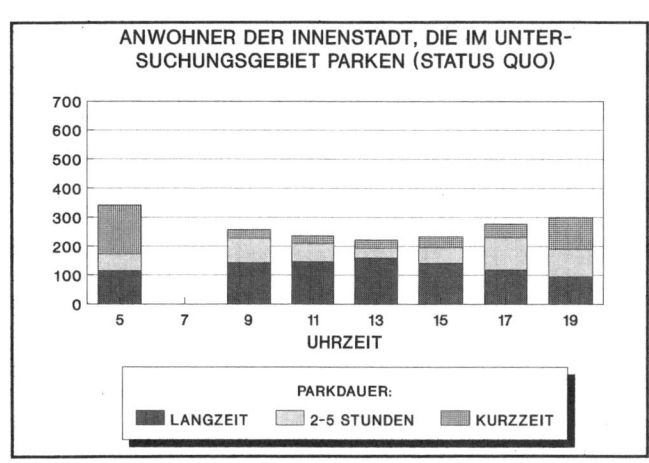

Strategie und Elemente des Parkraumkonzeptes

Ein aktuelles Konzept zur Struktur- und Umfeldverbesserung der Innenstadt sieht vor, Fußgängerzonen und Verkehrsberuhigte Bereiche zu erweitern und die verbleibenden Straßenzüge den Anwohnern, Anlieferern und Radfahrern vorzubehalten. Fremdverkehr findet dann in den Innenstadtstraßen keine legale Parkmöglichkeit mehr vor.

Der Anwohnerbedarf nach Parken im Straßenraum ist mit maximal 350 abzuschätzen, in dieser Größenordnung werden Plätze in den empfindlichsten Straßenräumen als Anwohnerparkzonen ausgewiesen. Diese Zonen bilden zusammenhängende, größere Quartiere, die an ihren Eingängen entsprechend beschildert werden.

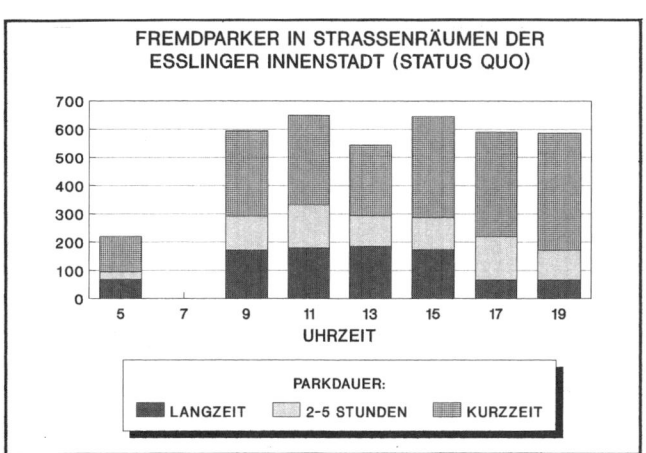

Zielgruppe der Restriktionen sind insbesondere die quartiersfremden Langzeitparker, die künftig auf andere Verkehrsmittel oder eine andere Reiseorganisation verwiesen werden; die quartiersfremden Parker über kurze und mittlere Dauer finden Platz in den Parkbauten an der Peripherie. Die heutigen Leerstände in den Parkbauten können die zusätzliche Nachfrage aufnehmen. Für quartiersfremde Kurzzeitparker werden zumindest in einer ersten Phase noch gebührenpflichtige Parkstände an den Innenstadterschließungsstraßen vorgesehen.

Die auf den Ring zurückführenden Innenstadterschließungsstraßen werden in der nächsten Phase als verkehrsberuhigter Geschäftsbereich mit Tempo 20 und eingeschränktem Halteverbot sowie Hinweisen auf die fehlenden Parkchancen für Nicht-Lizenzierte in der gesamten Innenstadt beschildert. Alle Bereiche außerhalb dieser Erschließungsstraßen werden verkehrsberuhigte Bereiche mit Anwohnerparken.

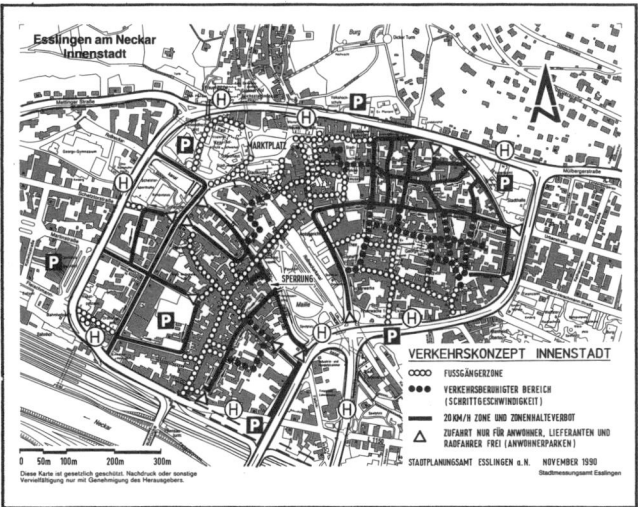

Realisierung und Auswirkungen

Der erste und für die weitere verkehrspolitische Diskussion wichtige Effekt besteht in einer Versachlichung der gesamten, kontrovers geführten Diskussion.

Eine erste Stufe der Realisierung läuft derzeit an, und zwar mit Ausweitung der Fußgängerzonen und verkehrsberuhigten Bereiche, der Anordnung von Anwohnerparken und der Gebührenpflicht und Dauerbegrenzung auf allen Plätzen im Zentrum, auf denen bisher "frei" geparkt wurde.

Die Realisierung des Konzeptes wird von den Anwohnern massiv gefordert, anfängliche Vorbehalte von Gewerbetreibenden haben sich weitgehend entkräften lassen. Eine langfristig angelegte, räumlich kleinteilige Öffentlichkeitsarbeit hat das stark erleichtert.

Mit der ersten Vorstellung des Innenstadtkonzeptes wurde bereits der "Fahrplan" für die weiteren Beratungen und Erörterungen mit Beteiligten und Betroffenen veröffentlicht. Die darin beabsichtigten Termine mußten aufgrund großer Nachfragen stark vermehrt werden. Der Beschluß-Fahrplan konnte nicht eingehalten werden; die Verzögerung wird aber durch Qualität und Tragfähigkeit des Konsenses mehr als ausgeglichen.

Gleichzeitig mit der ersten Phase der Realisierung des Innenstadtkonzeptes wurde der "Esslinger Batzen" eingeführt: eine Münze mit Stadtmotiv im Wert von 1,-- DM, die bei Vorlage einer Bus- oder Bahnfahrkarte beim Einkauf ausgegeben und vom Verkehrsbetrieb als "Zahlungsmittel" anerkannt wird.

Fallstudie: Innenstadt Hanau

Die Kreisstadt Hanau im östlichen Umland der Kernstadt Frankfurt hat 85.000 Einwohner, sie ist Sitz bedeutsamer Unternehmen der chemischen und Elektroindustrie, dem entspricht ein hoher positiver Berufspendlersaldo (gut 27.000: 65.000 Beschäftigte, aber nur 38.000 Erwerbstätige in der Gesamtstadt).

Die Innenstadt mit rd. 11.000 Einwohnern (davon 5.000 Erwerbstätige) hat 19.000 Arbeitsplätze. Sie spielt für die Einwohner der Innenstadt selber und das insbesondere östliche Umland, weniger aber für die Bewohner der Hanauer Stadtteile eine Rolle als Ort für Einkauf und Besorgung. Die Konzentration von Arbeitsplätzen nahe der Innenstadt begründet einen überdurchschnittlichen Anteil von Einkaufsbesuchen über Tag oder auf dem Arbeitsweg. Trotz dieser Besonderheiten haben Kunden und Besucher der Hanauer Innenstadt einen Pkw-Anteil von 52,4 %, selbst Innenstadtbewohner haben bei Innenstadtbesuchen einen Pkw-Anteil von 29 % (samstags).

Befunde zum ruhenden Verkehr

Das Hanauer Zentrum verfügt (1991) über 4.119 öffentlich zugängliche Pkw-Abstellplätze, davon rd. 1.900 im Straßenraum; 1987 waren es noch knapp 100 mehr, einige Straßenräume wurden seither zu Fußgängerzonen bzw. Verkehrsberuhigten Bereichen umgestaltet. Die Plätze im Straßenraum wurden in Teilen des Altstadtbereiches als Anwohnerplätze beschildert, auf weiteren 372 Plätzen mit Dauerbegrenzung (Scheibe) und 81 Plätzen mit Gebührenpflicht (Parkscheinautomaten) sind lizenzierte Anwohner befreit. 26 % der Parkstände im öffentlichen Straßenraum sind gebührenfrei und ohne Dauerbegrenzung.

Die Hanauer Innenstadt hat 6 Parkbauten mit zusammen rd. 2.000 Einstellplätzen (seit 1987 sind 123 neu geschaffen worden), davon sind über 1.000 an Abonnenten vermietet; nur samstags stehen außerdem rd. 200 Einstellplätze im Parkhaus des Behördenhauses am Freiheitsplatz der allgemeinen Nachfrage zur Verfügung.

Im Rahmen der Erarbeitung eines Verkehrskonzeptes für die erweiterte Innenstadt (einschl. der östlichen Arbeitsplatz-Schwerpunkte) wurden Anfang 1987 Parkdauererhebungen im zentralen Geschäftsbereich und in den Parkierungsanlagen angestellt. Der Untersuchungsbereich in Straßenräumen des Zentrums umfaßt 330 Abstellplätze, davon sind 184 mit Parkuhren ausgestattet, dort beträgt die Höchstparkdauer 2 Std. Die über den Tag fast gleichblei-

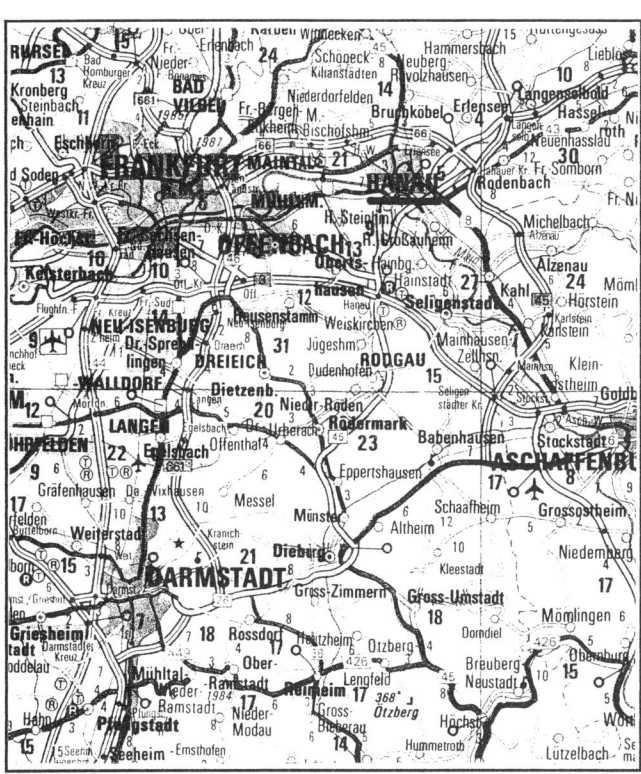

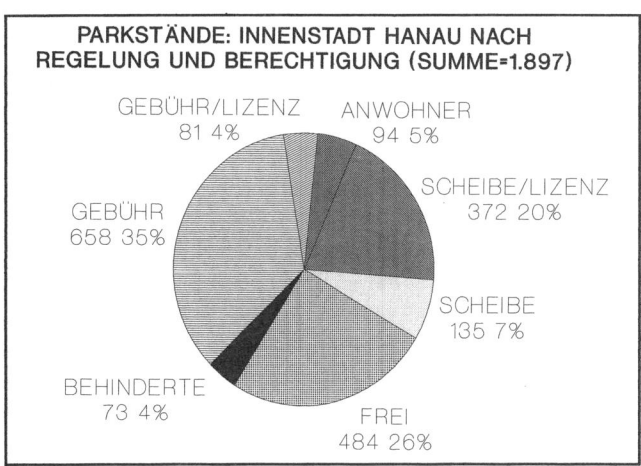

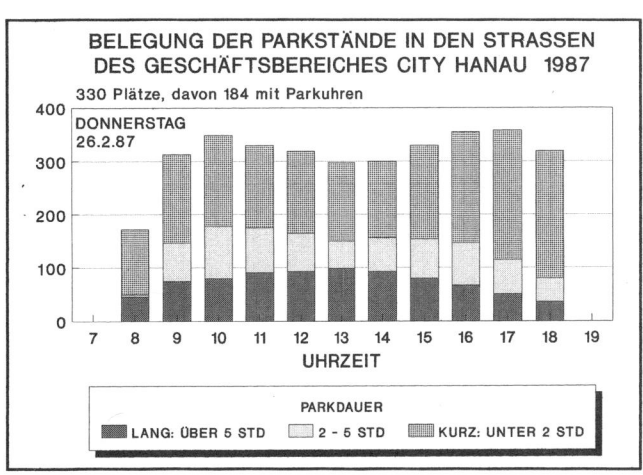

bende Belegung etwa in Höhe der Kapazität (1.909 Parkfälle, durchschnittlicher Umschlag = 5,8 Parkfälle pro Parkstand) bei einem Langzeitparkeranteil von maximal 30 % gibt aber nicht das wirkliche Parkbild wieder: verbreitet wird in Halteverbotszonen, Einfahrten oder der Fußgängerzone geparkt; ein erheblicher Teil der Parkenden verhält sich falsch, entweder durch falsche Aufstellung (auf Gehwegen) oder durch nicht-Bedienen der Parkuhr bzw. Überschreiten der Höchstparkdauer. Eine tatsächlich verhaltenswirksame Kontrolle findet nicht statt.

Die Einstellplätze in Parkbauten in bzw. am Rande der Hanauer Innenstadt sind 1987 zu 1/3 an Dauerparker, zu weiteren 30 % an Tagesparker vermietet; damit steht von der Gesamtkapazität in hervorragender Innenstadtlage nur 36 % für den "freien Markt" zur Verfügung. Die frei zugänglichen 416 Plätze werden auch zur morgendlichen Nachfragespitze in der Summe nicht ausgelastet. Die Nachfrage in der Tiefgarage Markt liegt mit beiden Tagesspitzen deutlich über der rechnerisch freien Kapazität, in den Parkhäusern West (maximal 1/3) und Ost (maximal 2/3) bleiben auch zu Spitzenzeiten allgemein zugängliche Kapazitäten frei.

Strategie und Elemente des Parkraumkonzeptes

Das Konzept (1987) enthält Vorschläge für eine Mengenpolitik, für nach Lage gestaffelte Kosten und für die Erschließung der Innenstadt: zu Lasten zentraler Parkgelegenheiten werden Kapazitäten am Innenstadtrand geschaffen; die Innenstadt wird zoniert nach Anwohnerparken und gebührenpflichtigem Kurzzeitparken, und es wird eine Erschließung mit kurzen Stichen oder Schleifen von den Tangenten aus, also ohne "Parkspangen" vorgeschlagen. Ein dynamisches Parkleitsystem soll erst nach Erfahrungen mit orientierungsstarker Wegweisung weiter geprüft werden.

In der Hanauer Stellplatzsatzung von 1986 besteht ein Verbot, im engeren Innenstadtbereich Stellplätze herzustellen; ausgenommen davon sind solche für Wohnungen. Kritische Entscheidungsfälle sind bisher nicht aufgetreten; die Stadt erlaubt allerdings, bei Umbauten die bisher ebenerdig verfügbaren Stellplätze unterirdisch herzustellen.

Mit Ausweitungen der Fußgängerzone wurden bisherige Parkgelegenheiten und Durchfahrten aufgehoben; der Bus mit den beiden zentralen Stationen Markt und Freiheitsplatz verkehrt wie bisher bereits durch die Fahrstraße über die Fußgängerzone Nürnberger Straße.

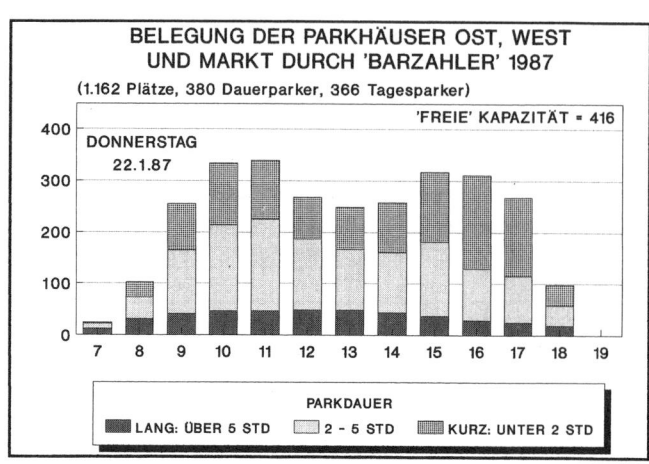

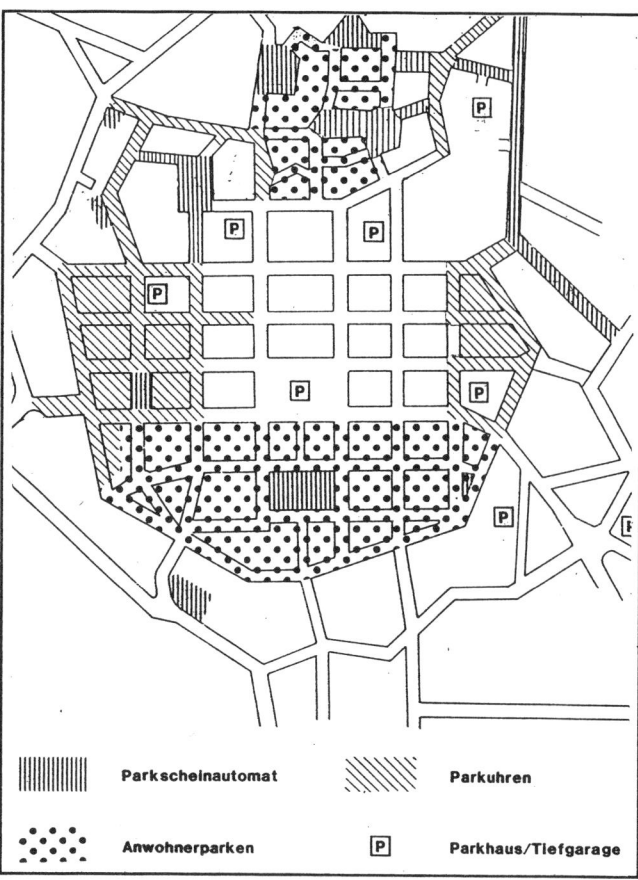

Das "Verkehrskonzept Erweiterte Innenstadt Hanau" von 1987 enthält ein abgestuftes und differenziertes Parkraumkonzept:

Der innenstadtzentrale Freiheitsplatz (F) soll eine städtebauliche Neuordnung erfahren, seine Parkkapazität in einem am Innenstadtring gelegenen Parkhaus teilweise ersetzt werden. Größere und **zusammenhängende** Bereiche werden als Anwohnerparkbereiche (Trennungsprinzip) ausgewiesen; Parken von Nicht-Anwohnern ist nur noch über kurze Zeit gegen Gebühr möglich. Es wird ein verhaltenswirksames Überwachungsprogramm vorgeschlagen.

Realisierung und Auswirkungen

1991 sind die Fußgängerzonen teilweise realisiert, es bestehen aber noch Durchfahrtmöglichkeiten durch die Innenstadt, damit auch Parkspangen. Anwohnerparken wird für einen kleinen Altstadtbereich exclusiv, ansonsten im Mischungsprinzip realisiert, Gebühr und Dauerbegrenzung ist ausgeweitet, gilt aber nicht flächendeckend innerhalb der Tangenten; über 50 % der Plätze in den Parkbauten sind für Abonnenten reserviert und werden überwiegend auch ganztägig freigehalten.

An der Steinheimer Straße wurde die Kapazität des Platzes (104) durch ein Parkhaus auf 227 Plätze erweitert, eine Option auf Anlage eines Parkhauses am Kurt-Blaum-Platz ist nach wie vor offen.

In den 3 zentralen Parkbauten West, Markt und Ost stehen 1991 noch 32 allgemein zugängliche Plätze weniger zur Verfügung als 1987, die Nachfrage durch "Barzahler" ist über den ganzen Tag leicht angestiegen, die "Belegungsfiguren" sind ähnlich. Bei leicht gestiegener Zahl der Langzeitparker hat sich insbesondere am Vormittag der Anteil der Parkenden über mittlere Dauer deutlich vermindert.

Bei geringerer, aber immer noch merkbarer Quote falschen Verhaltens (Nicht-Bezahlen) ist die Zahl der Parkenden im Halteverbot merklich zurückgegangen; die Parkmöglichkeiten im Straßenraum sind unterschiedlich, in der Summe zu rd. 80 % ausgelastet, damit bestehen an fast allen Stellen ausreichende Parkchancen.

Die für 1992 vorgesehenen Untersuchungen zum Verkehrsentwicklungsplan werden das Innenstadtkonzept wieder aufnehmen, aktualisieren und Vorschläge zu seiner Fortschreibung machen.

Eine Ergänzung der Stellplatzsatzung von 1991 setzt für Spiel- und Automatenhallen die Zahl der erforderlichen Stellplätze so fest wie für Gaststätten von überörtlicher Bedeutung (1 Stellplatz je angefangener 8 m² Nutzfläche).

Die Hanauer Parkhäuser sind nicht "beliebt": kurzes Parken im Straßenraum ist billiger als das in Parkhäusern. Das ablehnende Urteil vieler Parker (1/4 schließt die Benutzung von Parkbauten grundsätzlich aus) bezieht sich auch auf die Preisgestaltung (rd. 1/3 der Nennungen)

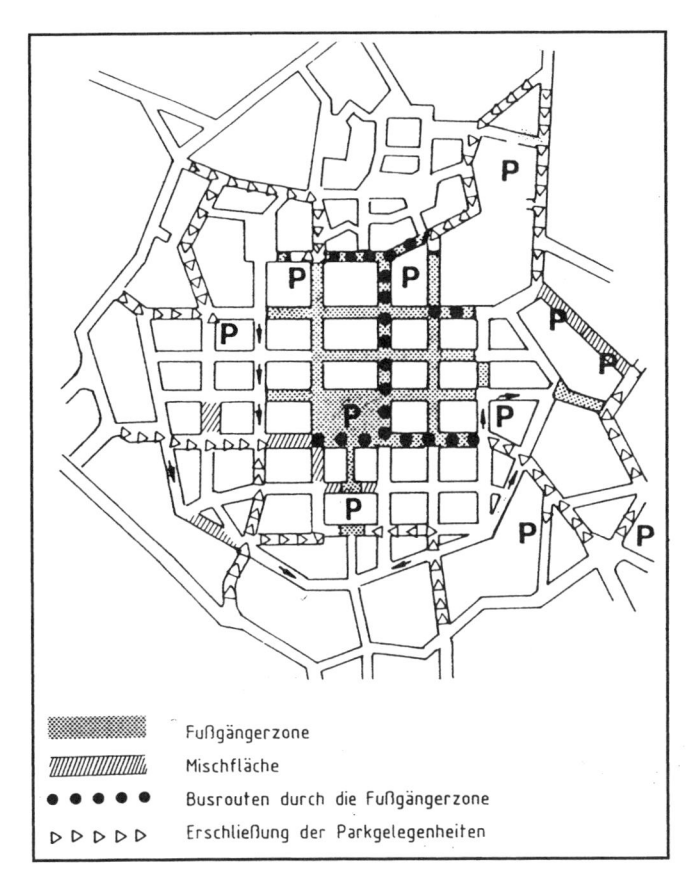

Innenstadterschließungskonzept 1987

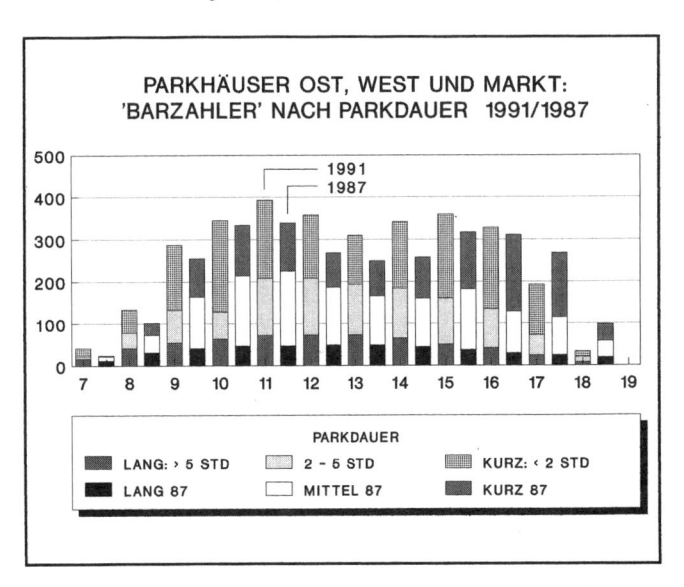

1991 liegt die Belegung der Hanauer Parkhäuser von 8 bis 17 Uhr über der Belegung von 1987. Leicht gestiegenen Langzeitparkerzahlen stehen merkbarer Rückgänge der Parkenden über mittlere Dauer gegenüber. Die Zahl der Kurzzeitparker ist für den Zeitraum von 8 bis 16 Uhr größer geworden.

Fallstudie: Innenstadt Lüneburg

Die Kreisstadt Lüneburg mit rd. 60.000 Einwohnern ist Mittelzentrum in ländlich geprägter Region mit einem Einzugsbereich von rd. 250.000 Einwohnern. Lüneburg ist Sitz einer Universität mit drei Fachbereichen und über 5.000 Studenten und einer Abteilung der Fachhochschule Nord-Niedersachsen mit rd. 1.400 Studenten sowie zahlreicher Bundes- und Landesbehörden. Lüneburg ist Kurstadt mit rd. 1.250 Beherbergungsbetten.

Die Altstadt hat gut 5.000 Einwohner, die Altstadtbewohner sind über dem Durchschnitt der Gesamtstadt motorisiert (1,6 E/Kfz gegenüber 2,0 E/Kfz). Die Altstadt hat 2.300 Erwerbstätige und gut 1.000 Arbeitsstätten mit insgesamt rd. 11.000 Beschäftigten (30 % der Arbeitsplätze der Gesamtstadt). 10.285 Beschäftigte pendeln in die Altstadt ein, etwa je zur Hälfte aus dem Lüneburger Stadtgebiet und aus dem Umland. Insgesamt 50 % der Berufseinpendler in der Lüneburger Innenstadt geben in der Volkszählung '87 den Pkw als Verkehrsmittel an, 16,5 % nennen den ÖPNV. Der Pkw-Anteil liegt bei **Einpendlern aus dem Umland** fast doppelt so hoch (77 %) wie bei Einpendlern aus Lüneburger Stadtteilen.

Lüneburg hat seit der kommunalen Neugliederung relativ enge Grenzen (10,6 x 12,3 km größte Ausdehnung des Stadtgebietes) und ein weites, überwiegend ländlich geprägtes Umland. Dem entspricht, daß der Anteil von Kunden und Besuchern von Außerhalb höher liegt als in Vergleichsstädten ähnlicher Größe (BAG, 1988). Innenstadtbewohner benutzen für Innenstadt-Besuche den Pkw zu 34 % (Samstags-Werte), Stadtbewohner zu 42 %, Besucher aus dem Umland zu 84 %. Der ÖPNV-Anteil bei Kunden aus der Stadt wie aus dem Umland liegt extrem niedrig, derjenige von Fußgängern und Radfahrern allerdings über dem der meisten Vergleichsstädte.

Lüneburgs Innenstadt hat wertvolle Bausubstanz und besonders enge, empfindliche Straßen.

Befunde zum ruhenden Verkehr

Die Lüneburger Innenstadt hat (westlich der Ilmenau) 1.079 Parkstände im Straßenraum, 613 liegen in 3 Parkbauten in der Innenstadt. Damit stehen für die Lüneburger Innenstadt im engeren Bereich 1.692 Parkmöglichkeiten zur Verfügung; an der Peripherie bzw. außerhalb des engeren Einzugsbereiches liegen weitere 309 Plätze im Straßenraum, 507 Plätze im Parkhaus Graalwall, nordwestlich des engeren Innenstadtbereiches.

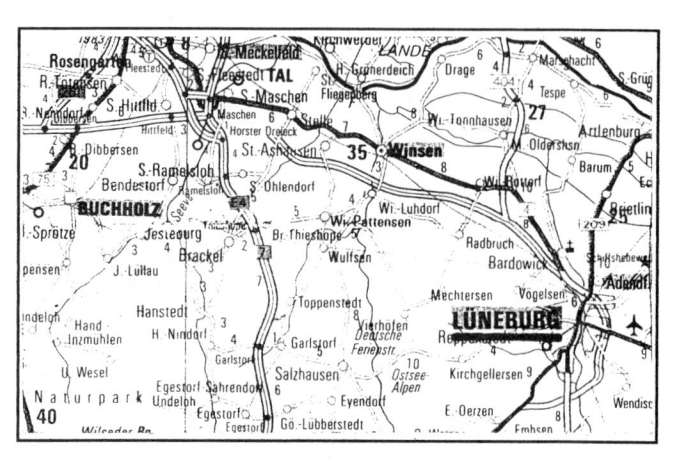

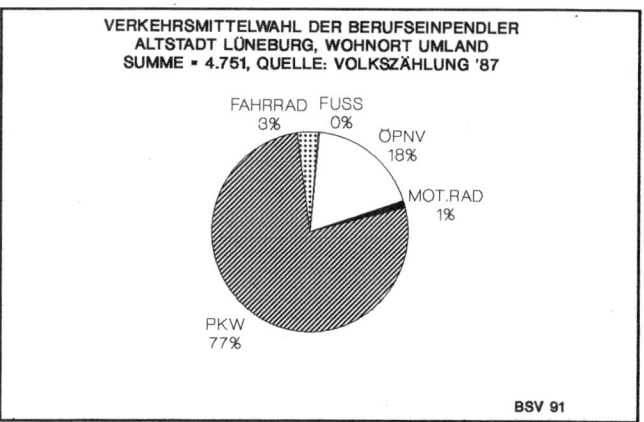

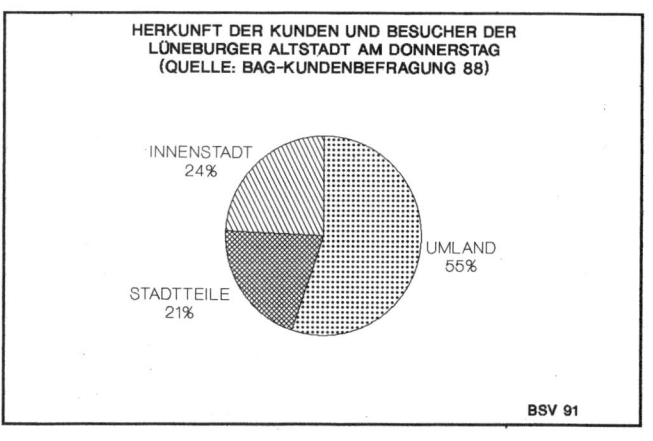

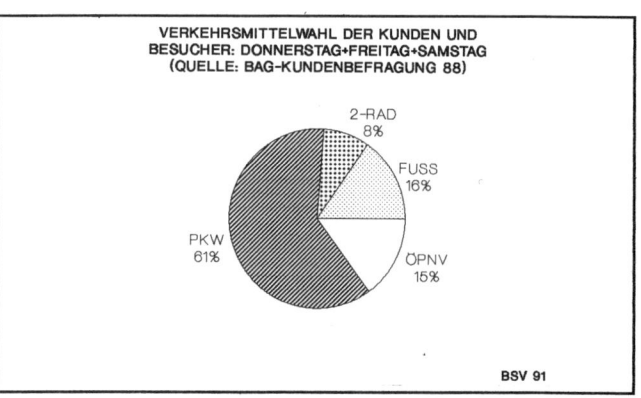

1978-1988 galt in der Lüneburger Innenstadt die "blaue Zone", also Zonenhalteverbot und Parkdauerbegrenzung (Parkscheibe 2 Std.). Zahlreiche Beobachtungen sprachen gegen die Beibehaltung dieser Regelung:

- Langzeitparken und Weiterstellen der Scheibe
- Beschwerden auswärtiger Besucher und Touristen, die das "Zonenhalteverbot" nicht kannten
- mangelhafte Auslastung gebührenpflichtiger Anlagen
- geringe Parkchancen in Zielnähe

Strategie und Elemente des Parkraumkonzeptes

Im Herbst 1988 wurde ein neues Konzept realisiert, das die "qualifizierte Nachfrage" befriedigen und sich zugleich selbst tragen sollte:

- qualifizierte Nachfrage sind Anwohner und Kurzzeitparker
- Parken im engeren und weiteren Innenstadtbereich ist gebührenpflichtig
- nordwestlich der Innenstadt wird ein Parkhaus (Graalwall) mit 500 Plätzen und vergleichsweise günstigen Gebühren errichtet
- 800 m südlich des Zentrums wird ein Parkplatz für 425 Pkw und 15 Busse angelegt, der gebührenfrei und unbegrenzt zu benutzen ist.

Für den Betrieb der 1.079 zentral und 309 peripher gelegenen Parkstände im Straßenraum werden 44 Parkscheinautomaten installiert, die maximale Entfernung vom Parkstand zum Automaten beträgt 50 m. Die Gebühr beträgt 1,-- DM/Std., die Höchstparkdauer 2 Stunden. Anwohner erhalten gegen eine Jahresgebühr von 60 DM eine Lizenz, mit der sie in **einem** wohnungsnahen Straßenabschnitt **ihrer Wahl** ohne Dauerbegrenzung parken können. Die Stadt richtet einen wirksamen Kontrolldienst ein.

Realisierung und Auswirkungen

90 Abstellplätze auf freien Grundstücken im Zentrum sind durch Bebauung weggefallen. 700 Anwohnerlizenzen wurden ausgegeben und dank großer Flexibilität ("Gültigkeits-Straße" kann "umgetauscht" werden) haben sich keine Probleme ergeben. 14 Bedienstete, davon 8 halbtags, überwachen die Parkordnung mit tragbaren Kleincomputern.

Die Einnahmen aus Parkgebühren betragen monatlich 100.000 bis 200.000 DM, die Einnahmen aus Verwarnungen 1/3 bis 2/3 dieses Betrages. Verwarnungen werden zu 60 bis 70 % innerhalb einer Woche bezahlt.

1. "Station" der Entwicklung: von 1978-1988 galt in der gesamten Lüneburger Innenstadt das Zonenhalteverbot. (Quelle: 120)

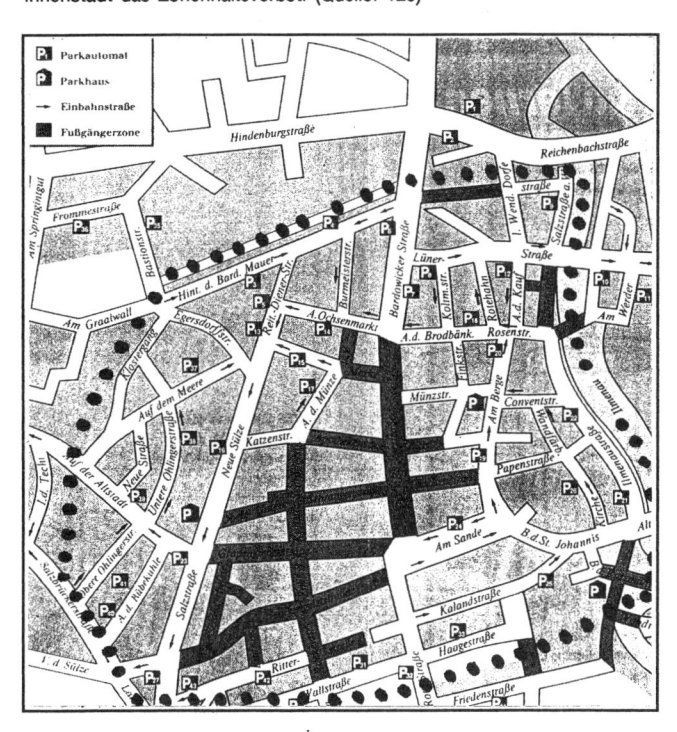

2. "Station": Im engeren Innenstadtbereich liegen 1.079 Parkstände an Parkscheinautomaten, 613 Einstellplätzen liegen in 3 innerstädtischen Anlagen, am Innenstadtrand befinden sich 309 Parkstände im Straßenraum und 507 im Parkhaus Graalwall (Quelle: 121)

Die Parkscheine aus den Lüneburger Automaten sind geteilt; der Abriß enthält Angaben über den Parkort, den Ablauf der Parkzeit. (Quelle: 121).

Auf vier peripheren Plätzen wurde die Höchstparkdauer auf 4 Stunden erhöht. Seit Herbst 1991 gilt an den Parkscheinautomaten ein progressiver Tarif: die zweite Parkstunde kostet jetzt 2,-- DM. Das örtliche Gewerbe und insbesondere der Einzelhandel stützen das Konzept.

Ab April 1991 wurden - entsprechend dem Verkehrsentwicklungsplan vom Dezember 1990 - bisherige Verkehrsberuhigte Bereiche in Fußgängerzonen umgewandelt und drei weitere Straßen einbezogen. Dadurch entfallende 66 Abstellplätze werden nicht ersetzt, stattdessen weitere, bisher nicht bewirtschaftete Plätze mit Gebühr und Dauerbegrenzung belegt.

Die Parkbauten im Zentrum sind über Tag praktisch ausgelastet, zum überwiegenden Teil von Parkern mittlerer Dauer. Die weiter entfernt liegenden Parkgelegenheiten mit günstigeren Tarifen (Parkhaus Graalwall nordwestlich der Innenstadt) sind zu 50 bis 60% belegt, überwiegend von Parkenden mit langer und mittlerer Dauer.

Das Konzept in Lüneburg wurde mit informativen Faltblättern und umfangreicher Pressearbeit eingeführt. Die jetzige Erweiterung zum "Verkehrsentwicklungsplan" wird begleitet von professioneller PR-Arbeit mit Signum und Slogan ("Lüneburg atmet auf"), einer Anzeigenkampagne und straßenspezifischen Postern. Ein Schwerpunkt der Argumentation liegt im Hinweis auf die verbesserte Einkaufssituation und die gute Erreichbarkeit des innerstädtischen Einzelhandels.

Eine Besonderheit des Lüneburger Parkscheins hat sich insbesondere bei Ortsfremden bewährt: der untere Teil des Parkscheins kann abgetrennt und als "Merkzettel" mitgenommen werden, auf ihm ist die Zeit vermerkt zu der der Parkschein ungültig wird sowie der Parkort.

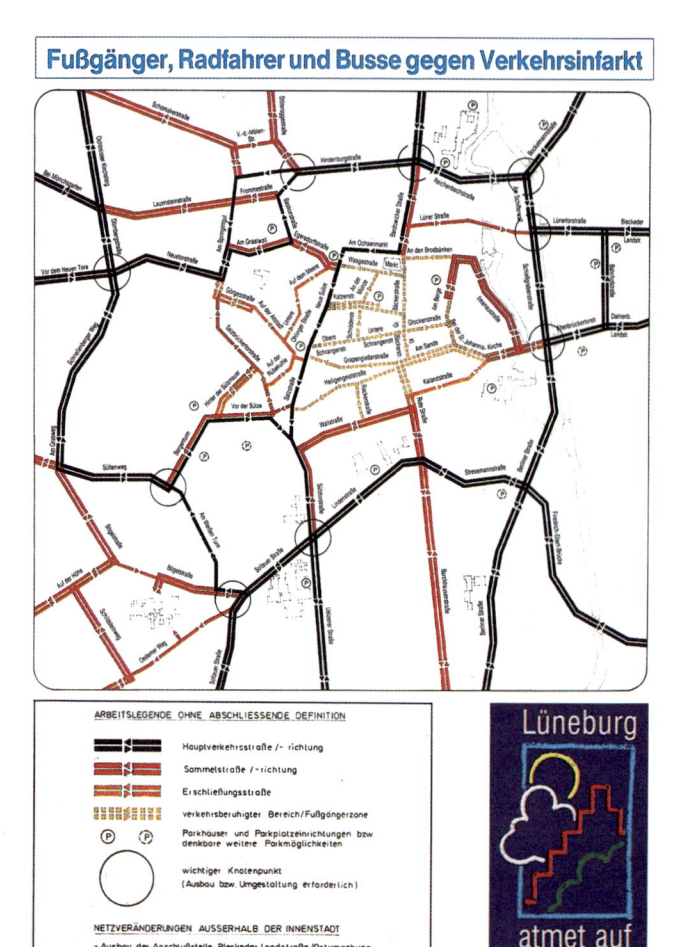

3. "Station": ab 1991 wird die innerstädtische Fußgängerzone schrittweise erweitert, wegfallende Parkstände im Straßenraum werden durch Anordnung von Gebühr und Dauerbegrenzung an bisher nicht eingeschränkten Plätzen ersetzt. (Quelle: 137).

(Quelle: 104)

Fallstudie: Innenstadt Geldern

Geldern liegt im Kreis Kleve nahe der niederländischen Grenze. Geldern hat 28.200 Einwohner und ist Mittelzentrum für einen Einzugsbereich von 50.000 bis 100.000 Einwohnern. Geldern hat 11.430 Beschäftigte und 12.110 Erwerbstätige. Seit 1970 hat sich die Zahl der Arbeitsstätten um 39 %, die der Beschäftigten um 47 % vermehrt. Geldern hat für sein Umland hohe Bedeutung als Schulstandort: 2.755 Ausbildungseinpendlern stehen nur 255 Ausbildungsauspendler gegenüber.

Der Stadtkern innerhalb der Wälle hat 2.685 Einwohner, 1.182 sind erwerbstätig; in 337 Arbeitsstätten arbeiten 2.672 Beschäftigte. Der Stadtkern von Geldern hat zahlreiche Einzelhandelsbetriebe mit zusammen fast 20.000 m² Verkaufsfläche.

Untersuchungen zum Innenstadtkonzept 1986 diagnostizierten hohe Anteile an Durchgangsverkehr, überparkte Straßenräume und unterbelegte Parkierungsanlagen. Der Marktplatz ist 1986 die attraktivste Parkgelegenheit: er ist ausgelastet, Parkwillige verbringen lange Wartezeiten bis zum Freiwerden einer Parkgelegenheit.

Kernstück des Konzeptes von 1986 ist der Umbau des Marktplatzes zur Fußgängerzone und eine veränderte Innenstadterschließung.

Befunde zum ruhenden Verkehr

1986 ermittelt die Stadt Geldern entsprechend den **Richtlinien für Anlagen des ruhenden Verkehrs** einen Stellplatzbedarf von 1.380; dem steht ein Angebot von 470 privaten Stellplätzen, 252 Einstellplätzen in der Tiefgarage am Südwall und 967 Plätzen im Straßenraum, insgesamt also 1.689 Parkmöglichkeiten gegenüber. Von den 1.219 allgemein zugänglichen Plätzen sind 1986

- 590 ohne Gebühr und Dauerbegrenzung
- 252 gebührenpflichtig (in der TG Südwall)
- 377 mit Parkscheibe, also mit Dauerbegrenzung.

Diese Plätze sind werktags am späten Vormittag statistisch ausgelastet; dabei kommt es in den zentralen Lagen zu Überlastungen mit Parken im Parkverbot, auf Gehwegen, in Einfahrten etc., während die Tiefgarage am Südwall ganztägig Kapazitäten frei hat: zu Zeiten der beiden Tagesspitzen sind 65 % bzw. 63 % der dortigen Einstellplätzen belegt.

Charakteristisch für das Parkgeschehen 1986 ist die Zahl von 444 Dauerparkern im Straßenraum, damit

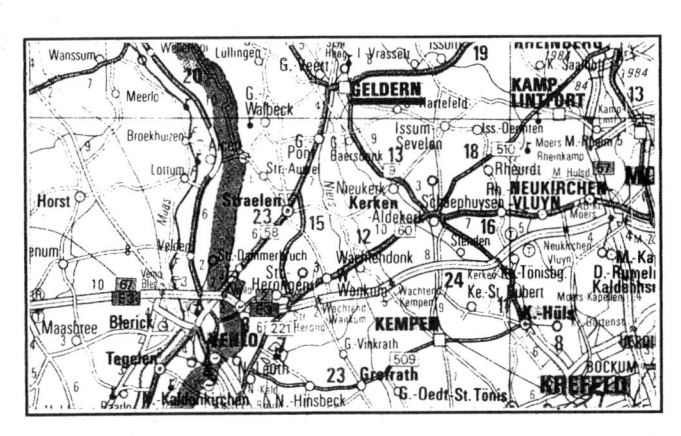

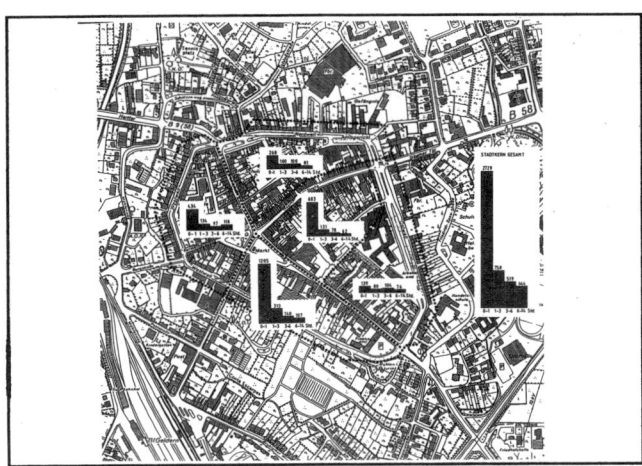

Eine Parkdauererhebung in der Innenstadt Geldern ergibt 1986 mit stündlichen Umgängen von 6 bis 19 Uhr 4.450 Parkfälle, davon 61 % unter 1 Stunde Dauer. (Quelle: 38)

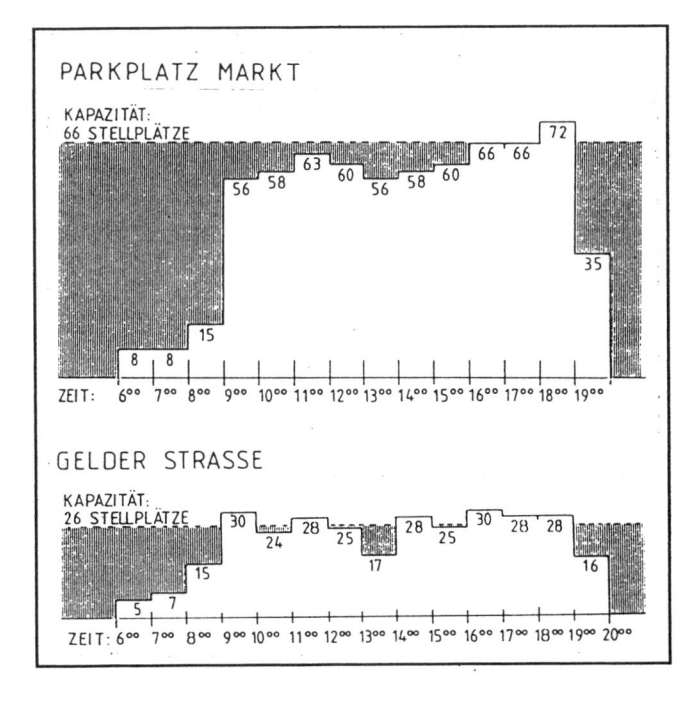

1986 sind der Markt und zentrale Einkaufsstraßen ganztägig belegt. (Quelle: 38)

sind 36 % des innerstädtischen Parkraums ganztägig "blockiert". 61 % der werktäglichen Parkfälle sind solche von Kurzzeitparkern unter 1 Std. Dauer, das weist auf zahlreiche sehr kurze Besuche, aber auch verbreiteten "Hüpfverkehr" hin.

Strategie und Elemente des Parkraumkonzeptes

Das Konzept von 1986 sah für Parken in Geldern grundsätzlich Gebührenpflicht vor, möglichst konzentriert in verträglich zu erschließenden Parkbauten. Auf dem Marktplatz und auf den meisten Innenstadtstraßen sollte die Parkkapazität vermindert, in der Hartstraße sollte durch anderes Arrangement die Kapazität erhöht werden. Eine mäßige Angebotssteigerung sollte erreicht werden durch Anlage einer "Parkstraße" am Ostwall und einer "Aktivierung" der Kunden-Tiefgarage im Zentrum (Sparkasse).

Der Bewirtschaftungsvorschlag sah vor

- 709 gebührenpflichtige Plätze, davon 465, also rd. 2/3 in Tiefgaragen
- 467 Plätze für lizenzierte Anwohner
- 187 Plätze im "Mischungsprinzip": für Anwohner **und** Kurzzeitparker.

Eine veränderte Innenstadterschließung mit auf den Ring zurückführende Schleifen sollte die empfindlichen Innenstadtstraßen merkbar entlasten

Realisierung und Auswirkungen

1989 wurde - mit geänderter Fragestellung - eine neue Untersuchung in Auftrag gegeben; sie traf auf gegenüber 1986 nur gering geänderte Verhältnisse: insgesamt hatte sich die Parkkapazität um 216 Plätze (13 %) erhöht, hauptsächlich durch Schaffung neuer privater Stellplätze. Auf 78 Plätzen im Straßenraum war zusätzlich die Dauerbegrenzung eingeführt worden (Parkscheibe), noch immer stehen aber über 500 ohne Einschränkungen nutzbare Parkgelegenheiten zur Verfügung.

Der Vergleich der Parknachfrage zwischen 1986 und 1989 zeigt eine rd. 10 % ige Zunahme in der morgendlichen und 20 % in der nachmittäglichen Spitze, ansonsten sind Belegungsmuster und Größenordnung gleich geblieben.

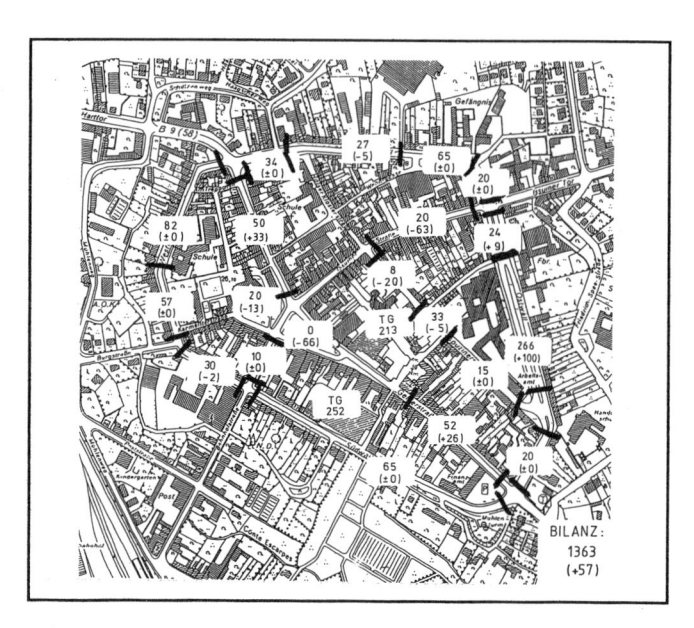

Das "Mengenkonzept" 1986 sah eine Verlagerung von Parkständen aus empfindlichen Innenstadtstraßen an die Peripherie vor. (Quelle: 38)

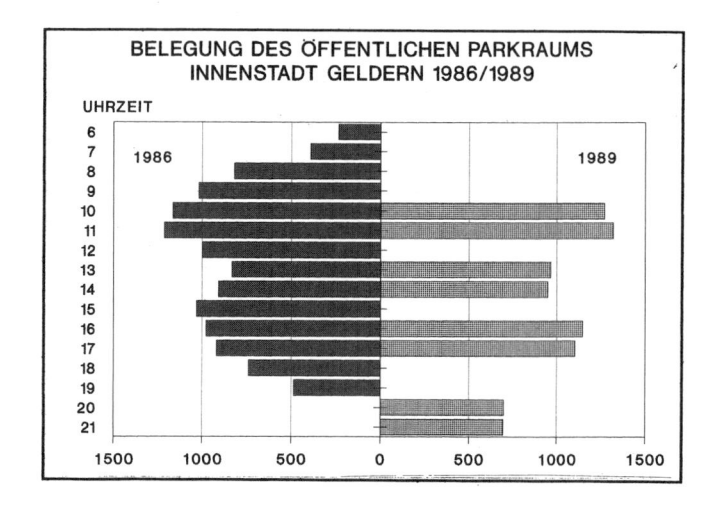

Der Vergleich der Parknachfrage 1986/1989 zeigt eine Zunahme von rd. 10% am Vormittag und rd. 20 % am Nachmittag; die Belegung der Tiefgarage am Südwall ist nachmittags zurückgegangen.

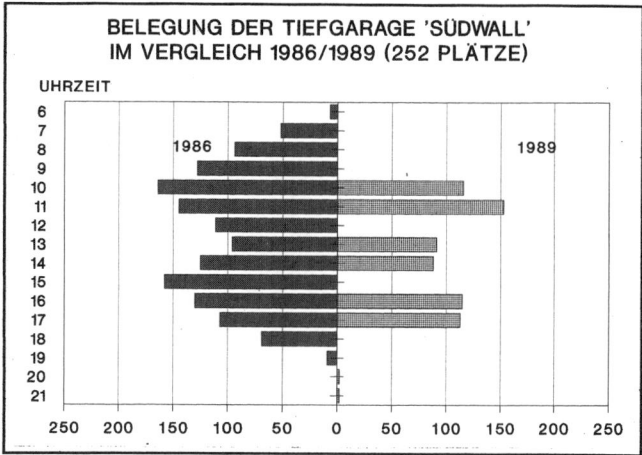

Eines der vordringlichen Ziele, nämlich die Verlagerung von Parknachfrage in die Tiefgarage am Südwall, ist nicht gelungen; die Belegung der dortigen Plätze hat sich praktisch nicht geändert, während Straßen und Plätze (der Marktplatz ist allerdings inzwischen Fußgängerzone) über die Kapazität hinaus belastet werden.

Von 1989 bis 1991 sind weitere 335 private Stellplätze neu errichtet worden (+ 75 %), die Zahl der öffentlichen Parkgelegenheiten hat sich um 99 (+8%) erhöht. Gleichzeitig ist die Zahl der unbewirtschafteten Parkmöglichkeiten zurückgegangen, die Zahl der Plätze mit Dauerbegrenzung hat sich erhöht.

Zu 5 Tageszeiten wurden an einem Werktag im Sommer 1991 insgesamt 829 Abstellplätze untersucht:

- 482 private Stellplätze, differenziert in 2 Gruppen mit unterschiedlicher Zugänglichkeit
- 347 öffentliche Stellplätze, davon 252 in der Tiefgarage am Südwall

Insgesamt parken 1991 35 % lange, zusätzlich 12 % über mittlere Parkdauer. Während auf den Plätzen im öffentlichen Straßenraum überwiegend kurz geparkt wird, haben die privaten Stellplätze je nach Zugänglichkeit und Lage unterschiedliche Belegungsbilder:

- "private Stellplätze 1": Am Finanzamt, der Kirche und 2 Berufsschulen herrschen mittlere Parkdauern über den Vormittag vor.
- "private Stellplätze 2" (379): sie werden nur knapp zur Hälfte von Kurzzeitparkern belegt, ansonsten parken dort Anwohner, hauptsächlich aber Parker mit mittlerer und langer Parkdauer.

Die Stichprobenerhebung von 1991 macht deutlich auf einige Effekte des in Geldern realisierten Konzeptes aufmerksam:

- die Ausweitung der Dauerbegrenzung schafft zusätzliche Kapazitäten für Kurzzeitparker
- die insgesamt ausgeweitete Kapazität hat die Auslastung der Tiefgarage am Südwall nicht erhöht, das Ziel, Parknachfrage hierher zu verlagern, ist verfehlt worden
- durch die Dauerbegrenzung aus dem öffentlichen Straßenraum verdrängte Nachfrage (Berufspendler, Schüler) hat auf nicht-öffentliche und private Flächen ausweichen können: die privaten Flächen stellen einen "Puffer" dar, der die Effekte der Bewirtschaftung des öffentlichen Raumes "neutralisiert".

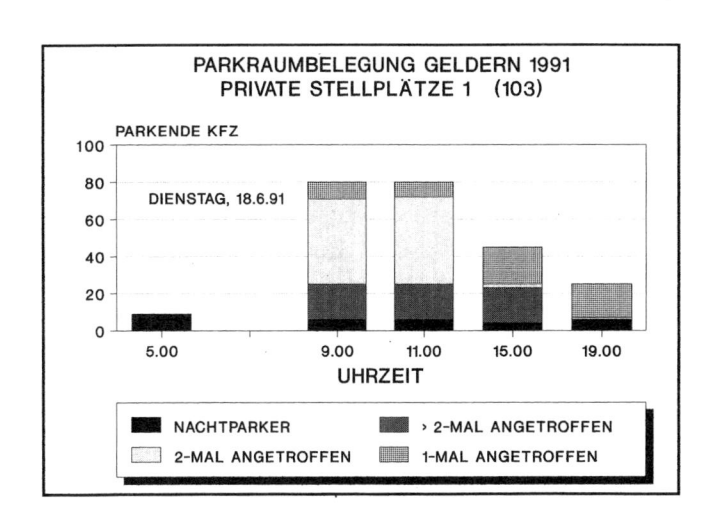

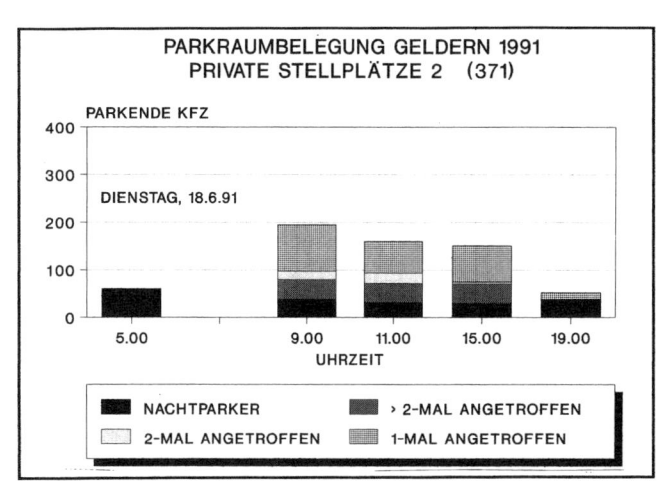

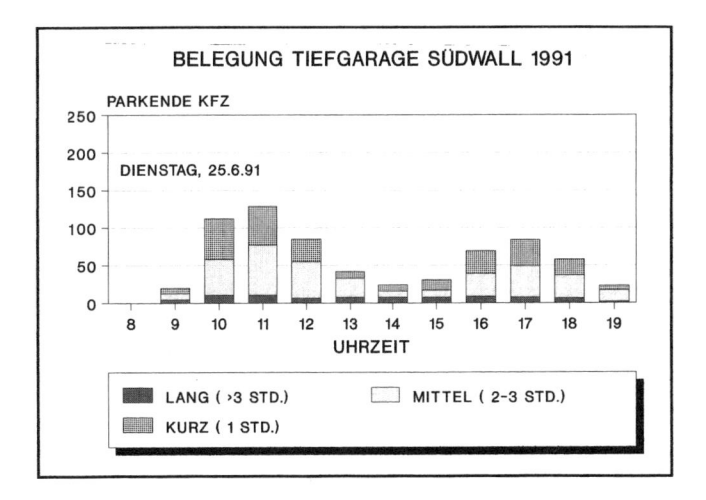

Entwurf, Umsetzung und Marketing des '91 er Konzeptes

Seit November 1991 gilt, abgeleitet aus den Untersuchungen und Planungen von 1989, ein neues Parkkonzept in der Geldener Innenstadt:

- an den attraktivsten Straßen und Plätzen im Geschäftsbereich (Hartstraße-Bahnhofstraße, Issumer Straße-Kapuzinerstraße, Gelderstraße) stehen Parkscheinautomaten mit dem Tarif 1,-- DM/Std.; die Parkzeit ist frei wählbar: von 0,10 DM für 6 Minuten bis zu 2,-- DM für 2 Stunden; der Parkschein ist geteilt, der untere Abschnitt dient als Merkzettel (Beispiel: Lüneburg); die erste Parkstunde im "Marktparkhaus" ist jetzt kostenlos

- an den übrigen Innenstadtstraßen und an den Wällen gilt die Parkscheibenpflicht für Fremdparker, Anwohner mit Lizenz sind von der Dauerbegrenzung befreit; die Jahresgebühr für die Anwohnerlizenz beträgt 50,-- DM (Anwohnerparken im "Mischungsprinzip")

- um den Stadtring herum liegen (in 5 bis 10 Gehminuten Entfernung) kostenlose Plätze für Dauerparker.

Die neue Regelung wurde durch eine umfangreiche Presseberichterstattung vorbereitet und wird von einem Poster sowie 3 Flugblättern begleitet:

- "Parken in Geldern" mit der Gesamtinformation und einer witzig aufgemachten "Belehrung" über Parken mit Parkschein und mit Parkscheibe, sowie im "Marktparkhaus"

- Information zum Anwohnerparken (mit Antrag auf Lizenz)

- Information für Dauerparker mit Hinweis auf die (Zeit-)Vorteile von Fahrradfahren und Appell zur Gründung von Fahrgemeinschaften

Die gesamte Kampagne hat über Inserate finanziert werden können. Der Stadtdirektor hat mit einem gesonderten Schreiben an alle städtischen Bediensteten auf die Umwandlung des Verwaltungsparkplatzes in eine Parkscheibenzone hingewiesen und zum Verzicht auf den Pkw aufgefordert.

Der Werbering Geldern versucht das Parken im "Marktparkhaus" zusätzlich dadurch zu attraktivieren, daß (zusätzlich zur ersten freien Parkstunde) eine halbe Stunde Parkzeit ersetzt wird.

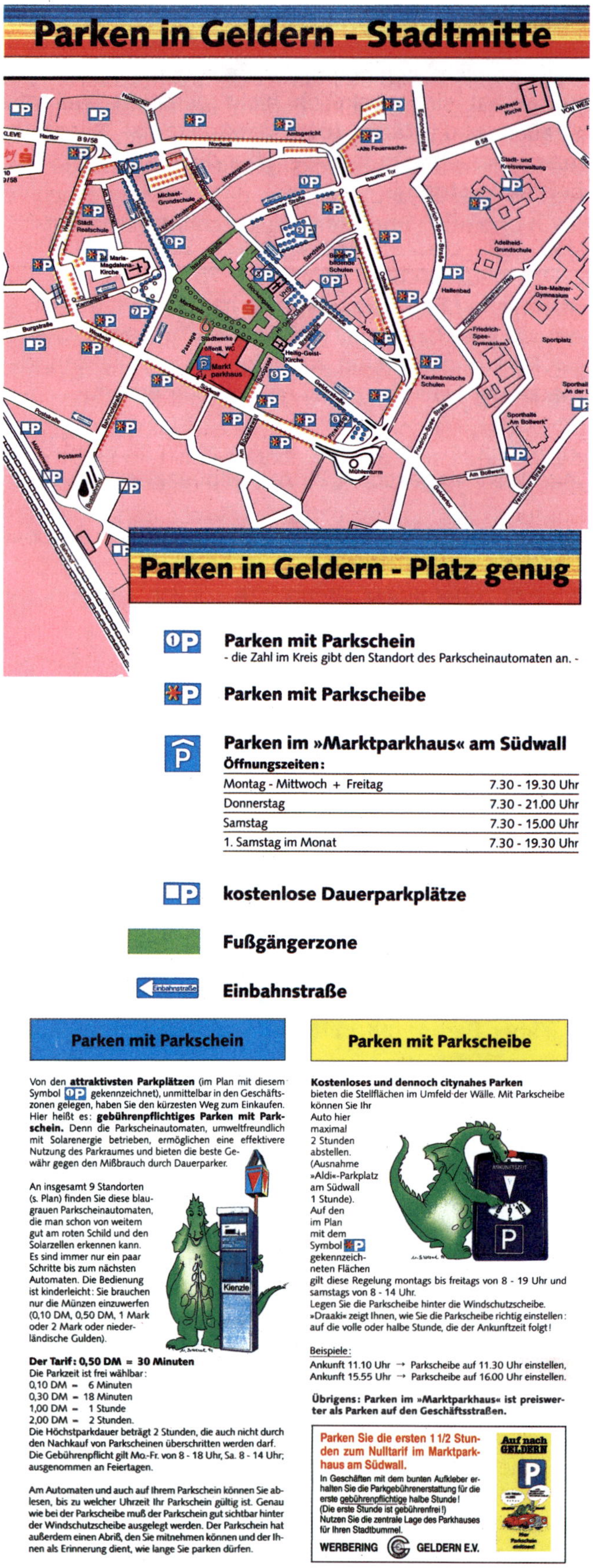

Quelle: 118

Fallstudie: Delbrück-Mitte

Delbrück ist mit 25.000 Einwohnern Mittelzentrum mit 25.000 bis 50.000 Einwohnern im Mittelbereich in ländlich geprägter Region mit Verdichtungsansätzen. Die Bevölkerung Delbrücks ist mit 626 Kfz/1.000 Einwohner (1985) deutlich über dem BRD-Durchschnitt (520) und auch über dem Durchschnitt der westdeutschen Landkreise (551) motorisiert.

Delbrück hat 9.946 Erwerbstätige, in 914 Arbeitsstätten arbeiten 7.058 Beschäftigte, überwiegend im produzierenden Gewerbe mit Schwerpunkt Holz, Druck, Papier. 4.510 Berufsauspendlern stehen nur 1.265 Berufseinpendler gegenüber; Delbrück ist also durch einen negativen Pendlersaldo (- 3.245), aber ein vergleichsweise geringes Pendlervolumen (580 Ein- und Auspendler je 1.000 Erwerbstätige) gekennzeichnet.

Das soziale, ökonomische und kulturelle Zentrum Delbrücks konzentriert sich weitgehend auf den Bereich um die Lange Straße, Alter Markt, Thülecke, Oststraße und Graf-Sporck-Straße; dieser Bereich hat 797 Einwohner und 849 Beschäftigte, diese fast ausschließlich im tertiären Sektor.

Im zentralen Bereich liegen 137 Betriebe, davon sind 1986 gut 1/4 Filialbetriebe, 1/3 werden von den Hauseigentümern betrieben, 1979 waren das noch 60 %. Seit 1979 wurden 55 Betriebe (40 %) neu eröffnet. Der Einzelhandel im zentralen Bereich von Delbrück- Mitte verfügt über rd. 20.000 m² Verkaufsfläche (4 Märkte haben je über 1.000 m², 7 je mehr als 400 m² Verkaufsfläche). Das Zentrum Delbrücks spielt eine Rolle für die Versorgung hauptsächlich der Delbrücker Bevölkerung: über die Hälfte der Kunden wohnen in Delbrück-Mitte, der Anteil von Kunden aus dem Umland liegt deutlich unter 20 %.

Der Einzelhandel in Delbrück hat sich seit 1976 gut entwickelt: während im Durchschnitt des Kreises Paderborn Steigungen von 1976 bis 1984 auf 150 % zu verzeichnen waren, hat der Delbrücker Einzelhandel einen Zuwachs auf 206 % realisiert. Natürlich spielt dabei die Zahl der Neueröffnungen eine wesentliche Rolle, immerhin: in Delbrück lassen sich "gute Geschäfte" machen. Die Ansiedlung von desintegrierten großflächigen Handelsformen hat sich weitgehend vermeiden lassen.

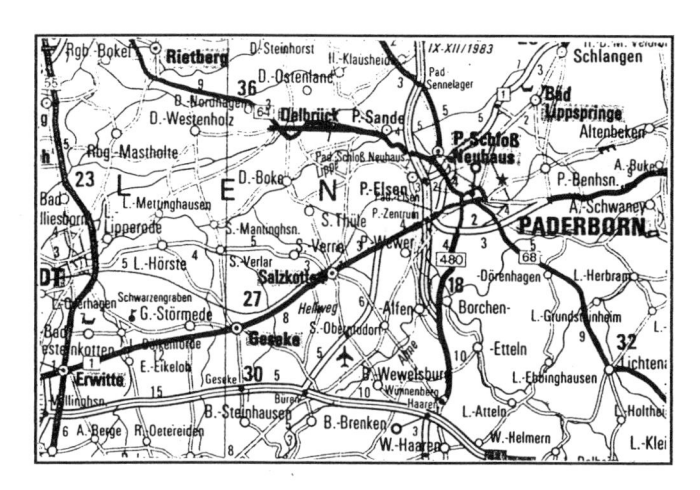

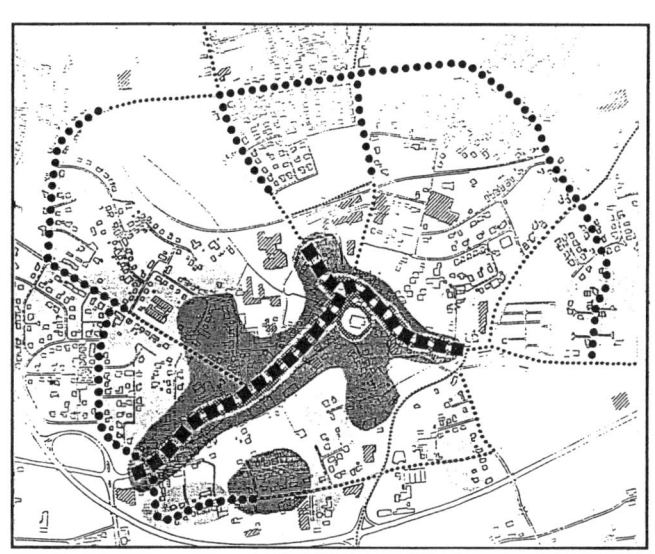

Innenstadtbereich mit geschlossener Bebauung
Zentraler Bereich mit Überlagerung von Wohnen, Öffentlichkeitsfunktion und Versorgung (Quelle: 31)

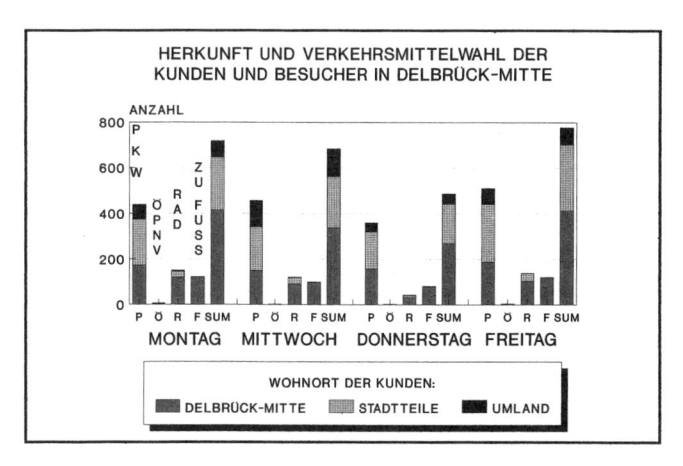

Über die Hälfte der Kunden und Besucher in Delbrück-Mitte kommen aus Delbrück-Mitte, der Anteil der Kunden und Besucher aus dem Umland liegt unter 20 %. Überragendes Verkehrsmittel für Einkauf und Besorgung ist dennoch der Pkw. (Quelle: 139).

Erhebungen und Befunde zum ruhenden Verkehr

Das Zentrum Delbrück-Mitte verfügt über 611 öffentliche Pkw-Abstellplätze, an ihnen gilt für 253 Plätze 1 Std., für 85 Plätze 2 Std. als Höchstparkdauer (Parkscheibe). Die Geschäfte im zentralen Bereich verfügen über 870 Stellplätze, sie sind zum größten Teil öffentlich zugänglich, 463 von ihnen sind von der Stadt angepachtet, in der Dauer beschränkt und werden überwacht.

Eine differenzierte Parkdauererhebung 1986 bezieht sich auf 879 öffentliche bzw. öffentlich zugängliche Abstellplätze:

- 611 öffentliche Parkstände, davon 338 mit Parkscheibenpflicht
- 268 private Stellplätze, davon 142 öffentlich zugänglich und mit Parkscheibenpflicht

Die Gesamtnachfrage liegt über den Tag bei etwa 50 % der Kapazität. Auch in den zentralsten Bereichen (3: Markt/Thülecke) beträgt die maximale Belegung am Nachmittag rd. 80 %, im Durchschnitt der nachmittäglichen Spitzenstunde liegt die Belegung aller Plätze in Delbrück-Mitte unter 60%. Die Langzeitstellplätze (9) erreichen über den Tag Maximalbelegungen unter 50 %.

Strategie und Elemente des Parkraumkonzeptes

Das Konzept der Stadt hat zum Ziel, die aktuelle bzw. erwartbare Parknachfrage zielnah, allerdings räumlich differenziert zu befriedigen. Die möglichen Kapazitäten sollen optimal ausgelastet werden. Dem dient die Parkdauerbeschränkung, die durch 3 Ordnungskräfte ganztägig überwacht wird.

Seit 1982 ist die Stadt Delbrück dazu übergegangen, für einen "symbolischen" Preis private Parkmöglichkeiten zu pachten und dort die Parkzeit zu regeln. Damit ist auch das Recht der Stadt abgedeckt, auf diesen Flächen mit den eigenen Überwachungskräften tätig zu werden. Derzeit werden 463 Abstellplätze auf diese Weise bewirtschaftet.

Realisierung und Auswirkungen

Mit der Parksituation in Delbrück-Mitte sind 75 % der Gewerbetreibenden zufrieden bzw. sehr zufrieden, die Zufriedenheit mit Parksituation auf dem eigenen Betriebsgelände beträgt insgesamt 68 %; das entspricht der sehr komfortablen Ausstattung Delbrücks mit Parkchancen. Die Fußwege der Autokunden sind sehr kurz: rd. 1/3 parkt unmittelbar vor dem Geschäft.

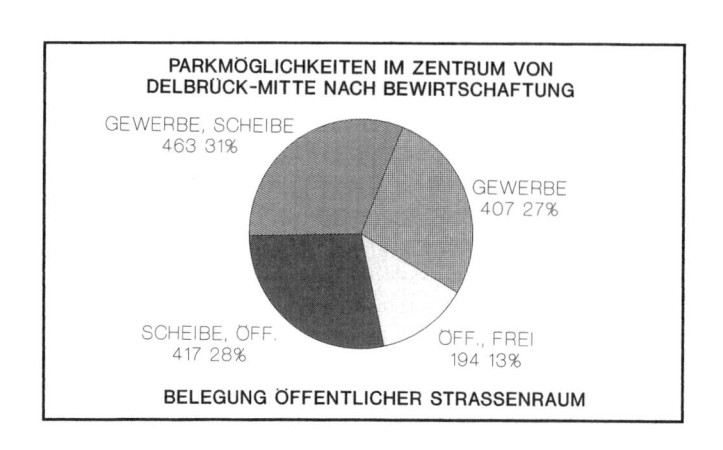

Ein Teil der privaten Parkgelegenheiten in Delbrück-Mitte wird von der Stadt "betrieben".

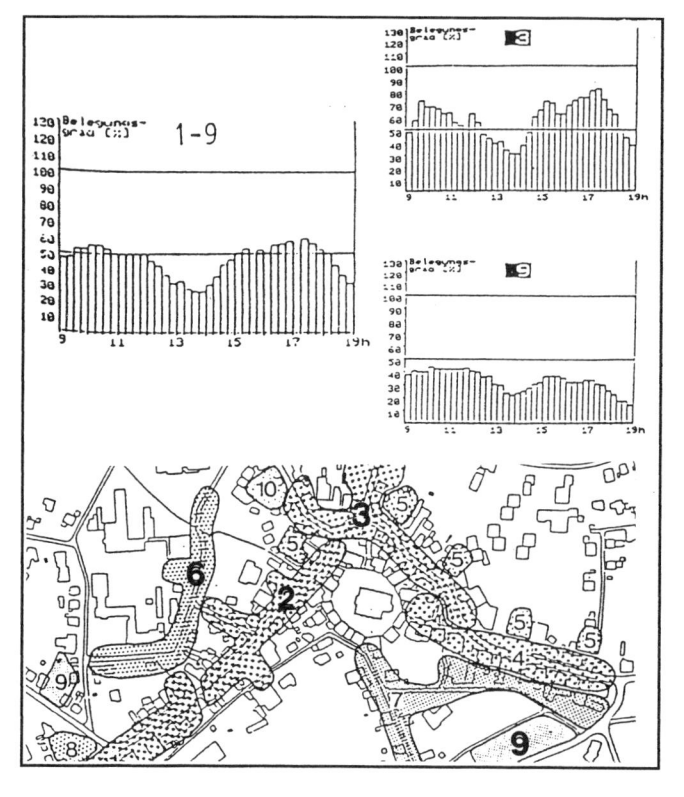

Quelle: 31

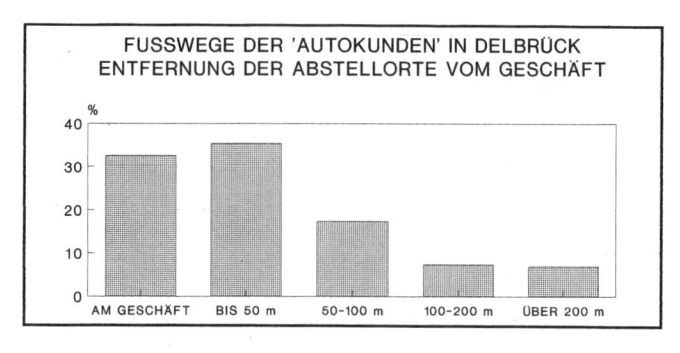

Die Fußwege vom Auto zum Ziel sind in Delbrück-Mitte extrem kurz. (Quelle: 139)

Komplexe Besorgungsprogramme (über mehrere Geschäfte oder Erledigungen in Delbrück-Mitte) werden von mehr als der Hälfte der Autokunden mit dem Auto erledigt ("Hüpfverkehr" über mehrere Stationen), dieser Anteil beträgt bei Besuchern von Verbrauchermärkten sogar 2/3, bei Besuchern von Innenstadtgeschäften nur 1/3; Kunden von Innenstadtgeschäften erledigen komplexe Besorgungsprogramme zu knapp der Hälfte zu Fuß vom einmal angefahrenen Parkplatz aus

Delbrück-Mitte hat eine großzügige und in Bezug auf die Pkw-Erreichbarkeit optimierte Parkraumausstattung und -bewirtschaftung; das legt den Zentrumsbesuch mit dem Auto nahe, es fördert auch Autofahrten im Zentrum selber über kurze Strecken. Autofahrer befahren die Einkaufsstraßen selber und parken in der Regel unmittelbar vor ihrem jeweiligen Ziel. Der Anteil der nachgewiesenen Kunden mit Pkw unter der Kfz-Menge in der Hauptstraße beträgt 37,6 %!

Die Komplexität von Besorgungsprogrammen unterscheidet sich **nicht** signifikant nach den Verkehrsmitteln der Kunden und Besucher (ÖPNV-Kunden sind in Delbrück-Mitte so selten, daß deren Daten nicht interpretiert werden sollten); Kunden mit dem Pkw erledigen in Delbrück-Mitte also **nicht** mehr als solche mit dem Fahrrad oder zu Fuß.

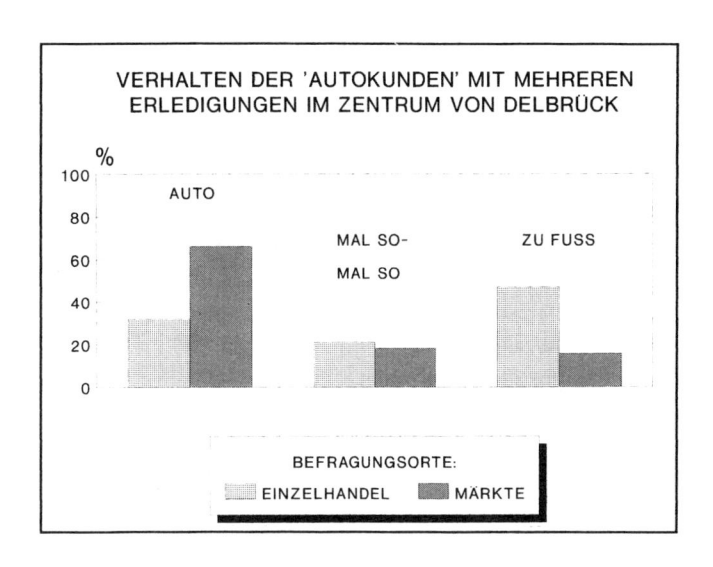

Im Zentrum von Delbrück sind Einzelhandelsgeschäfte und Verbraucher- bzw. Fachmärkte angesiedelt. 2/3 der Autokunden in Verbrauchermärkten und 1/3 der Autokunden im übrigen Einzelhandel erledigen Mehrstationenwege in Delbrück-Mitte als "Hüpfverkehr", d.h. sie fahren alle Teilstrecken mit dem Auto. Der Anteil der Autokunden, die von einer Station zur anderen zu Fuß gehen, beträgt bei Einzelhandelskunden 47 %, bei Autokunden der Märkte nur 16 %. Etwa 1/5 der Autokunden verhalten sich "mal so - mal so". (Quelle: 139)

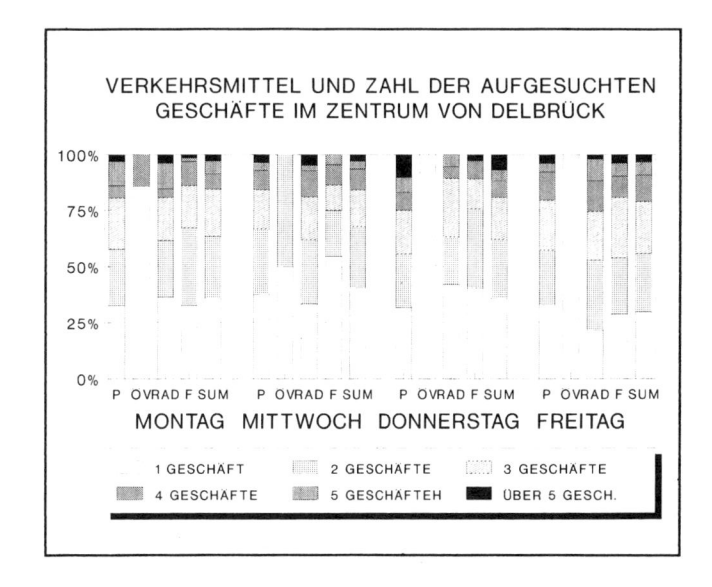

Donnerstags haben Pkw-Kunden, Samstags solche mit dem Rad die komplexeren Besorgungsprogramme in Delbrück-Mitte. Insgesamt fallen aber die Besorgungsprogramme nach Verkehrsmittelbenutzung nicht sonderlich deutlich unterschieden aus. (Quelle: 139)

Fazit aus den Fallstudien und Beispielstädten.

*Parken ist ein Thema, das in fast allen Mittelstädten derzeit in der einen oder anderen Form "angepackt" wird; die Übersicht über die Beispielstädte und die Fallstudien zeigt, daß insgesamt ein umfangreiches Instrumentarium sowohl bekannter als auch neuer, z.T. sogar experimenteller Eingriffe verwendet wird. Überwiegend wird "von innen nach außen" gearbeitet, d.h. beim konkreten, kleinräumigen Mißstand angesetzt und zunächst einmal dafür Lösungen gesucht. In vielen Konzepten kommt die "strategische" Dimension zu kurz: drängende Probleme und kurfristig weiterhelfende Teillösungen lassen umfangreiche Untersuchungen und die Entwicklung grundlegender Strategien zu langwierig erscheinen, das Ausmaß und die Reichweite des dann notwendigen Konsenses schrecken von Ansätzen bei der **Strategie** zunächst ab.*

*Allerdings: in zahlreichen Mittelstädten "münden" die Arbeiten am Parkkonzept in weitere Untersuchungen und Planungen im "größeren Zusammenhang", häufig in **Verkehrsentwicklungsplanungen** als einer neuen "Generation" von gesamtgemeindlichen Verkehrskonzepten, die die Mobilität mit allen Verkehrsmitteln und im städtebaulichen Zusammenhang neu ordnen.*

*Es wird ein Bedarf sichtbar, die Einordnung des Parkproblems in den Städtebau und das **gesamte Verkehrssystem** deutlich zu betonen, d.h. entsprechende Untersuchungen nicht als Verzögerung, sondern als "besten Weg" zu problemlösenden Konzepten vorzustellen.*

*Die Diskussion über kommunale Parkraumkonzepte, zumindest soweit sie sich in der Presse wiederspiegelt, hat sich verbreitet "festgebissen" an der **Zahl** der Parkplätze, diese Diskussion muß substantiell erweitert und "dynamisiert" werden: notwendiger Gegenstand des Parkraumkonzeptes sind **alle** Abstellmöglichkeiten, Kapazitäten sind nicht ohne Bezug auf Tageszeiten und Parkdauern, also auf ihre Leistungsfähigkeit zur Bewältigung von "Parkarbeit" sinnvoll diskutierbar.*

In allen Mittelstädten herrscht die Befürchtung, die eigene Bevölkerung, Kunden und Besucher ihrer Stadt seien die entfernungsempfindlichsten überhaupt, dementsprechend kleinteilig müßten großzügige Parkangebote bestehen, dementsprechend unverzichtbar müßte auch Ersatz für wegfallende Parkmöglichkeiten geschaffen werden, um nicht der "Konkurrenz" von Nachbarstädten zu unterliegen. Die Befürchtungen sind am besten mit rationalen Vergleichen zu entkräften, und davon gibt es inzwischen genügend.

*Bau und "Betrieb" von Parkraum reichen nicht aus, um die Probleme zu lösen, sie bilden noch keine aussichtsreiche Strategie. Erst langsam beginnt sich die Erfahrung zu verbreiten, daß die Wege "über den Kopf", insgesamt das **Marketing** von Konzepten eine unverzichtbare Erfolgsvoraussetzung ist. Das beginnt bei der "Aufklärung" über tatsächliche Kapazitäten und Bilanzen, von Angebot und Nachfrage, geht über die Darstellung von Ausmaß und "Schädlichkeit" verbreiteter und geduldeter Verhaltensweisen bis hin zum Nachweis der oft gar nicht so deutlich ausfallenden Zeit- und Bequemlichkeitsvorteile der heute üblichen Autobenutzung.*

*Die Bearbeitung von Parkraumkonzepten darf nicht auf der eigenen (Problem- und Instrumenten-) Ebene stehen bleiben. Der Zusammenhang von Parken mit der Erreichbarkeit von Zentren mit **allen** Verkehrsmitteln braucht deutliche Betonung, auch dafür können anspruchsvolle Beispiele "Mut machen".*

*Aus der Erfahrung mit den Fallstudien läßt sich der **Informationsbedarf** ableiten, zu dem dieser Leitfaden einen Beitrag leisten soll. Informationsbedarf besteht hinsichtlich des **Überblicks**, was überhaupt derzeit gemacht wird, es besteht Bedarf nach **Ansätzen** und **Argumenten** einer anspruchsvollen **Strategie** wie auch nach methodischem **"know how"**, schließlich nach einem Überblick über **Techniken** und **Instrumente**.*

Dementsprechend enthält dieser Leitfaden im folgenden:

- *ein Strategie-Kapitel mit Abklärungen und Beispielen für den "perspektivischen" Strang von Parkraumkonzepten*

- *einen methodischen, instrumentellen und technischen Teil mit Vorstellung der Erhebungs- und Bilanzierungsmethoden ebenso wie der verfügbaren Instrumente und deren (erwartbaren) Wirkungen.*

3. Strategien der Problemlösung

Die Übersicht über aktuelle Konzepte und die dargestellten Fallstudien ergibt Erkenntnisse, die für die Entwicklung bzw. die Beurteilung von Parkraumkonzepten anderer Mittelstädte genutzt werden können.

Es ist deutlich geworden, daß nicht nur die Beantwortung der Fragen: Wer ? Wo ? Wie ? Wann? Wie lange? ausreicht, sondern Ergänzungen und "Einbettungen" des Parkraumkonzeptes, etwa in ÖPNV-Konzepte notwendig werden.

Ein Parkraumkonzept muß "strategisch" entwickelt werden; die Bestandteile einer solchen Strategie sollen in diesem Kapitel vorgestellt werden. Gerade in Mittelstädten müssen Fehler und Versäumnisse in der bisherigen Entwicklung erkannt und trendwendende Eingriffe vorgenommen werden. Dabei müssen folgende Dimensionen beachtet und bearbeitet werden:

*1: **"Mengenpolitik"**: Art, Umfang und Lage des Parkraumangebotes*

*2: **"Betriebsform"**: Berechtigungen, Bedingungen und Kosten der Inanspruchnahme von Parkraum*

*3: **"Erreichbarkeits-Äquivalente"**: Elemente des Verkehrssystems, die zusätzlich und alternativ zum Auto die Erreichbarkeit der Nachfragezentren sicherstellen: ÖPNV, Radverkehrsnetz, Fußwegenetz, aber auch: Fahrgemeinschaften, Bringedienste, etc.*

D.h. es ist eine "dynamische" und zugleich ganzheitliche Betrachtung notwendig, um zu anspruchsvollen Strategien zu kommen.

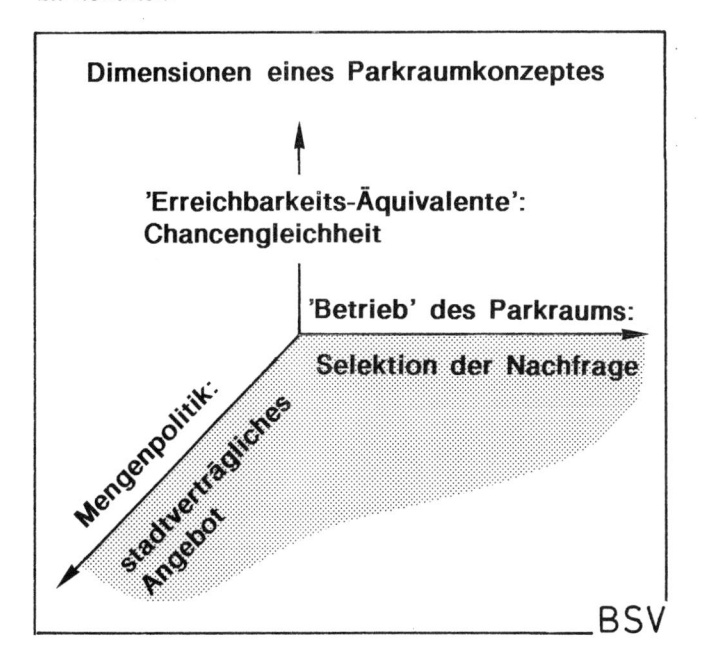

Die Parkprobleme in der kommunalen Alltagspraxis sind zumeist scheinbar kleinteilig; die Versuchung, kleinteilig ad hoc-Lösungen zu finden, ist dementsprechend groß: hier eine andere, kapazitätssteigernde Aufstellung, da eine Dauerbegrenzung zum größeren Umschlag, dort eine Anwohnerbevorrechtigung, die aber keinem "weh tut", z.B. nachts. Solche Lösungen verschieben das Problem zumeist nur oder vertagen es.

*Strategische Überlegungen dienen dazu, **vor** einzelnen Aktionen das "Drehbuch" zu schreiben; dazu gehört auch, die Diskussion auf **rationale**, empirie-gestützte Füße zu stellen und hinsichtlich der Befunde, der Bewertungen und der Lösungsrichtungen einen möglichst breiten und "haltbaren" Konsens zu finden.*

Aus diesen Ansprüchen folgt die Notwendigkeit einer 4. Dimension der Strategie:

*4. **Information, Motivation, Konsens- und Akzeptanzbildung***

*Die drei **fachplanerischen** Strategie-Dimensionen müssen **kommunikativ** verarbeitet, nämlich veröffentlicht, erörtert, begründet werden. Die Fallstudien (besonders deutlich in Esslingen) haben gezeigt, wie kontrovers die Diskussionen auf Basis fehlender Daten über Angebot und Nachfrage verlaufen können, wie sich aber scheinbar unversöhnliche Positionen aufeinander zu bewegen können, sobald eine rationale Basis vorliegt. Häufig kann die Veröffentlichung geeignet aufbereiteter Befunde schon ein Lösungsbeitrag darstellen.*

*Damit ein Parkkonzept "funktioniert", muß es beschlossen werden, also mehrheitsfähig sein; darüberhinaus braucht es aber Akzeptanz, d.h. Beteiligung und Befolgung in der alltäglichen Praxis vor Ort; es geht also auch um **"Marketing"** für das **Produkt Parkraumkonzept**, und zwar von Anfang an. Dazu gehört unverzichtbar auch eine zweckmässig angelegte, verhaltenswirksame **Kontrolle** des Parkverhaltens.*

Die 4 notwendigen, strategischen Dimensionen eines Parkraumkonzeptes werden in den folgenden 4 Teilkapiteln vorgestellt und mit Beispielen diskutiert.

3.1 Mengenpolitik

Welche Parkkapazitäten sind möglich, nötig, verträglich? Wie und wo sind sie zweckmässigerweise anzuordnen? Es geht in diesem Teilkapitel um die Möglichkeiten, aber auch die Grenzen der Bereitstellung von Parkraum. Oberster Gesichtspunkt dabei sollte die "Städtebauliche Verträglichkeit" sein.

Eine "qualifizierte Parkbilanz" kann und darf nicht nur aus einer Aufrechnung von Angebot und Nachfrage bestehen, insbesondere reicht eine Auflistung weggefallender Straßenparkplätze nicht aus, um etwa Parkhäuser oder andere Anlagen als notwendig (und förderfähig) zu begründen.

Die "qualifizierte Parkbilanz" muß sich daran messen lassen, ob sie die Potentiale des Parkraums und seiner Nutzungsmöglichkeiten selber wie auch die Potentiale der Erreichbarkeit mit anderen Verkehrsmitteln tatsächlich "ausreizt", ob sie also

- aus dem vorhandenen bzw. städtebaulich verträglich herstellbaren Parkraum "das Beste macht" und zugleich

- den Bedarf nach Parkraum auf das Notwendige minimiert.

Die Zahl der möglichen, aber auch die der notwendigen Parkmöglichkeiten ist maßgebend abhängig vom Gebietstyp: seiner Lage, Nutzungsmischung und Nutzungsintensität, Bauform und Straßenräumen. Problematisch oder problemverdächtigt sind in Mittelstädten vorwiegend die Stadtkerne und die zentrumsnahen Wohn- und Mischgebiete.

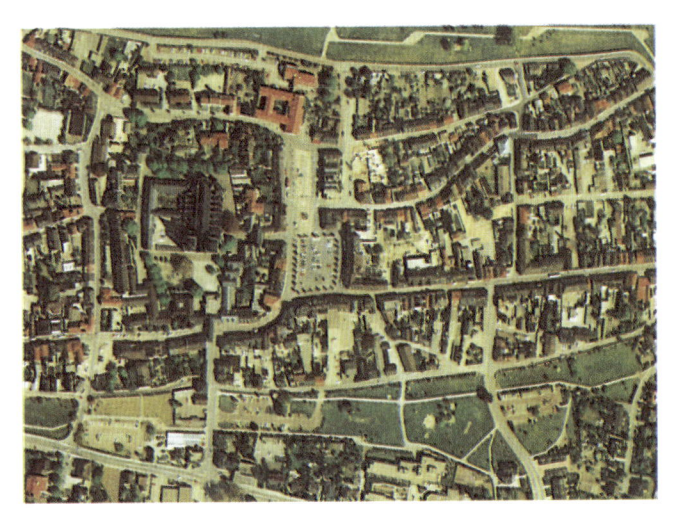

Beispiel für den historischen Stadtkern einer Mittelstadt: Xanten (Quelle: 37)

In den Stadtkernen liegt die Siedlungsdichte häufig vergleichsweise niedrig: die historischen Stadtkerne in Nordrhein-Westfalen, die Mitglied im gleichnamigen Programm sind, haben Dichten zwischen 45 E/ha (Kalkar, Rheda-Wiedenbrück) und fast 100 E/ha (Stolberg). Das Zentrum der Fallstudienstadt Esslingen hat etwa 75 E/ha, in derselben Größenordnung liegt die Siedlungsdichte im Zentrum von Hanau, allerdings je nach Innenstadtquartier schwankend zwischen 50 und 120 E/ha.

Typisches innenstadtnahes Mischgebiet mit Gründerzeit-Bebauung; häufig sind die Blockinnenbereiche sogar noch weiter überbaut. (Quelle: 37)

- Innenstadtrandgebiete, insbesondere solche aus der Gründerzeit können erheblich höhere Dichteziffern aufweisen: Werte über 200 und über 300 E/ha sind keine Seltenheit.

Geht man von der verbreitet anzutreffenden Motorisierungsquote von derzeit (1990) knapp 500 Pkw/1000 E aus, so kann bereits der Bedarf der Anwohner die überhaupt vorhandenen oder herstellbaren Abstellmöglichkeiten voll auslasten.

In den Zentren westdeutscher Mittelstädte und kleinerer Großstädte werden derzeit Park- und Abstellkapazitäten von 60 bis 120 Park- und Stellplätze je Hektar angetroffen. In einem innerstädtischen Wohn- und Mischquartier aus der Gründerzeit, der südlichen Innenstadt Wiesbaden mit einer Dichte von 290 E/ha liegen 120 Park- und Stellplätze/ha, der Parkraum ist ganztägig über 100 % ausgelastet; dort kann auch bei Bevorrechtigung der Anwohner deren Bedarf nicht vollständig befriedigt werden, zumindest nicht in Wohnungsnähe.

Park- und Stellplätze je Hektar

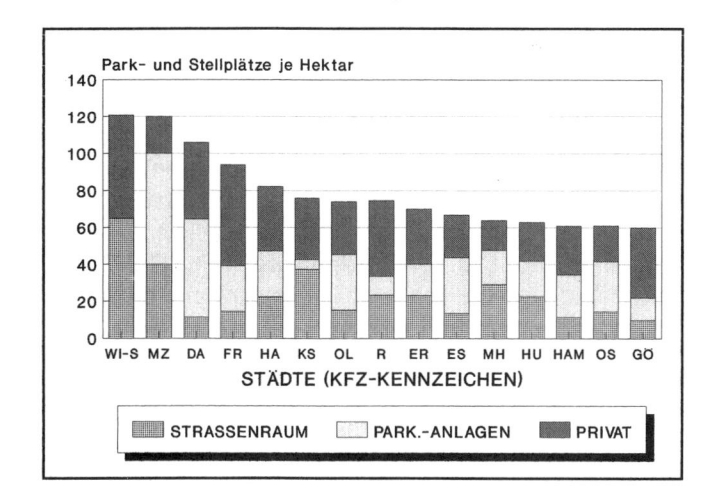

Städte (KFZ-Kennzeichen): WI-S, MZ, DA, FR, HA, KS, OL, R, ER, ES, MH, HU, HAM, OS, GÖ

Legende: STRASSENRAUM | PARK.-ANLAGEN | PRIVAT

Nach Lage und "Betreiber" stark unterschiedlich, variiert die Parkplatzdichte in den Zentren von Mittelstädten erstaunlich gering. Die linke Säule bezeichnet das Quartier südliche Innenstadt in Wiesbaden. (Quelle: 19)

Zum Zusammenhang von Nutzung, Dichte und Aufkommen im ruhenden Verkehr ein Beispiel:

Die östliche Vorstadt in Esslingen z.B. ist Modellgebiet im bundesweiten Vorhaben "Flächenhafte Verkehrsberuhigung". Dort beträgt die Siedlungsdichte 76 E/ha, je nach Block schwankt die Bewohnerdichte zwischen unter 100 E/ha (Gelände der Fachhochschule und Schulgelände mit Spielplatz) und über 300 E/ha. (Quelle: 45)

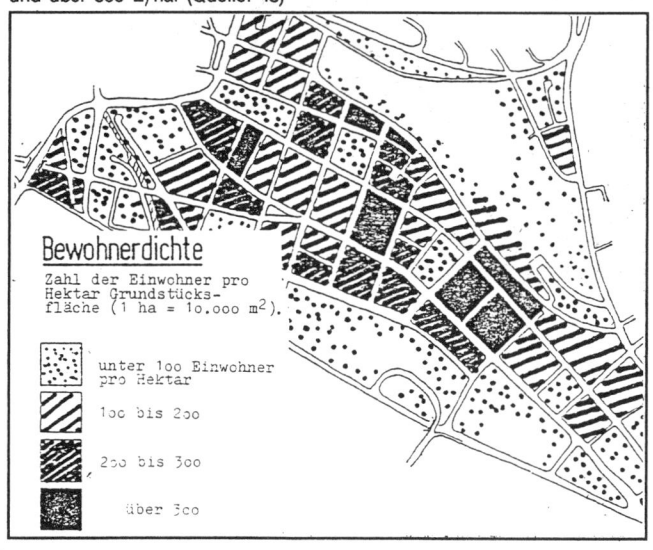

Bewohnerdichte
Zahl der Einwohner pro Hektar Grundstücksfläche (1 ha = 10.000 m²).

- unter 100 Einwohner pro Hektar
- 100 bis 200
- 200 bis 300
- über 300

In diesem Gebiet gibt es genauso viele Beschäftigte wie Einwohner (ca. 11.000), zahlreiche Praxen, Büros, Handwerks- und Handelsbetriebe.

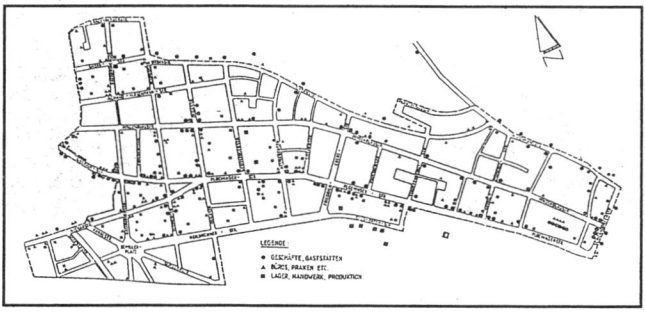

LEGENDE:
- GESCHÄFTE, GASTSTÄTTEN
- BÜROS, PRAXEN ETC.
- LAGER, HANDWERK, PRODUKTION

Die Straßenräume des nordwestlichen Teilgebietes haben 455 Pkw-Abstellplätze, überwiegend (89 %) ohne Gebühr oder Dauerbegrenzung. Eine differenzierte Nachfrageerhebung im Oktober 1990 ergab eine morgendliche und abendliche Auslastung von etwa 3/4, über Tag eine volle bzw. über 100 %tige Auslastung des Parkraums; der Anteil an Langzeitparkern liegt sehr hoch; 180 dieser Langzeitparker kommen bis 9.00 Uhr, sind also wahrscheinlich Berufspendler mit Arbeitstellen im Quartier oder der nahen Altstadt.

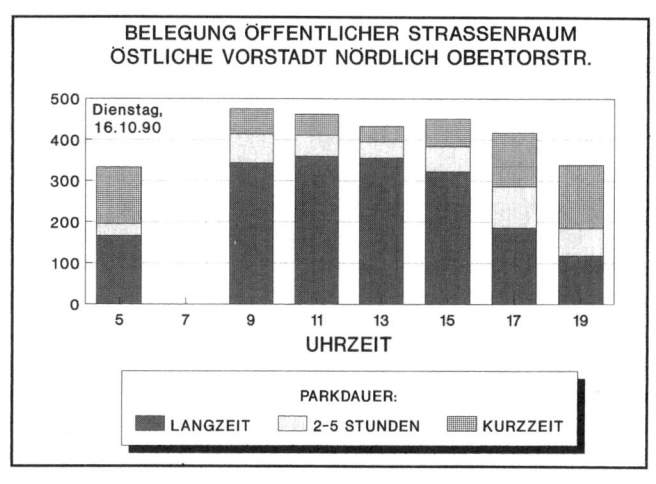

BELEGUNG ÖFFENTLICHER STRASSENRAUM ÖSTLICHE VORSTADT NÖRDLICH OBERTORSTR.

Dienstag, 16.10.90

UHRZEIT: 5, 7, 9, 11, 13, 15, 17, 19

PARKDAUER: LANGZEIT | 2-5 STUNDEN | KURZZEIT

In der Größenordnung der nächtlichen Belegung ist der Bedarf der Anwohner anzusetzen, das Quartier hat also nur geringe "Reserven" zur Abwicklung "fremder" Parknachfrage. (Quelle: 26).

Die Zentren von Mittelstädten und die innenstadtnahen Mischgebiete haben durch ihren Grundriß und ihre Nutzungen oft nur geringe Spielräume für verträglich unterzubringende Parkkapazitäten.

Andererseits bestehen auch Innenstadtbereiche von Mittelstädten, insbesondere aber zentrumsnahe Mischgebiete häufig aus Zeilen mit Vorbereichen oder freistehenden Einzelhäusern; hier können große Parkkapazitäten vorhanden sein, die oft sogar weit über denjenigen auf öffentlichen Straßen und Plätzen liegen.

Die Mengenpolitik, also die räumliche Anordnung und Dimensionierung des Parkraumangebots hat ihr wichtigstes Kriterium in der **"Verträglichkeit"** der betroffenen Straßen und Stadträume: während vereinzeltes Parken (z.B. auch unmittelbar an den Hauswänden) in sehr engen Straßen noch hingenommen werden kann, bilden die Zu- und Abfahrten Gefährdungen für Fußgänger und aufgrund enger Baufluchtabstände unvertretbare Lärmbelästigungen. Das ist der Grund, weshalb z.B. das Esslinger Konzept für die südlichen und östlichen Altstadtquartiere, das Hanauer Konzept für den Altstadtbereich um das Goldschmiedehaus sehr weitgehende Restriktionen vorgesehen haben (Verkehrsberuhigter Bereich mit Markierung nur weniger Parkflächen, diese ausschließlich für Anwohner).

Eine wichtige Entscheidung der Mengenpolitik, also der quantitativen Dimension von Parkraumkonzepten ist diejenige nach **Zielnähe** und damit zusammenhängend der Verbreitung und Kleinteiligkeit ("Dispersion"): soll in allen befahrbaren Straßen **auch** geparkt werden oder nicht ? Oder soll das Parkangebot gebündelt und am Rande des Gebietes untergebracht werden ?

In Mittelstädten sind Fußgängerzonen i.a. klein und können sehr dicht angefahren werden. Parken ist zumeist an allen befahrbaren Straßen üblich. Modelle dieser Art sind praktisch nur bei geringen Parkaufkommen möglich: Nachfrageüberhang führt bei solchen Modellen zu ständigem Parksuchverkehr, der durch immer und überall stattfindende Parkwechsel ermuntert wird.

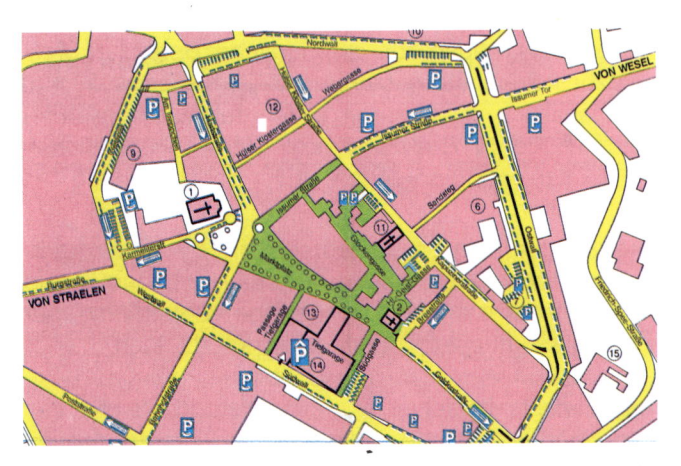

Beispiel für Parken "an allen Innenstadtstraßen" ist Geldern: mit Rücksicht auf die (unterstellte) hohe Entfernungsempfindlichkeit der Kunden und Besucher kann jedes innerstädtische Ziel außerhalb der kompakten Fußgängerzone unmittelbar angefahren und dort auch geparkt werden.(Quelle: 118).

Das extreme Gegenteil sind "parkierungsfreie Strassen", in denen durch bauliche Maßnahmen das Parken nur mit Aufstau des nachfolgenden Kfz-Verkehrs möglich ist. Verbreitet ist dieses Element derzeit in holländischen Städten (Amsterdam, Maastricht).

"Parkierungsfreie" Straßen mit Fahrbahnbreiten von ca. 3,50 m sind besonders für Radfahrer günstig. (Quelle: 19)

Parkierungsfreie Straßen sind ein Element der Strategie der Bündelung von Parkangeboten: Parken an Straßenrändern ist die Ausnahme, Parkraum wird vorwiegend auf Flächen bzw. in Gebäuden angeordnet, die günstig, d.h verträglich anzufahren und die (noch) günstig zu den Zielen gelegen sind.

Die Gleichsetzung von "Dispersion" mit kleinstädtischen und "Bündelung" mit großstädtischen Verhältnissen trifft nicht zu; vielmehr liegen der jeweiligen Strategie Entscheidungen für die Qualität des nichtmotorisierten Verkehrs, des Aufenthaltes und der Stadtgestalt zugrunde; und diese Ansprüche sind unabhängig von der Stadtgröße. Die in Mittel- und Kleinstädten häufig geäußerte Befürchtung, die eigene Bevölkerung sei extrem empfindlich gegen lange Fußwege, dient häufig als Begründung für großzügige Parkraumausstattung in unmittelbarer Zielnähe. Das dem nicht notwendigerweise so sein muß, zeigt das folgende **Beispiel**:

Die Hauptstraße (sowohl Haupteinkaufsstraße als auch Hauptverkehrsstraße) in der Kleinstadt **Vaals** an der niederländisch-deutschen Grenze hat im zentralen Abschnitt mit dichtem Geschäftsbesatz **keinen** Parkstand; diese sind vor und nach dem zentralen Bereich gebündelt untergebracht. Die sehr breiten Seitenbereiche sind als Fußgängerzone mit Anlieferung bis 10 Uhr ausgeschildert. Als Abgrenzung gegen die Fahrbahn dienen Bäume und halbhoch gemauerte Nischen, in denen Bänke, Fahrradständer und Vitrinen der anliegenden Geschäfte angeordnet sind.

Der Gesichtspunkt der Verträglichkeit kann also dazu führen, in bestimmten Straßenräumen **keine** Parkflächen anzuordnen.

Ein gegenteiliges Beispiel zeigt das Mobilitätsverhalten bei sehr zielnahem, "dispersem" Parkraumangebot

Die Stadt Bocholt hat im Zentrum bzw. diesem unmittelbar zugeordnet gut 2.500 öffentliche bzw. öffentlich zugängliche Parkmöglichkeiten; die Kartierung zeigt eine kleinteilige "Dispersion": Parken ist an den meisten Innenstadtstraßen möglich: (Quelle: 140)

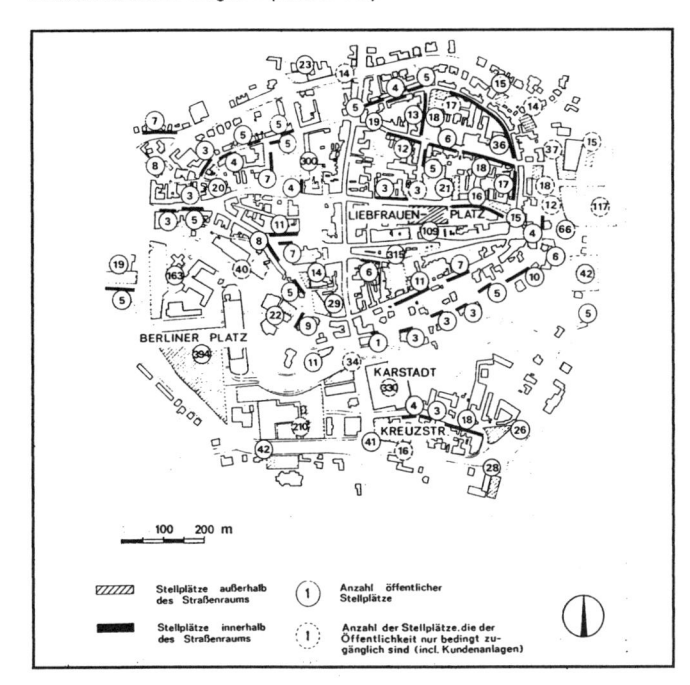

Viele der teils gebührenpflichtigen, teil gebührenfreien Parkierungsanlagen sind am Samstagvormittag ausgelastet bzw. überlastet, Chancen zum Parken im Straßenraum bestehen verbreitet und sei es im Halteverbot.

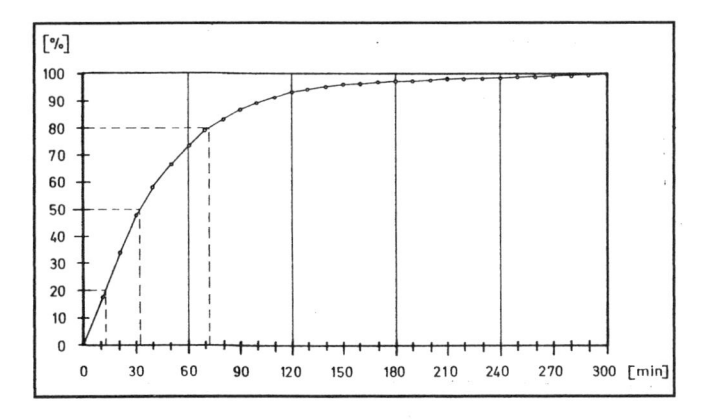

Aufenthaltsdauer in der Innenstadt (ohne Durchgangsverkehr) Beispiel: Stadt Bocholt (26.9.1981) Samstagvormittag. (Quelle: 43). Mit Hilfe von Befragungskarten wurden an einem Samstag die Aufenthaltsdauern der Innenstadtbesucher mit Pkw ermittelt: 80 % bleiben unter 70 Minuten, 50 % nur gut eine halbe Stunde in der Bocholter City. Diese sehr kurzen Parkfälle finden in unmittelbarer Zielnähe einen (legalen oder illegalen) Abstellplatz im Straßenraum.

Das Beispiel weist zugleich auf die Grenzen von Regelung und Überwachung hin: die extrem kurzen Parkfälle im Halteverbot werden nur zufällig "erwischt".

Strenge Gesichtspunkte der Verträglichkeit müssen auch bei der Anlage **privater Stellplätze** angelegt werden. Ein Vorschlag zur Neufassung der Nordrhein-Westfälischen Bauordnung sagt dazu aus:

"Die notwendigen Stellplätze und Garagen sind so weit vom Grundstück und insbesondere der Wohnbebauung abzurücken, daß eine Beeinträchtigung durch Emissionen und Gefahren des Ziel- und Quellverkehrs ausgeschlossen werden kann. Anzustreben ist eine periphere Erschließung, die das Parken und den vom Parken erzeugten Verkehr ausreichend von schutzwürdigen Nutzungen und Einrichtungen fernhält."

§ 67 (6) S. 2 LBO Saarland: "Die Bauaufsichtsbehörde kann, wenn Gründe des Verkehrs dies erfordern, bestimmen, ob die Stellplätze auf dem Baugrundstück oder auf einem anderen Grundstück herzustellen sind", und § 48 (5) S. 2 LBO Schleswig-Holstein: "Die untere Bauaufsichtsbehörde kann, wenn Gründe des Verkehrs dies erfordern, im Einzelfall bestimmen, ob Stellplätze auf dem Baugrundstück oder auf einem anderen Grundstück herzustellen sind." Vgl. auch § 48 (3) S. 4 i.V.m. § 50 (Gemeinschaftsanlagen) Hamburgische Bauordnung.

Die Städte Hamburg (1976), Stuttgart (1984), Nürnberg (1988), Luzern (1986), Kassel (1990), Paderborn und Hanau haben für empfindliche Bereiche Stellplatzbeschränkungssatzungen beschlossen. In Hanau sind seitdem im Satzungsgebiet bei Nutzungsänderungen oder Erweiterungen keine zusätzlichen Stellplätze errichtet worden, außer bei Neuanlage von Wohnungen.

Der sehr weitreichende Ansatz, Chancengleichheit bei der Zugänglichkeit von Verkehrsmitteln herzustellen, wird derzeit in Planungen für neue Stadtteile bzw. Stadtteilzentren angewendet: die Wettbewerbsausschreibung für die künftigen Nutzungen der "Nellingen Baracks" in der Stadt Ostfildern enthält die Vorgabe, Stellplätze und Parkflächen in mindestens der Entfernung von der Wohnung anzuordnen, in der die Bus- und Stadtbahnhaltestellen liegen.

Die Verpflichtung, Stellplätze entsprechend der Art und dem Maß der Gebäudenutzungen herzustellen, besteht prinzipiell schon mit der "Reichsgaragenordnung" von 1939, praktisch aber erst mit der Anwendung der Landesbauordnungen in den 60er und 70er Jahren. D.h. allenfalls bei jüngeren Gebäuden kann davon ausgegangen werden, das Stellplätze entsprechend den Richtzahlen nachgewiesen oder aber abgelöst worden sind. Allerdings: eine Übersicht oder ein Nachvollzug dessen fällt in den meisten Städten sehr schwer. Oft ist nur über Begehungen, Befragungen, etc. ein aktueller Überblick zu gewinnen.

Die Forderung nach Herstellung von Stellplätzen wird bei Neubau oder wesentlicher Nutzungsänderung gestellt. Unter besonderen Voraussetzungen können die Baubehörden auch die nachträgliche Herstellung von Stellplätzen verlangen; Voraussetzung ist in der Regel eine Gefahr für Sicherheit und Leichtigkeit des Verkehrs oder eine drohende Verletzung von Recht und Ordnung. Da dabei aber der Verhältnismäßigkeitsgrundsatz, insbesondere auch hinsichtlich der finanziellen Belastungen berücksichtigt werden muß, sind solche Fälle sehr selten.

Öffentliche, "halböffentliche" und private Abstellplätze müssen zusammen betrachtet werden; nur auf Basis der Gesamtbetrachtung ist die grundlegene Alternative in der Mengenpolitik, nämlich die Frage nach einer Vermehrung oder Verminderung der Parkmöglichkeiten zu beantworten. Wie in der Typisierung der 42 Parkraumkonzepte von Beispielstädten deutlich wurde, enthalten die meisten Konzepte Erweiterungen der Kapazität, einschneidende Verminderungen sind sehr selten. Allerdings: die Bruchlosigkeit und Selbstverständlichkeit, mit der in früheren Jahren aus der Motorisierungsentwicklung, Nutzungserweiterungen und Engpässen in Teilbereichen neue Anlagen beschlossen und auch realisiert wurden, ist aufgegeben worden zugunsten einer Strategie der "Moratorien": so wurden z.B. sowohl in Hanau (am Kurt-Blaum-Platz) als auch in Esslingen (Erweiterung Tiefgarage Kiesstraße, Neuanlage Tiefgarage Augustinerstraße) angesichts differenzierter und kritischer Angebots-Nachfrage-Bilanzen zunächst "Optionen" beschlossen, die entsprechend der weiteren Entwicklung und angesichts der Erfolge von Bewirtschaftungsmaßnahmen eingelöst werden können oder nicht.

Beispiel für Kapazitätsausweitungen in **Straßenräumen** ist Geldern (u.a. durch Schräg- statt Längsaufstellung), Kapazitätsausweitungen durch **Parkierungsanlagen** bilden die größte Gruppe unter den analysierten Beispielstädten (16 von 42). Konzepte mit gleichbleibender oder sinkender Kapazität im Zentrum ersetzen zumeist Parkstände, die im Straßenraum wegfallen (durch Umgestaltung, Begrünung, etc.) durch Stellplätze in Parkbauten und auf Parkplätzen in Außenlagen, so z.B. Lüneburg mit dem weiter entfernt liegenden Parkplatz Sülzwiesen.

Verzicht auf die Erweiterung privater Kapazitäten kommt derzeit verbreitet vor, insbesondere bei der Herstellung von Wohnraum durch Dachgeschoßausbau (in Krefeld z.B.). Mit dieser Befreiung ist natürlich keinerlei Auflage hinsichtlich der Motorisierung der Mieter verbunden, so daß zumindest kleinteilig das Parkproblem sich verschärfen kann; Herstellung von Wohnraum ist in diesem Fall das "höhere Gut".

Andererseits hat die Forderung nach Einlösung der Stellplatzverpflichtung schon dazu beigetragen, unerwünschte Ansiedlungen oder Nutzungsänderungen (Spielhallen etc.) zu verhindern oder zu erschweren.

Generell ist die Parkkapazität in den meisten Städten in den vergangenen Jahren gestiegen, dabei nahmen die Kapazitäten im Straßenraum ab, diejenigen in Parkierungsanlagen und die auf privaten Flächen wurden stark vermehrt:

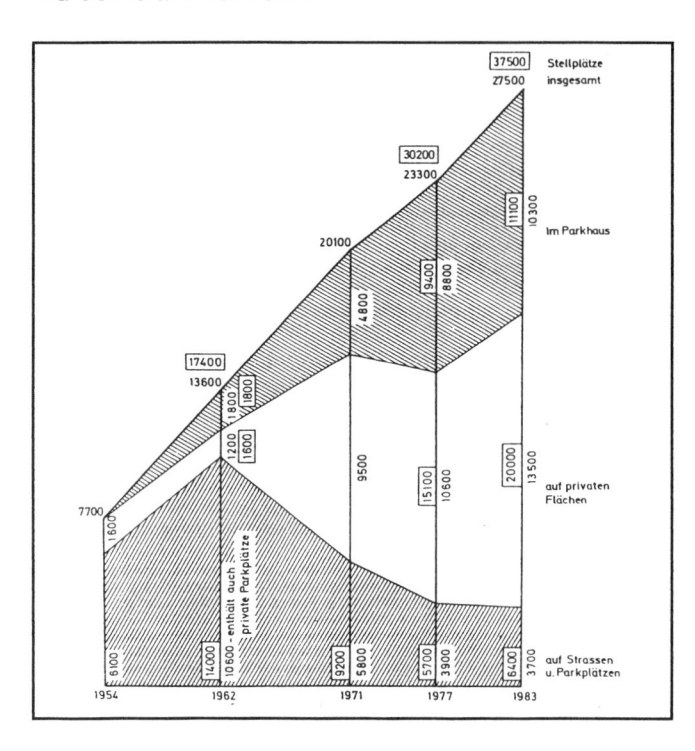

In Stuttgart-Mitte hat sich die Gesamtzahl der Stellplätze von 1962 bis 1983 auf 215 % vermehrt; private und öffentlich zugängliche Anlagen haben daran einen steigenden Anteil (die eingerahmten Zahlen beziehen sich auf Stuttgart-Mitte, die nicht gerahmten Zahlen auf den engeren Citybereich).
Quelle: 19

Diese Entwicklung trifft auch in den meisten Mittelstädten zu: Esslingens Innenstadt hatte 1966 rd. 2.000, 1991 aber rd. 4.000 Stellplätze, davon 1.700 in Parkierungsanlagen.

Neubauten und Nutzungsergänzungen führen üblicherweise zu

- Neuanlage privater Stellplätze und/oder
- Neuanlage von öffentlichen Parkbauten, z.T. aus den Ablösesummen der Bauherren, der auf dem eigenen Grundstück keine Stellplätze anlegen konnten (oder durften).

Umgestaltung von Straßen, Einrichtung von Fußgängerzonen etc. gehen z.T. "auf Kosten" von Parkständen im Straßenraum.

Der Handel nimmt das zum Anlaß von Kritik, ohne allerdings zu berücksichtigen, daß in vielen Fällen die Zahl der Park**fälle** sich durch Bewirtschaftungsmaßnahmen sogar erhöht; "1 zu 1"-Bilanzen treffen also kaum das wirkliche Problem.

Die Zahl der innerstädtischen (bzw. dem Zentrum zuzurechnenden) Parkmöglichkeiten muß auf die Stadtgröße und die Zentralität, also die "Versorgungsaufgabe" bezogen werden. Eine geeignete Größe zur Formulierung der Versorgungsaufgaben ist z.B. die Verkaufsfläche im Einzelhandel.

Eine entsprechende Zusammenstellung zeigt bei Städten mit vergleichbarer Versorgungsfunktion deutliche Unterschiede in der Ausstattung mit Parkraum. Z.B. haben die 3 Städte Soest, Esslingen und Lüneburg etwa dieselbe Größenordnung von Einzelhandelsflächen im Zentrum, unterscheiden sich aber in der Zahl der öffentlich zugänglichen Parkmöglichkeiten um rd. 100 %.

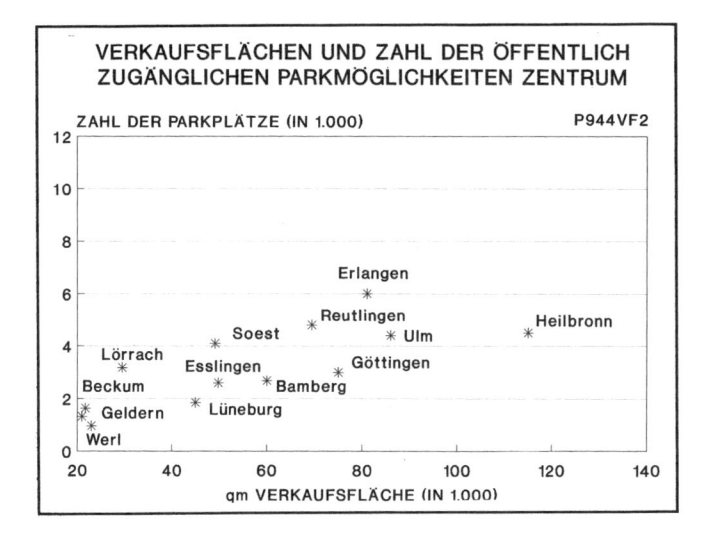

- von den Parkmöglichkeiten der Soester Innenstadt sind fast 2/3 ohne Gebühr und Dauerbegrenzung für jedermann nutzbar, der Parkraum ist zu keinem Tageszeitpunkt über 60 % ausgelastet

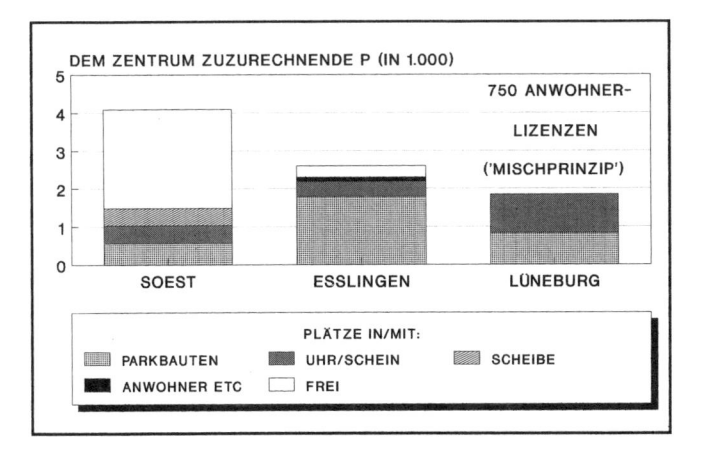

- das Esslinger Zentrum hat 12 % der Parkmöglichkeiten im Zentrum ohne Gebühr und Dauerbegrenzung, in den Parkierungsanlagen sind insgesamt 716 Dauerparker eingemietet, die allerdings nicht alle gleichzeitig anwesend sind

- das Zentrum von Lüneburg hat insgesamt rd. 1.700 allgemein zugängliche Parkmöglichkeiten, einschließlich derer außerhalb des eigentlichen Zentrums sind es rd. 2.000; alle sind gebührenpflichtig, für über die Hälfte gilt Parkdauerbeschränkung; 700 Anwohner mit Sonderparkberechtigung sind an den gut 1.000 Plätzen im Straßenraum ganztägig von der Gebühr und Dauerbegrenzung befreit.

Einzelne Städte gehen also recht großzügig mit ihrem Parkraum um und "brauchen" deshalb mehr. Das ist wirtschaftlich, städtebaulich und verkehrlich kritisch zu sehen.

Für die Abschätzung der notwendigen Abstellplätze helfen die Richtlinien nicht immer weiter: für die Innenstadt Dortmund beispielsweise ist 1985 die für 1990 voraussichtlich erforderliche Zahl von Abstellplätzen nach drei Verfahren ermittelt worden.

- **Differenzensummenverfahren**: aus dem Zufluß- und Abflußganglinien des Ziel- und Quellverkehrs werden die über den Tag sich einstellenden Fahrzeugansammlungen ermittelt, dazu werden diejenigen privaten Stellplätze addiert, die nicht für andere Stellplatzsuchende zur Verfügung stehen

- Abschätzung nach **RAR** (Richtlinien für Anlagen des ruhenden Verkehrs): die für die verschiedenen Nutzungen (Arbeit, Ausbildung, Einkauf, Besorgung, Wohnen) im Zielgebiet vorhandenen Bruttogeschoßflächen "erzeugen" in je spezifischer Weise Kfz-Verkehr, und zwar in Abhängigkeit von der Verkehrsmittelwahl, dem Pkw-Besetzungsgrad, dem "Mobilitätsfaktor" und der Zahl der täglichen Parkvorgänge; hauptsächlich begründet durch unterschiedliche Ansätze der ÖPNV-Bedienung ergeben sich für die City Dortmund Minimal- oder Durchschnittswerte mit Unterschieden von über 20 %.

- Bedarf nach **LBO** bzw. Richtzahlen eines Entwurfes der **Argebau**: dieser Ansatz geht davon aus, daß die Stellplatzverpflichtung aller Nutzungen (nicht nur der neuen) erfüllt werden muß und berücksichtigt nicht die Möglichkeit zur Mehrfachnutzung von Stellplätzen; das Ergebnis nach diesem 3. Ansatz liegt um rd. 60 % über demjenigen nach dem Differenzensummenverfahren, das i.a. als das genaueste und differenzierteste gilt.

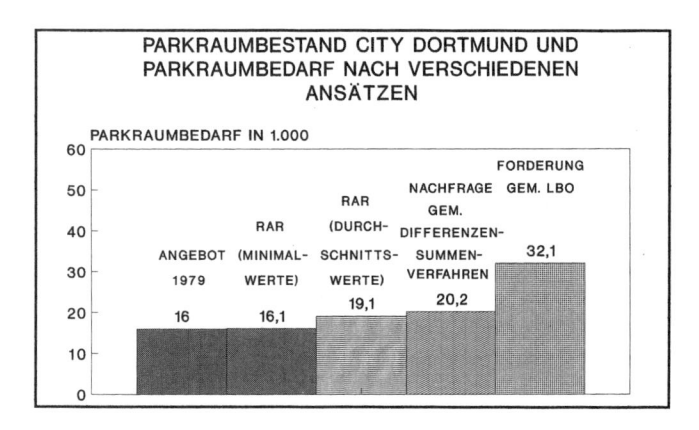

PARKRAUMBESTAND CITY DORTMUND UND PARKRAUMBEDARF NACH VERSCHIEDENEN ANSÄTZEN

	PARKRAUMBEDARF IN 1.000			
ANGEBOT 1979	RAR (MINIMALWERTE)	RAR (DURCHSCHNITTSWERTE)	NACHFRAGE GEM. DIFFERENZENSUMMENVERFAHREN	FORDERUNG GEM. LBO
16	16,1	19,1	20,2	32,1

Quelle: 109

Die tatsächliche Parknachfrage liegt häufig unter der nach den Richtlinien ermittelte Bedarfsgröße. Eine pauschale Empfehlung für notwendigen Parkraum ist damit kaum möglich; i.a. bewährt es sich, mit differenzierten Erhebungen so zu arbeiten, daß die "qualifizierte Nachfrage" ermittelt und der Parkraum danach dimensioniert wird.

Dieselbe Erfahrung zeigt sich auch in Mittelstädten: 1986 hat die Stadt Geldern einen "Bedarf" gemäß RAR von 1.380 Stellplätzen im Zentrum ermittelt, dem stand ein Bestand von 1.689 gegenüber. Auf 444 der 1.219 Parkstände im Straßenraum bzw. in Parkbauten parkten 1986 Langzeitparker, damit sind über 1/3 der öffentlich zugänglichen Plätze ganztägig "blockiert". Das kann nicht Sinn eines wirtschaftlichen Umgangs mit einem "knappen Gut" sein.

Oberstes Ziel der Mengenpolitik ist die städtebauliche Verträglichkeit, d.h. insbesondere straßenräumliche Verträglichkeit und optimale Erreichbarkeit der Nutzungen, auch durch den für deren Ansprüche unverzichtbaren Pkw-Anteil sowie Lieferungen und Versorgungsfahrten.

Fazit: ***Optimierung*** *heißt auf der Mengendimension* ***nicht*** *Maximierung, sondern die städtebaulich verträgliche Anordnung, Dimensionierung und Erschließung von Parkraum für die* ***qualifizierte Nachfrage*** *!*

3.2 "Betriebsformen" für Parkraum

*Mit der Differenzierung nach dem "Betrieb" von Parkraum erweitert sich die Frage nach der **Zahl der Parkstände** zur Frage nach der **"Parkleistung"**, der Frage also nach der pro Tag abwickelbaren Zahl der **Parkfälle**.*

*Parkierungsanlagen werden mit unterschiedlichem Interesse betrieben: Kaufhäuser z.B. oder auch die Bundesbahn sind an den Parkenden **als Kunden** interessiert, ein **Parkhausbetreiber** bildet als Leistung nur das **Parken selber** an, ggf. ergänzt durch Reparatur- oder Serviceleistungen während der Parkzeit.*

Die Betriebsformen sind die hauptsächlichen Einflußgrößen für das "Parkbild", das sich auf Straßen und Plätzen, aber auch in den Anlagen abspielt. Entscheidungen zur Betriebsform sind deshalb eine unverzichtbare Dimension der Problemlösungsstrategie.

Eine entscheidende Frage (und wichtige Unterscheidung auf der Betriebsdimension) ist diejenige, auf welchen Anteil der Parkmöglichkeiten (Plätze und Parkarbeit pro Tag) das kommunale Parkraumkonzept (im engeren Sinne) überhaupt Einfluß hat. Bei den Angeboten für

- Straßenraumparken
- öffentlich zugängliche Parkierungsanlagen
- private Einstellplätze

können extrem unterschiedliche Verhältnisse herrschen. Ein Vergleich westdeutscher Städte zwischen 90.000 und 200.000 Einwohner zeigt eine extreme Schwankungsbreite des Anteils privater Stellplätze zwischen rd. 25 % und über 60 %; er zeigt ebenfalls den sehr verschiedenen **Anteil von Straßenraumparken** an der gesamten Parkkapazität: von fast 50 % bis etwa 10 % reicht dessen Spanweite:

Parkraum auf **öffentlichen Straßen** und Plätzen "gehört" im allgemeinen der Stadt. Sie "betreibt" die Parkmöglichkeiten, d.h. sie ordnet Verbote oder **Berrechtigungen, Dauerbegrenzung oder Gebühren** an, und führt ensprechende Kontrollen durch..

Parkraum wird aber auch auf dem "Markt" angeboten: Der Bundesverband der Park- und Garagenhäuser vertritt derzeit fast 800 Unternehmen, die **Parkierungsanlagen** mit Kapazitäten über 100 Einstellplätzen betreiben, insgesamt über 1,2 Millionen Einstellplätze! Diese Unternehmen werden mit wirtschaftlichem Interesse betrieben, und das durchaus erfolgreich.

Auch Städte betreiben **Parkhäuser, -plätze und Tiefgaragen**; das kann geschehen durch die Stadt selber (z.B. in Unna, dort gilt der Tarif 1,-- DM je Kalendertag), eine stadteigene Parkhausgesellschaft (so z.B. in Mainz und Hanau) oder den städtischen Verkehrsbetrieb (so z.B. in Aachen und in Bremen)

Parkhaus Ost in Hanau, Betreiber: Städtische Parkhausgesellschaft

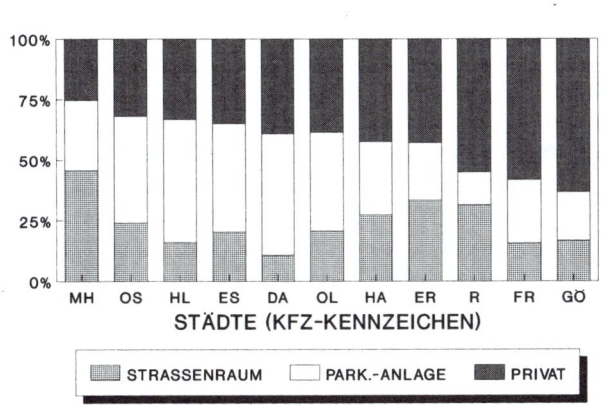

Quelle: 19

Städtische Tiefgarage Neumarkt in Unna

Das Parkhaus am Adalbertsteinweg in Aachen gehört dem Verkehrsbetrieb.

Schließlich betreiben der **Einzelhandel** (Kaufhäuser) und andere städtischen Gewerbe **eigene Parkierungsanlagen**, die zumeist allgemein zugänglich, für eigene Kunden aber mit einem Preisnachlaß zu benutzen sind. Bei Parkierungsanlagen des Einzelhandels, die zumeist nur während der Geschäftszeiten geöffnet sind, kommen Kooperationen mit kommunalen Gesellschaften vor: so betreibt die Mainzer Parkhausgesellschaft ein Parkhaus eines Warenhauskonzernes nach dessen Geschäftszeit weiter.

Kommunale Einrichtungen wie Theater, Veranstaltungssäle oder Kuranlagen betreiben **Parkierungsanlagen**; sie können in kleineren Städten nicht nur "große Verkehrserzeuger" darstellen, sondern auch einen erheblichen Anteil des gesamten Parkraums ausmachen: im Zentralort der Gemeinde Bad Sassendorf machen die beiden Parkplätze des Bewegungsbades 38 % der gesamten Parkkapazität aus, ihr "Betrieb" bestimmt also das Park- und Verkehrsgeschehen des Kurortes sehr weitgehend.

Private Stellplatzanlagen, also solche auf Privatgrundstücken, die nur dazu berechtigten Personenkreisen zugänglich sind, haben extrem flexible Kapazitäten, durch die Möglichkeit verdichteter Aufstellung mit gegenseitigen Ein- und Ausfahrtbehinderungen. Da die Parkenden einander kennen und jederzeit erreichen können, entstehen dabei zumeist wenig Probleme. Darüber hinaus können Besitzer privater Stellplätze praktisch beliebig über die Einfahrt zu diesen Stellplätzen verfügen: Zwar gilt gemäß § 12 Abs. 3,3 Parkverbot vor Grundstückseinfahrten, nach herrschender Meinung gilt aber weder dieses Parkverbot noch ansonsten angeordnete Beschränkungen wie Gebührenpflicht oder Dauerbegrenzung für den "Verfügungsberechtigten".

Auf privaten Flächen sind beliebig verdichtete Aufstellungen möglich und üblich

Private Stellplatzanlagen können sehr große Kapazitäten haben und damit kommunale Konzepte zum Teil unterlaufen.

Über vertragliche Regelungen (Beispiel Delbrück) kann die Stadt auch private Stellplätze "betreiben", d.h. beschildern und kontrollieren; für Abstellflächen eignet sich oft die Beschilderung als Parkplatz nur für bestimmte Tage und Tageszeiten. Das hat Vorteile nicht nur im flexiblen Bereitstellen von Kapazitäten; die Parkregelungen im Zentrum werden damit tatsächlich durchgängig, das "Ausweichen" vor den Beschränkungen auf private Flächen entfällt.

Private Stellplätze können also im Wege der **koordinierten Mehrfachnutzung** qualifizierte Nachfrage aufnehmen, für die ansonsten keine Flächen verfügbar gemacht werden können: Parkflächen von Ämtern, Betrieben etc. können am Samstag oder in der Nacht für Kunden oder Anwohner geöffnet werden. In Lüneburg geschieht das mit Parkplätzen von Behörden, in Hanau mit denjenigen des Behördenhauses, in Lübeck funktioniert bisher das P+R an Wochenenden ("autofreie Innenstadt") u.a. deshalb, weil große Betriebsparkplätze dann genutzt werden können.

Der "Betrieb", i.e.S. die "Bewirtschaftung" dynamisiert die Parkkapazitäten, d.h. Zugänglichkeit, Berechtigung und Preise bestimmen die (relative) Attraktivität, bestimmen auch, welche und wieviele Parkfälle im vorhandenen Parkraum abgewickelt werden: z.B. die in **Lüneburg** durch Erweiterung der Fußgängerzone entfallenden Parkstände werden nicht anderweitig neu errichtet, stattdessen wird der Bewirtschaftungsbereich (Parkdauerbegrenzung, Gebührenpflicht, Sonderparkberechtigung für Anwohner) ausgedehnt. Die abwickelbare "Parkarbeit" bleibt also gleich: auf weniger Plätzen können u.U. sogar mehr "Parkfälle" stattfinden.

Parkkapazitäten sind ohne Berücksichtigung der Bewirtschaftung nicht sinnvoll diskutierbar, erst recht nicht vergleichbar: während durchschnittlich auf Parkständen ohne Dauerbegrenzung etwa 3 Parkfälle pro Tag einander abwechseln, kann sich das (Nachfrage bzw. Nachfrageüberhang vorausgesetzt) mit **Parkdauerbegrenzung** um das 4,3 fache steigern.

"Park-Regime"	Mittleres Verkehrspotential (Zu- und Wegfahrten)	Multiplikator gegenüber Regime "unbeschränkt"
Unbeschränkt oder über 4 Stunden:	ca. 6 Fahrten/Tag	1
bis 4 Stunden:	ca. 11 Fahrten/Tag	1,8
bis 2 Stunden:	ca. 17,5 Fahrten/Tag	2,9
bis 1 Stunde:	ca. 22 Fahrten/Tag	3,7
bis 30 Minuten:	ca. 26 Fahrten/Tag	4,3

Diese Verkehrspotentiale basieren auf erhobenen Fallbeispielen. Sie haben keine Allgemeingültigkeit, dennoch haben sie sich in der Praxis als Richtwerte bewährt.(Quelle: 95)

In der **Esslinger Altstadt** hat das zentrale Teilquartier Markt/Ritterstraße 183 Parkstände, davon sind 161 an Parkuhren oder mit Parkscheinpflicht. Täglich finden dort (Analyse mit 2-stündlichen Umläufen) 905 Parkfälle statt, das entspricht einem 4,9 fachen Umschlag. Die benachbarte östliche Altstadt mit 284 Plätzen wickelt nur 889 Parkfälle ab, hat also einen Umschlag von durchschnittlich 3,1; hier sind 68 % der Parkstände gebührenfrei und ohne Dauerbegrenzung. (Quelle: 26)

Für die Parkraumplanung der **Stadt Bern** wurde 1983 die bisherige Nutzung mit einer Modellrechnung verglichen, um darzustellen, wie sich eine Umwandlung von 6.000 bisherigen Langzeitparkständen in Kurzzeitparkstände auswirken würde: statt bisher insgesamt 85.000 Parkfällen werden dann erwartbar 124.000 (+ 46 %) abgewickelt. Das Kfz-Verkehrsaufkommen in der Morgenspitze vermindert sich dadurch um (- 3.000 + 1.800 =) 1.200 Fahrten (8 %); allerdings nimmt die Gesamt-Fahrleistung über den Tag und damit die Gesamtemissionsmenge durch diese Maßnahme zu. (Quelle: 70)

TÄGLICHE PARKFELDBENUTZUNGEN (BEISPIEL)			
	P "lang" (für Pendler)	P "kurz" (für Besucher und Kunden)	
durchschnittliche Parkdauer	~ 7 Std.	~ 1,5 Std.	
VORHER:			
P - Angebot	~ 25'000 P	~ 6'000 P	Total:
P - Benutzungen pro Tag	~ 37'000	+ ~ 48'000	≅ 85'000
MASSNAHME:	25'000 P	6'000 P	
	− 6'000 P	→ + 6'000 P	
	(25 %)		
NACHHER:			
P - Angebot	~ 19'000 P	~ 12'000 P	Total:
P - Benutzungen pro Tag	~ 28'000	+ ~ 96'000 (+ 100%)	≅ 124'000 (+ 46%)

Quelle: 70

Parkierungsanlagen können je nach Betriebsform extrem unterschiedliche "Parkleistung" erbringen, insbesondere sind entscheidend

- Lage zu den Zielen
- Preis im Verhältnis zum Straßenraumparken, "Rabatte"
- Verfügbarkeit freier Plätze und Leichtigkeit des Zugangs
- Information, Lenkung und Leitung.

Parkierungsanlage	"Parkleistung" (Parkfälle pro Platz und Tag)	Bemerkungen
Hertie Esslingen	4,4	ebenerdig, gebührenpflichtig, sehr zentral
Tiefgarage Markt Hanau	2,66	150 Abonnenten bei 238 Plätzen, teurer als Straßenraumparken
Steinheimer Straße Hanau	0,27	162 Abonnenten bei 227 Plätzen, teurer als Straßenraum, Randlage
Karstadt Lüneburg	2,7	für mittlere Parkdauern billiger als Straßenraumparken

Parkierungsanlagen, insbesondere Parkhäuser und Tiefgaragen sind für die meisten Nutzer im Verhältnis zum Straßenraumparken nur "zweite Wahl". Der Befund "volle Straßenränder - leere Parkhäuser" ist in vielen Städten bereits sprichwörtlich geworden. Der Grund liegt neben dem Wunsch, Gebühr zu vermeiden, häufig auch in der **Unattraktivität** und **subjektiven Unsicherheit** vieler Parkhäuser und Tiefgaragen.

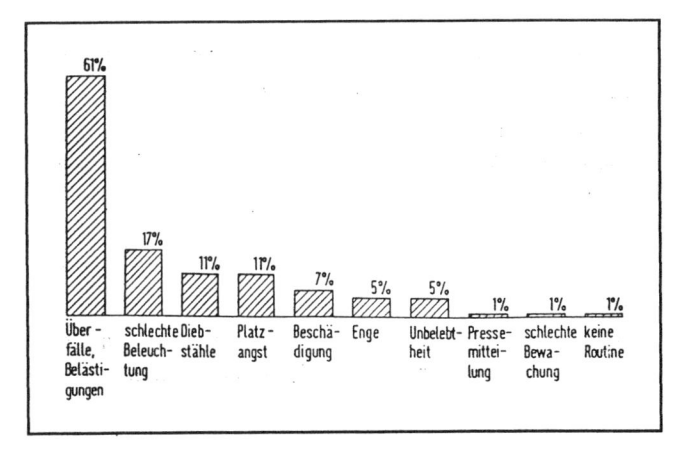

	%
Überfälle, Belästigungen	61%
schlechte Beleuchtung	17%
Diebstähle	11%
Platzangst	11%
Beschädigung	7%
Enge	5%
Unbelebtheit	5%
Pressemitteilung	1%
schlechte Bewachung	1%
keine Routine	1%

Gründe für die Angst in Tiefgaragen: insbesondere in jüngster Zeit äußern insbesondere weibliche Autofahrer Vorbehalte gegen das Parken in Tiefgaragen (Quelle: 84).

Parkierungsanlagen sind, unabhängig von Eigentum und Zweck des Betriebes, unverzichtbarer Bestandteil des Parkraumkonzeptes: ihr Betrieb (Dauer, Preis, Öffnungszeiten etc.) muß auf den Teil der Gesamt-Parkleistung, der in Anlagen abgewickelt werden soll, abgestimmt werden. Das wird durch die Eigentumsverhältnisse oft erschwert, so daß die Kommune auf Entgegenkommen der Eigentümer angewiesen ist. Andererseits können private Stellplätze aber, wie im Beispiel der Stadt Geldern, aus dem Straßenraum verdrängte Nachfrage aufnehmen und so das kommunale Konzept "neutralisieren" bzw. unterlaufen.

Anwohner sind im allgemeinen die "schwächste" Nachfragegruppe. Mit der **Sonderparkberechtigung für Anwohner** können diese von den ansonsten im Straßenraum geltenden Regelungen (Gebührenpflicht und Dauerbegrenzung) ausgenommen werden ("Mischungsprinzip"), es können aber auch ganze Bereiche für Anwohner exklusiv vorbehalten werden ("Trennungsprinzip"). Neben dem Gesichtspunkt, zu Zeiten des Anwohnerbedarfs diesen auch tatsächlich ausreichende Parkchancen zu schaffen, ist die Verträglichkeit der Straßenräume gegenüber dem durch die Parkchancen erzeugten Kfz-Verkehr entscheidend für die Auswahl zwischen beiden Prinzipien.

Mit der Aufzählung der unterschiedlichen **Betriebsformen** wird die (vergleichende) Diskussion von **Parkkapazitäten** auf dem "Nenner" vorhandener **Abstellplätze** sinnlos: Planungs- und Vergleichsgröße ist immer die **Leistungsfähigkeit des Teilsystems: Parken**.

Durch den "Betrieb" von Parkraum muß gesichert werden, wem zu welcher Zeit und wo das Parken erleichtert wird und welche Parkzwecke (Kennzeichen: Zeit, Dauer) dadurch abgewiesen werden. Voraussetzung für die Effektivität dieser Auswahl ist in jedem Fall eine ausreichende, verhaltenswirksame **Überwachung**: Verstoß gegen die Parkregelung muß mit hoher Wahrscheinlichkeit teurer werden als der "Gesamtpreis" eines regelkonformen Verhaltens.

Bei den meisten **Parkierungsanlagen** ist die Überwachung der Regel **automatisch** eingeschlossen, wenn z.B. ohne Bezahlen das Parkhaus nicht verlassen werden kann. Diese 100 %tige Wahrscheinlichkeit wird von Autofahrern bei Falschparken oder "Schwarzparken" im Straßenraum als Vergleichsgröße herangezogen, allzu oft fällt bei diesem Vergleich das Risiko eines "Kavaliersdeliktes" nur gering, die Wahrscheinlichkeit einer Verhaltenskorrektur also nur sehr klein aus.

Parkmöglichkeiten im Straßenraum ohne Einschränkung berechtigter Personenkreise erzeugen bei Angebotsüberhang oder häufigem Parkwechsel "Hüpfverkehr": im Zentrum Alt-Oberhausen z.B. wurden zwischen 15:00 und 19:00 Uhr die Kennzeichen aller parkenden Pkw und diejenigen des fließenden Verkehrs aufgenommen; zu dieser Zeit betrug der Leerstand auf den öffentlichen Parkmöglichkeiten gut 13 %. Der Vergleich ergab, "daß ein Teil der Kfz mit höherer Aufenthaltsdauer innerhalb des Erhebungszeitraumes eine Stellplatzwechsel innerhalb des Erhebungsgebietes vorgenommen hat". Bei **Nachfrageüberhang** und insbesondere **gebündelten Parkgelegenheiten** steigt dagegen die Parkdauer an und komplexe Besorgungsprogramme werden von einem Parkplatz aus abgewickelt.

Die "Betroffenen" reagieren in unterschiedlicher Weise auf Betriebsformen von Parkraum, dazu liegen zahlreiche empirische Befunde vor, dennoch ist die Diskussion noch weitgehend vorurteilsvoll geprägt.

Beispiel 1: Reaktion von Berufspendlern

In einer Fallstudie in Stuttgart-West wurden aus intensiven Messungen, Beobachtungen und Befragungen die erwartbaren Reaktionen von Berufspendlern, die von Parkraumrestriktionen betroffen würden, ermittelt (Quelle: 133):

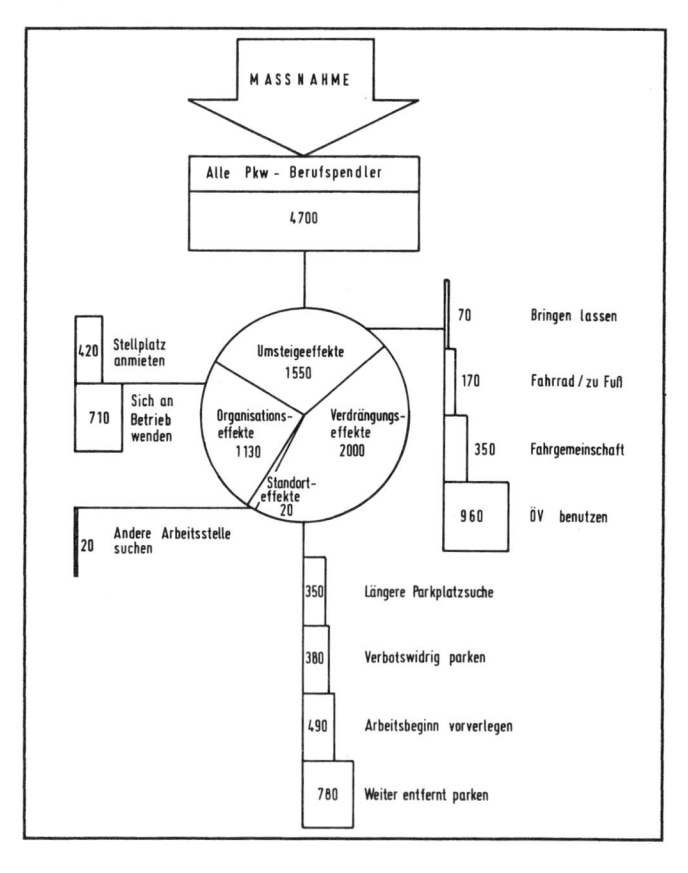

MASSNAHME

Alle Pkw - Berufspendler
4700

420 Stellplatz anmieten	
710 Sich an Betrieb wenden	

Umsteigeeffekte 1550
Organisationseffekte 1130
Verdrängungseffekte 2000
Standorteffekte 20

20 Andere Arbeitsstelle suchen

70 Bringen lassen
170 Fahrrad / zu Fuß
350 Fahrgemeinschaft
960 ÖV benutzen

350 Längere Parkplatzsuche
380 Verbotswidrig parken
490 Arbeitsbeginn vorverlegen
780 Weiter entfernt parken

- die größte Reaktionsgruppe ist diejenige mit **Verdrängungseffekten**: zeitlich oder räumlich wird das Parken verlagert, nach wie vor aber im öffentlichen Straßenraum geparkt

- **Umsteigeeffekte** machen etwa 1/3 der Reaktionen aus: es wird das Verkehrsmittel gewechselt oder eine andere Reiseorganisation gewählt

- **Organisationseffekte** (etwa 1/4 der Reaktionen) bestehen in dem Versuch, außerhalb des restriktiv betriebenen öffentlichen Parkraums Abstellplätze zu finden

- **Standorteffekte**, also die Entscheidung für einen Arbeitsplatzwechsel kommen praktisch nicht vor.

Beispiel 2: Reaktion von Anwohnern und Fremdparkern auf Parkdauerbeschränkung mit grobmaschiger und "durchsichtiger" Überwachung

Im innenstadtnahen Wohn- und Mischquartier Limpertsberg in Luxemburg, in dem vorher Berufspendler weitgehend das Parkbild bestimmt haben, wurde 1990 Parkdauerbeschränkung (Scheibe, 2 Std.), in Straßen mit Geschäftsbesatz an 100 Plätzen zusätzlich Gebührenpflicht eingeführt.

Eine im Oktober 1991 angestellte Nachher-Untersuchung ermittelte 251 Parkfälle von **Lizenzinhabern**, die offensichtlich unter Ausnutzung ihrer Lizenz auch Wege innerhalb des Quartiers (1 km²) mit dem Pkw unternehmen. Unter den **Parkfällen** ohne Lizenz treten zahlreiche Hüpfverkehre, verbreitet aber immer noch Parkdauerüberschreitungen auf. Berufspendler stellen die Scheibe weiter oder nehmen kurze Parkwechsel vor.

Die Kontrolle (feste Routen, feste Zeiten) ist so nicht geeignet, das Bewirtschaftungsziel zu erreichen. Die "Körnigkeit" des Konzeptes, i.w. also die räumliche Geltung der Anwohnerlizenzen wird auf Basis dieser Ergebnisse neu diskutiert.

In den Straßen des "engeren" Quartiers ergibt 1991 folgendes Bild der Regelbefolgung: mit einem Maximum um 10 Uhr vormittags parken über den Tag 250 bis 300 Nicht-Lizenzierte länger als 2 Stunden, überschreiten also die Höchstparkdauer. Diese Parker machen um 10 Uhr 35 %, m 14 Uhr 30 % aller gleichzeitig Parkenden im engeren Quartier aus.

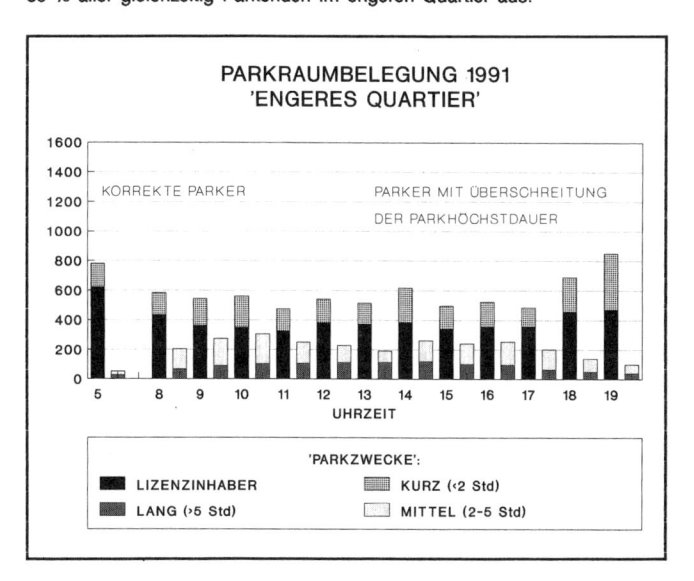

Fazit: Das Parkraumkonzept muß den Parkraum entsprechend dem Betrieb, d.h. nach Zugänglichkeit und Benutzungsbedingungen inventarisieren. Dieses Inventar ist notwendigerweise über den Wochentag (und nach Wochentagen) unterschiedlich und nach Attraktivität für die verschiedenen Nachfragegruppen differenziert. Erst ein solchermaßen "dynamisiertes" Inventar kann der aktuellen Nachfrage sinnvoll gegenüber gestellt werden.

Die unterschiedlichen Betriebsformen für Parkraum sollen die einzelnen Nachfragegruppen unterschiedlich "treffen", d.h. die Parkraumangebote unterschiedlich attraktiv machen bzw. selektiv auf Nachfrage wirken. Selektionswirkungen sind nur bei Nachfrageüberhang zu erwarten: Wenn Einschränkungen und Kosten jederzeit durch Ausweichen (räumlich und/oder zeitlich) umgangen werden können, verlieren sie ihre Wirksamkeit.

*Für den Entwurf, die Beratung und den Beschluß eines Betriebskonzeptes ist es unverzichtbar, die **Zielgruppen** zu kennen und zu definieren. Unklarheiten oder Undeutlichkeiten in dieser Phase können das Konzept in späteren Phasen gefährden oder seine Wirkung neutralisieren.*

*Wer betreibt Parkraum wo, zu welchen Bedingungen und für wen? Das ist die Frage, durch die erst Parkkapazitäten sinnvoll diskutierbar werden. Der "Betrieb" des Parkraums macht seine **Attraktivität**, aber auch seine **Selektivität** aus. Strategisches Ziel des Parkraumbetriebs ist die Reduzierung der Nachfrage auf den **Bedarf**.*

Quelle: 23

3.3 Erreichbarkeits-Äquivalente

Sämtliche empirischen Untersuchungen zur Reaktion von motorisierten Berufspendlern auf Parkraumverminderung oder -verteuerung ergeben "Umsteigen auf andere Verkehrsmittel" als mit großem Abstand häufigste Verhaltensweise: Niemand gibt seinen Arbeitsplatz auf, weil er nicht in dessen Nähe parken kann. Die Frage nach der Reaktion auf Parkraumverknappung oder "Verteuerung" bei anderen Reisezwecken ist nicht gleichermaßen eindeutig zu beantworten. Einkaufs- und Freizeitwege haben eine "freiere" Zielwahl als Berufspendlerwege.

Im Zusammenhang eines Parkraumkonzeptes ist die Frage "umgekehrt" zu stellen, nämlich: Welcher Anteil an Parkmöglichkeiten am Ziel ist ggf. verzichtbar, wenn die Erreichbarkeit mit anderen Verkehrsmitteln optimiert wird?

Erreichbarkeit ist für praktisch alle Nutzungen lebens- und "überlebenswichtig", Erreichbarkeit und Zentralität sind praktisch Synonym. Dazu ein **Beispiel**:

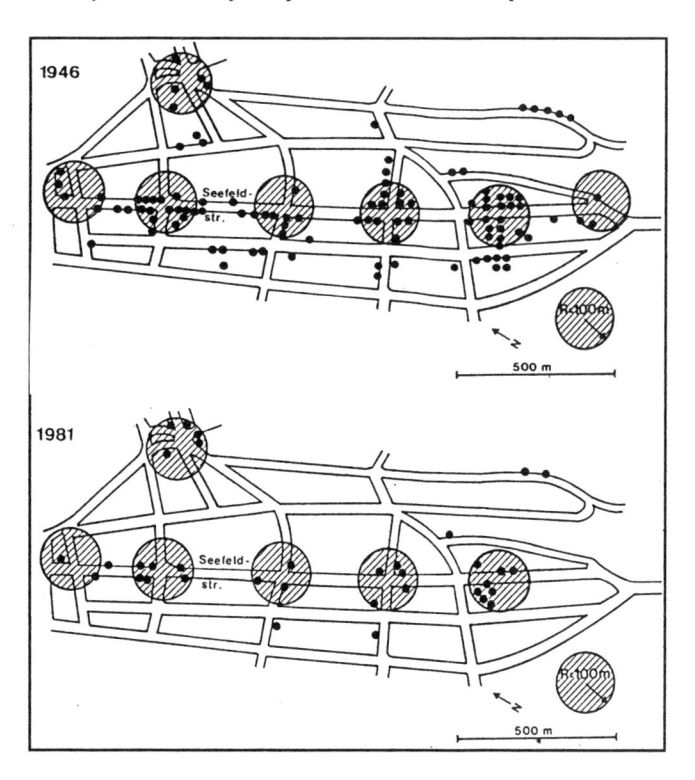

Die beiden Pläne geben für 1946 und 1981 Anzahl und Lage von Betrieben des "Lebensmittel-Detailhandels" in **Seefeld** und die unmittelbaren Einzugsbereiche der Straßenbahnhaltestellen wieder. Die "Standortkarrieren" der Geschäfte im Einzugsbereich der Haltestellen sind mit Abstand erfolgreicher verlaufen, 1981 gibt es außerhalb dieser Einzugsbereiche nur noch vereinzelte Läden, obwohl dort ein größeres Parkraumangebot bestand. Im Gesamtquartier hat die Bevölkerung im betrachteten Zeitraum stark abgenommen. (Quelle: 46)

Vieles spricht dafür, daß die auf direkte Pkw-Anfahrbarkeit und großzügige Parkraumausstattung abgestützte Selbstbeurteilung des Handels nicht mit seinen tatsächlichen Chancen und Erfolgen übereinstimmt:

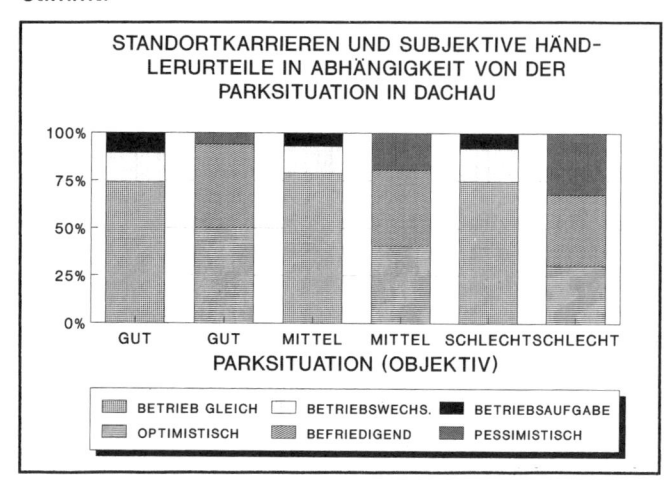

Im Zentrum der Mittelstadt Dachau wurden die Standorte des Einzelhandels von 1981 bis 1986 nach ihrer "Karriere" untersucht (Quelle: 76): Jeder Standort wurde nach seiner Parksituation eingeordnet. In Lagen mit (relativ) guter Parkraumausstattung (über 9,5 Parkstände im 300 Meter Einzugsbereich pro Betrieb) kam es gleichhäufig zu Betriebsauflösungen (kein Einzelhandelsgeschäft mehr an dieser Stelle), zu Betriebswechsel (anderes Geschäft an dieser Stelle) und "Persistenz" (gleicher Betrieb arbeitet weiter) wie in den Lagen mit mittlerer und schlechter Parkraumausstattung (unter 6,5 Parkstände im 300 Meter Einzugsbereich). Deutlich bildet sich die Parkraumausstattung aber in der Beurteilung in der Geschäftsentwicklung durch die Händler ab: Optimimus herrscht bei 50 % in guten, bei 30 % in schlechten "Parklagen".

Wenn und weil Erreichbarkeit der Zentren lebenswichtig ist für die dortigen Nutzungen, wenn andererseits ein "objektives" Interesse besteht nach einer Minimierung von Parkraum, muß ein Parkraumkonzept sich notwendigerweise mit "Erreichbarkeits-Äquivalenten" beschäftigen.

Die Selektivität, die der **Betrieb** von Parkraum leisten soll, betrifft die nicht-qualifizierte Nachfrage: sie soll soweit abgehalten werden, daß die qualifizierte Nachfrage stadtverträglich befriedigt werden kann. Mit der dritten Strategie-Dimension der **"Erreichbarkeits-Äquivalente"** wird das Fernhalten der nicht-qualifizierten Nachfrage unterstützt, es werden attraktive Alternativen angeboten, andererseits wird damit auch die **qualifizierte Nachfrage**, also der unbestreitbar bestehende Bedarf **reduziert**.

Mit der Einführung dieser dritten Strategie geht das Konzept über die Ebene des "Systems Kfz-Verkehr" hinaus und berücksichtigt diejenigen Eingriffe, die den Vekehrsbedarf im MIV überhaupt betreffen.

Die weitreichendste Strategie, die langfristig aber zugleich die meisten Erfolge verspricht, ist diejenige der **Vermeidung** von Kfz-Verkehr in einer **Stadt der kurzen Wege**.

Die bisherige Entwicklung ist gegenteilig verlaufen: die **Stadt Wiesbaden** z.B., Oberzentrum mit einem breiten Angebot für höchste Bedarfsstufen, hat in einer Einzelhandelsuntersuchung 1981 ermittelt:

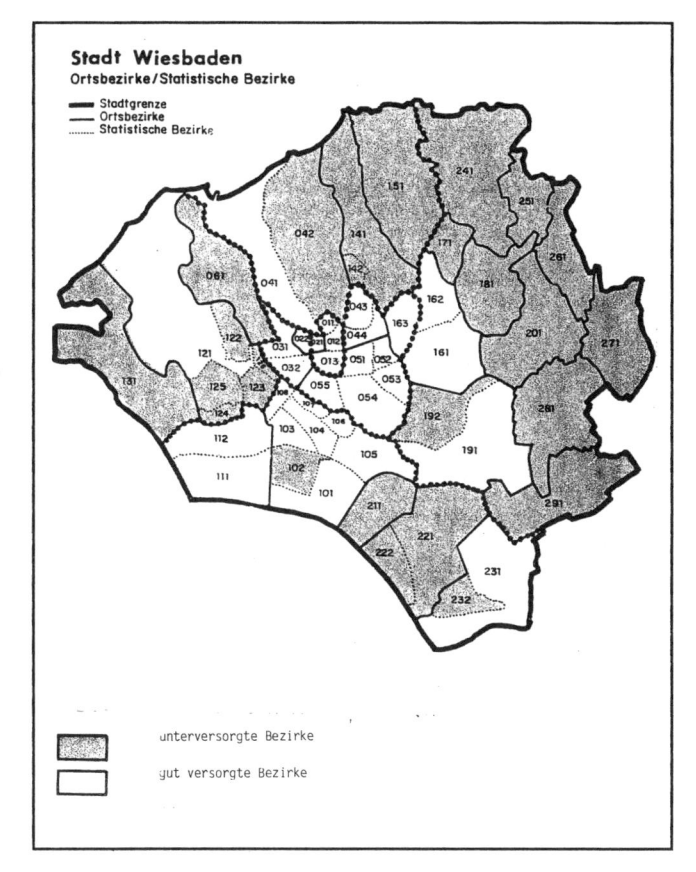

"Im Ergebnis kann festgestellt werden, daß ein Drittel der Wiesbadener Bevölkerung in Gebieten nicht angemessener Nahversorgung mit Nahrungs- und Genußmitteln lebt. 23 % der Bevölkerung, d.h. fast ein Viertel, lebt in Gebieten, in denen rein rechnerisch mindestens zwei Indikatoren unter der Grenze liegen." (Quelle: 88)

Ähnliche Ergebnisse sind bei gleichen Untersuchungen in Bremen ermittelt worden. Die räumliche Verdichtung hat zusätzlich ihren Preis in Monopolisierung und Verzicht auf Vielfältigkeit: die **Bremer Innenstadt** z.B. mit 50 ha Fläche hat 80 selbständige Einzelhändler, das citynahe Mischgebiet "Ostertor" hat auf 30 ha 300 selbständige Einzelhändler !

Das Ergebnis der Unterversorgung großer Stadtgebiete wird wie in Großstädten auch in Mittelstädten verbreitet angetroffen: mehrere Stadtteile der Stadt Bergheim/Erft haben **kein** oder allenfalls ein Einzelhandelsgeschäft. Die Stadtstruktur "erzeugt" damit notwendige Verkehre, die unter Bedingungen dünner ÖPNV-Angebote dann notwendig mit dem Pkw zurückgelegt werden müssen.

Initiativen zum Umkehren dieses Trend kommen in Mittelstädten nur langsam auf und setzen sich nur gegen erhebliche Widerstände durch: in Lübeck, Esslingen und anderen Städten mit denkmalwürdiger Bausubstanz gelingt es durch Verbot von Parzellenzusammenlegung, Erschwernissen gegen die gewerbliche Nutzung oberer Geschosse etc. zumindest teilweise, die Gewerbekonzentration im Zentrum aufzuhalten und stattdessen das innerstädtische Wohnen zu fördern.

Die Strategie der kurzen Wege beeinflußt das Verkehrsaufkommen über die geänderte Distanzstruktur: nähere Wege werden von vornherein mit dem Fahrrad oder zu Fuß unternommen.

Bei (zunächst) fortbestehender räumlicher Trennung von Wohnen und Zentren der Beschäftigung, Besorgung und Kultur müssen **Erreichbarkeits-Äquivalente** durch **relative Attraktivierung** des "Umweltverbundes" geschaffen werden:

- dichte Bedienung mit ÖPNV-Angeboten, um die **Verfügbarkeit** von stadtverträglicher Mobilität derjenigen mit dem Auto tendenziell anzugleichen
- zweckmässige Tarif- und Fahrkartenkonzepte: mit der übertragbaren Netzkarte ("Umweltabo") sind **Wegeketten** über **innerstädtische Stationen** sogar billiger und bequemer als mit dem Auto abzuwickeln
- ÖPNV-**Beschleunigung** durch Busspuren, Pförtneranlagen, Bevorzugung von Bussen an Lichtsignalanlagen
- **Zentralitätsgewinne** durch Führung des ÖPNV über autofreie Straßenabschnitte;
- Die **Zu- und Abgangswege** zum Parkplatz wie zu den OPNV-Haltestellen gleichen sich in einigen Parkraumkonzepten bereits tendenziell an
- Die Bevorzugung von **Radfahrer-** und **Fußgängerverkehr** in Straßen und insbesondere bei Fahrbahnquerungen legt den Verzicht auf das Auto für kurze Strecken nahe, das Aussteigen und zu Fuß gehen ist damit oft schneller als das Weiterfahren.

Die Stellplatzpolitik einiger Städte hat den Schritt von der räumlichen Verlagerung (nämlich des Parkens auf periphere Plätze, die z.B. mit den Ablösegeldern finanziert werden) zu Verlagerungen auf andere Verkehrsmittel geschaffen: in Dortmund, Düsseldorf, Frankfurt und Lörrach z.B. geschieht die Ablösung der Stellplatzverpflichtung dadurch, daß Arbeitgeber ihre Beschäftigten mit ÖPNV-Fahrkarten ausstatten.

Den Zusammhang zwischen der Erreichbarkeit des Zentrums und "Parkpreis" hat das aktuelle Parkraumkonzept Kassel anschaulich auf den Begriff gebracht:

> 1. Vom Ausgangspunkt bis zum Ziel können die Verkehrsmittel des Umweltverbundes genutzt werden.
> Daraus folgt: Der beste Parkplatz liegt vor der eigenen Haustür und kostet kein Geld.
> 2. Vom Ausgangspunkt bis zum Ziel kann der Umweltverbund nur abschnittsweise benutzt werden.
> Daraus folgt: Der zweitbeste Parkplatz ist ein P&R-Parkplatz, er kostet kein bis wenig Geld.
> 3. Vom Ausgangspunkt bis zum Ziel kann der Umweltverbund nicht genutzt werden.
> Daraus folgt: Der drittbeste Parkplatz ist der Zielparkplatz, dieser ist knapp und entsprechend teuer.
>
> **Fazit:**
> **Wenn jeder fährt, stehen alle.**

Quelle: 92

Erreichbarkeits-Äquivalente müssen funktional, aber auch **sozial-emotional** ernst genommen werden: Das Auto ist neben seiner Transportfunktion zugleich Spielzeug und Statussymbol; andere Verkehrsmittel sind erst langsam dabei, "ihr" Eigenschaften-Profil zu verändern: Bus und Bahn helfen Streß vermeiden, Fahrradfahren ist "gesellschaftsfähig" geworden, sogar mit sportlichem Anstrich, zu Fuß Gehen repräsentiert die bewußte Nutzung, den "luxuriösen" Umgang mit demjenigen Gut, an dem der größte Mangel besteht, nämlich **Zeit**; Slogan: "Die Zeit, die nehm' ich mir."

Allerdings: Während auch Mittelstädte häufig gute bis ausreichende ÖPNV-Qualitäten im stadtteilverbindenden Verkehr haben und für solche Relationen i.a. auch das Fahrrad akzeptabel ist, lassen die ÖPNV-Verbindungen mit dem (insbesondere ländlichen) Umland oft zu wünschen übrig: Zeitliche und räumliche Abdeckung mit Angeboten von Bus und Bahn sind unbefriedigend, die Verkehrsbetriebe sind nicht in den Händen der Stadt, kurzfristig sind wesentliche Verbesserungen kaum möglich.

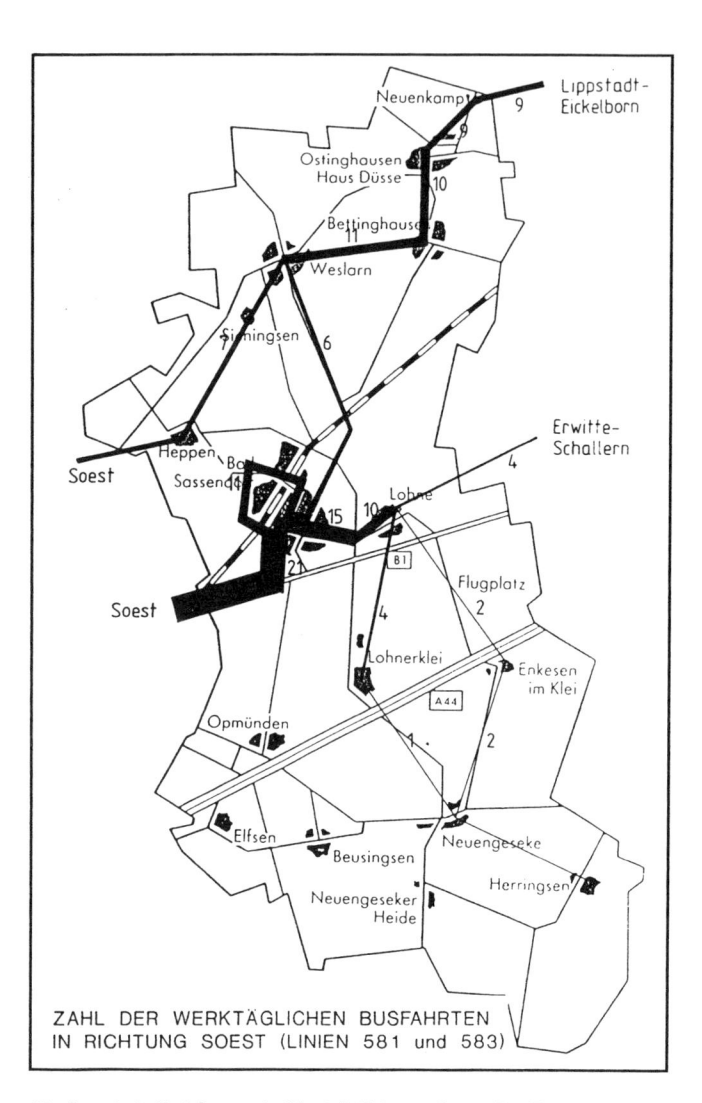

ZAHL DER WERKTÄGLICHEN BUSFAHRTEN IN RICHTUNG SOEST (LINIEN 581 und 583)

Die Gemeinde Bad Sassendorf liegt östlich von Soest. Der Zentralort ist mit 21 Nahverkehrszügen und 21 Bussen täglich an Soest angebunden, die Ortsteile haben sehr viel schlechtere, teils sogar nur 1 bis 2 mal tägliche Verbindungen.

Berufspendler sind (wegen der langen Parkdauer und der Regelmäßigkeit ihrer Mobilitätsprogramme) die bevorzugte Zielgruppe von Parkrestriktionen; ihnen kann ein Umsteigen auf andere Verkehrsmittel oder andere Reiseorganisationen (Fahrgemeinschaften) am ehesten zugemutet werden, auch unter nicht-optimalen ÖPNV-Bedingungen.

Die Parkmöglichkeiten, die auch für Berufspendler aus schlecht mit ÖPNV bedienten Umlandgemeinden vorgehalten werden (müssen), können mit Bezug auf die langen Parkdauern weiter entfernt von den Zielen (Arbeitsplätzen) liegen; Entfernungen von 10 bis 15 Minuten Gehzeit und/oder kurze Busfahrten werden durchaus akzeptiert. D.h. notwendige Plätze für Berufspendler können deutlich außerhalb des Zentrums von Mittelstädten liegen.

Erreichbarkeits-Äquivalente bestimmen, welche Anteile der heutigen Parknachfrage verzichtbar sind oder verzichtbar gemacht werden können, ohne daß auf Mobilität im Sinne von Teilnahmechancen verzichtet werden muß. Dafür gibt es bereits ermutigende Beispiele:

Beispiel 1 : StadtteilAUTO, die Utopie einer stadtverträglichen Mobilität

DIE UTOPIE!

Ein Tag im Jahre 1992:

Morgens beim Frühstück fällt Hedwig O. aus der Bismarckstraße ein, daß sie an diesem Tag nach der Arbeit ihrer Schwester in Laurensberg den ausgeliehenen Kinderwagen zurückbringen wollte. Sie greift zum Telefon, ruft die rund um die Uhr besetzte Buchungszentrale des StadtteilAUTOs an und bestellt sich ein Fahrzeug: "Ich bin Mitglied Nr. 243. Bitte reservieren Sie mir einen der Kombi's von Standplatz 4, und zwar heute von 17 bis 19 Uhr."

Der Koordinator in der Buchungszentrale kontrolliert, ob in der gewünschten Zeit noch ein Fahrzeug von Standplatz 4 frei ist (ansonsten müßte er auf die benachbarten Standplätze 3 oder 5 ausweichen), trägt die Buchung ein und bestätigt: "O.k., Wagen Nr. 3 ist für Sie reserviert. Viel Spaß!"

Gegen 16.30 Uhr verläßt Hedwig O. das Haus und geht in Richtung Neumarkt, wo mehrere StadtteilAUTOs auf einem dafür reservierten Standplatz stehen (die übrigen Standplätze liegen gleichmäßig verteilt im Viertel). Auf dem Weg macht Hedwig O. noch einen kleinen Abstecher zur Oppenhoffallee, wo sie in das Frankenberger Viertel VERKEHRSBÜRO geht (welches auch die StadtteilAUTOs verwaltet). Sie möchte nämlich am folgenden Wochenende mit der gesamten Familie ihre Eltern in Essen besuchen und bestellt sich daher noch schnell eine Bundesbahnfahrkarte und läßt sich gleichzeitig die Zugverbindungen ausdrucken.

Hedwig O. nimmt sich aus dem Verkehrsbüro noch die neuen, noch druckfrischen Fahrrad-Ausflugs-Tips mit und geht zum Neumarkt. Aus dem neben dem Standplatz angebrachten Tresor entnimmt sie den Schlüssel für Wagen Nr. 3, steigt ein und fährt in Richtung Laurensberg. ...

... Gegen 18.45 Uhr kommt Hedwig O. wieder am Neumarkt an. In den im Fahrzeug liegenden Fahrtbericht trägt sie die Abfahrts- und Ankunftszeit sowie den km-Stand ein und vermerkt, daß der Scheibenwischer öfters "hakt" (damit sich die Zentrale um den Fehler kümmert). Sie deponiert den Autoschlüssel im Tresor und geht zufrieden nach Hause. ...

... Am Ende des Monats erhält Hedwig O. vom Verkehrsbüro die Rechnung über diese sowie ihre sonstigen Fahrten mit dem StadtteilAUTO, über die Fahrten mit der Bundesbahn sowie ihren Monatsbeitrag im Verkehrsbüro.

Obwohl Hedwig O. seit November 1990, dem Gründungsmonat des StadtteilAUTOs kein eigenes Auto mehr besitzt, ist sie durch das StadtteilAUTO genauso mobil wie zuvor - denn das StadtteilAUTO ist nahezu jederzeit verfügbar. Die normalen Stadtfahrten erledigt sie mit der ASEAG (ihre Familie besitzt eine übertragbare Monatskarte im Dauer-Abo), und nur für sehr umständliche Fahrten oder Transporte leiht sie sich ein StadtteilAUTO.

Das Stadtteil AUTO ist in einigen Städten bereits Realität; es reduziert nicht nur die Zahl der Autofahrten der Mitglieder, sondern senkt zugleich mit dem Autobesitz auch den Parkplatzbedarf "an der Quelle", nämlich bei der Wohnung. (Quelle: 131)

Beispiel 2: Förderung des fließenden und ruhenden Radverkehrs

Hundestraße in Lübeck: Wenn die alle mit dem Auto gekommen wären ... (Quelle: 105)

In der **Göttinger Innenstadt** nimmt die Zahl der **Fahrrad-Abstellplätze** seit 20 Jahren zu, weitere sind geplant, die Zahl der **Parkmöglichkeiten** insgesamt bleibt etwa gleich. Die Fahrrad-Abstellplätze liegen wesentlich zentraler als die Parkmöglichkeiten, Radfahren führt also näher ans Ziel als Autofahren. Das Ergebnis: zumindest in bestimmten Bereichen der Innenstadt sind nicht-motorisierte Wege deutlich in der Mehrheit, der Fahrrad-Anteil ist von 7 auf 12 % gestiegen. (Quelle: 119)

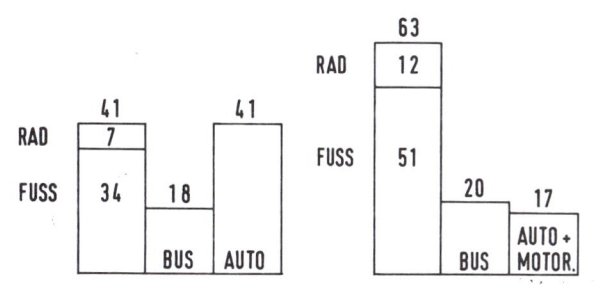

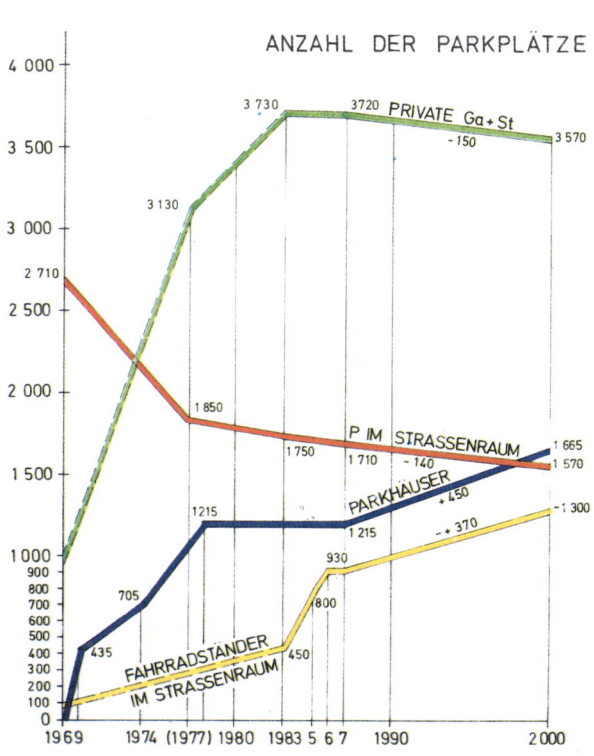

Beispiel 3: Stadtbus-System in einer Kleinstadt

Die Schweizer Kleinstadt Frauenfeld mit rd. 20.000 Einwohnern betreibt einen Stadtbus mit 7 Linien, großenteils in 15 Minuten Takt mit Midibussen. Dieses Angebot kann von fast 80 % der Einwohner bei Weglängen unter 240 Meter zur nächsten Haltestelle genutzt werden, nur 7 % der Einwohner wohnen außerhalb eines Einzugsbereiches von 360 Meter.

Einwohner im Haltestellenbereich aller öffentlichen Verkehrsbetriebe auf dem Gebiet der Stadt Frauenfeld Stadtbus / PTT / FW-Bahn / AGF

Betrieb	Maximale Gehdistanz		Einwohner	
	Luftlinie Meter	Effektiv Meter	absolut	%
Stadtbus	200	240	15'267	76,3
	300	360	1'942	9,7
PTT Regionalbetrieb	300	360	1'129	5,6
Autobusbetrieb Gachnang-Frauenfeld	300	360	93	0,5
Frauenfeld-Wil-Bahn	300	360	102	0,5
keine ÖV-Erschliessung	gleich mehr als 360 Meter effektive Gehdistanz		1'467	7,3
Total	200-300	240-360	20'000	100

(86,0)

Quelle: 117

Der Erfolg: Im Vergleich zu anderen Städten dieser Größenordnung hat sich der Pkw-Anteil vermindern, derjenige des ÖPNV vor allem für Einkaufs- und Besorgungsfahrten deutlich steigern lassen (zum Vergleich: in westdeutschen Städten unter 50.000 Einwohner beträgt der Pkw-Anteil beim Einkauf zwischen 60 und 70 % je nach Wochentag).

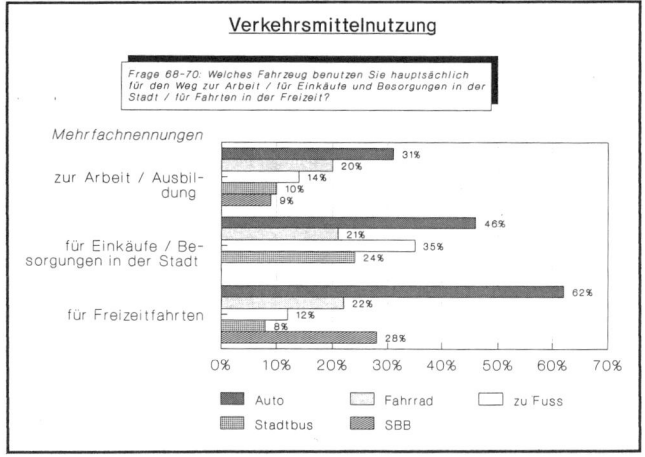

Verkehrsmittelnutzung

Frage 68-70: Welches Fahrzeug benutzen Sie hauptsächlich für den Weg zur Arbeit / für Einkäufe und Besorgungen in der Stadt / für Fahrten in der Freizeit?

Mehrfachnennungen

zur Arbeit / Ausbildung: 31%, 20%, 14%, 10%, 9%

für Einkäufe / Besorgungen in der Stadt: 46%, 21%, 35%, 24%

für Freizeitfahrten: 62%, 22%, 12%, 8%, 28%

Legende: Auto / Fahrrad / zu Fuss / Stadtbus / SBB

Quelle: 117

Beispiel 4: Fahrgemeinschaften für Berufspendler

"Heute sind ca. 73 Mio Amerikaner täglich mit Fahrzeugen zur Arbeit unterwegs. 16 Mio davon sind in Fahrgemeinschaften organisiert" (ADAC 1982).

Ein Viertel der bei Opel in Rüsselsheim Arbeitenden mit Wohnstandort außerhalb der Stadt kommen ganzjährig in Fahrgemeinschaften; insgesamt bestehen dort 1.300 Fahrgemeinschaften mit über 4.000 Beteiligten. Die Firmenleitung "belohnt" die Teilnehmer dadurch, daß die Schichteinteilung entsprechend geplant wird.

Insbesondere Arbeitgeber in Innenstadtlagen "betreiben" häufig Parkierungsanlagen für ihre Mitarbeiter; diese sehen nach einiger Zeit darin einen "Besitzstand", den es massiv zu verteidigen gilt. Der innerstädtische Handel dagegen geht sehr viel "sparsamer" mit seinen teueren Parkkapazitäten um: von rd. 200 Einstellplätzen des Karstadt-Parkhauses in Lüneburg sind weniger als 20 für das eigene Personal reserviert. Insgesamt kommen

- in Großstädten 3 - 7 %

- in Mittelstädten 7 - 15 %

der bei großen Einzelhandelsunternehmen Beschäftigten mit dem Pkw /34/. Einer der Berechtigungsgesichtspunkte für die Zuteilung eines Parkplatzes ist vielfach die Beteiligung an einer Fahrgemeinschaft.

In der Diskussion um Parkraumkonzepte spielt der Vorwurf mit, die Stadtverwaltung selber gebe mit ihrer Parkpolitik gegenüber ihren Mitarbeitern ein unrühmliches Beispiel. Diese Vorwürfe sind oft berechtigt.

Fazit und Zusammenfassung der systematischen Strategiedimensionen.

*Die 3 bisher vorgestellten Strategiedimensionen beeinflussen die faktischen Park- und Mobilitätsbedingungen der Betroffenen, sie können als die **"systematischen"** Dimensionen der Strategie bezeichnet werden und sind zu unterscheiden von der vierten, noch vorzustellenden **"kommunikativen"** Dimension der Strategie. Diese 4. Strategiedimension ist eine "Begleitmaßnahme", eine, wenn auch unverzichtbare und den Effekt ggf. erst realisierende Zusatzdimension.*

Die Erarbeitung der Strategie für das Parkraumkonzept muß die drei systematischen und nur analytisch von einander zu trennenden Dimensionen integrieren, d.h. in allen Arbeitsschritten aufeinander beziehen.

Diese (anspruchsvolle) Aufgabe soll mit dem Begriff der "qualifizierten Bilanz" vorgestellt werden; es bietet sich ein Vorgehen in mehreren Stufen bzw. auf mehreren Bearbeitungsebenen bzw. anhand mehrerer "Prüfgrößen" an:

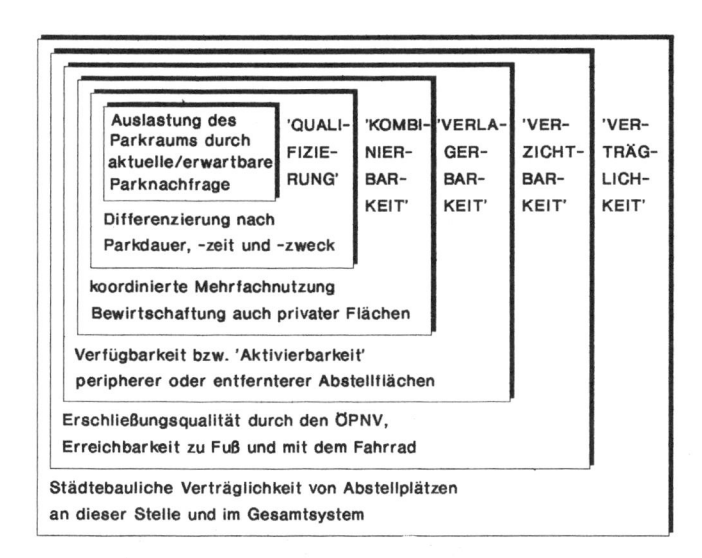

```
┌─────────────────────────────────────────────────────────────┐
│ ┌─────────────────────────────────────────────────────────┐ │
│ │ ┌──────────────┬───────┬───────┬───────┬───────┬──────┐ │ │
│ │ │ Auslastung des│'QUALI-│'KOMBI-│'VERLA-│'VER- │'VER- │ │ │
│ │ │ Parkraums durch│FIZIE- │NIER- │GER-   │ZICHT- │TRÄG- │ │ │
│ │ │ aktuelle/erwartbare│RUNG' │BAR-   │BAR-   │BAR-   │LICH- │ │ │
│ │ │ Parknachfrage│       │KEIT'  │KEIT'  │KEIT'  │KEIT' │ │ │
│ │ ├──────────────┴───────┴───────┴───────┴───────┴──────┤ │ │
│ │ │ Differenzierung nach                                │ │ │
│ │ │ Parkdauer, -zeit und -zweck                         │ │ │
│ │ ├─────────────────────────────────────────────────────┤ │ │
│ │ │ koordinierte Mehrfachnutzung                        │ │ │
│ │ │ Bewirtschaftung auch privater Flächen               │ │ │
│ │ ├─────────────────────────────────────────────────────┤ │ │
│ │ │ Verfügbarkeit bzw. 'Aktivierbarkeit'                │ │ │
│ │ │ peripherer oder entfernterer Abstellflächen         │ │ │
│ └─┴─────────────────────────────────────────────────────┘ │
│ Erschließungsqualität durch den ÖPNV,                      │
│ Erreichbarkeit zu Fuß und mit dem Fahrrad                  │
└─────────────────────────────────────────────────────────────┘
Städtebauliche Verträglichkeit von Abstellplätzen
an dieser Stelle und im Gesamtsystem
```

- *Den Ausgangspunkt der Bilanzierung bilden die aktuelle oder die erwartbare **Nachfrage** und das vorhandene oder das geplante **Angebot**; die aktuelle Nachfrage auch in ihren (zeitlichen und räumlichen) Schwerpunkten zu befriedigen, dürfte in den Zentren der Mittelstädte inzwischen schon räumlich und finanziell nur in seltenen Fällen möglich sein.*

- *Richtgröße der Parkraumplanung mit dem Ziel möglichst weitgehender Befriedigung ist die **"qualifizierte Nachfrage"**, also die unter je örtlichen Bedingungen auf Abstellplätze angewiesene Nachfrage. Die aktuelle Nachfrage muß durch Bewirtschaftungsinstru-*

mente, i.w. Bevorrechtigungen, ggf. Ausnahmegenehmigungen, Dauerbegrenzung und Gebühren selektiert werden.

- *Durch koordinierte **Mehrfachnutzung**, ggf. auch den koordinierten "Betrieb" privater Anlagen kann die Leistungsfähigkeit des Parkangebotes erheblich vermehrt, seine Nutzbarkeit also rationalisiert werden.*

- *Kapazitäts- und Verträglichkeitsgründe können dafür sprechen, auch Teile der qualifizierten Nachfrage nicht zielnah, sondern in weiter **entfernten Anlagen** (dazu zählt auch P+R) zu bedienen.*

- *Die **Verzichtbarkeit** von Parkraum aufgrund guter ÖPNV-Erreichbarkeit oder guter Bedingungen für Radfahrer und Fußgänger geht einerseits bereits in die Definition der qualifizierten Nachfrage ein, andererseits bildet sie eine Bestimmungsgröße für die Dimensionierung des notwendigen Parkangebots.*

- ***Verträglichkeit**, und zwar im Straßenraum, im städtebaulichen Zusammenhang wie im Kontext des gesamten Verkehrssystems stellt die umfassendste Prüfgröße dar, z.B. insofern, als bei Unverträglichkeit von Parkraum an dieser Stelle ggf. die ÖPNV-Bedienung verbessert, die "Verzichtbarkeit" von Parkraum also erhöht werden muß.*

*Die **qualifizierte Parkbilanz** wird vermutlich für unterschiedliche **Gebietstypen** unterschiedlich ausfallen, dementsprechend können kaum pauschale Richtzahlen oder Anteilswerte genannt werden.*

*"**Qualifizierung**" als Standard für die **Nachfrage** und "**Verträglichkeit**" als Standard für das **Parkraumangebot** sind unverzichtbar. Finanziell, sozial und ökologisch sind die "Kosten" des Parkens so stark angestiegen, daß mit dem knappen Gut sehr wirtschaftlich umgegangen werden sollte. Die Genehmigungs- und Förderinstanzen auf Bundes- und Länderebene legen inzwischen strenge Maßstäbe an, die Bevölkerung ist inzwischen weitgehend sensibel geworden, die kommunalen Haushalte haben mit dem enger gewordenen Rahmen zugleich erhöhte Legitimationsprobleme, nicht ausreichend qualifizierte Nachfrage ohne den Nachweis städtebaulicher Verträglichkeit zu erfüllen.*

3.4 Konsensbildung und Marketing

Ein Parkraumkonzept muß beschlossen werden, also mehrheitsfähig sein; in der alltäglichen Praxis braucht es Akzeptanz, also Befolgung sowohl durch Instruktivität und Einsicht, als auch durch Kontrolle und Sanktionen.

Die Strategie-Dimensionen Mengenpolitik, Betrieb und Erreichbarkeitsäquivalente betreffen "das **Produkt**": den Parkraum mit seiner Menge, seinen Regelungen, auch seiner "Verzichtbarkeit". Ebenso wichtig ist aber der **Prozeß** der Erörterungen und Entscheidungen. Die Beteiligten und Betroffenen müssen sich in den Befunden "wiederfinden", die Gründe für das Konzept einsehen und die neue Realität aktiv mittragen. Das **Produkt Parkraumkonzept** braucht von vornherein ein **offensives Marketing** !

Anhand gelungener Beispiele können einige wichtige Strategie-Elemente verdeutlicht werden; entsprechend den unterschiedlichen Zielen (auch Stadien des Planungs- und Umsetzungsprozesses) sind die Beispiele gegliedert in

- 3 Beispiele zur Konsensbildung bzw. -verstärkung im Planungs- und Entscheidungsprozeß und

- 2 Beispiele der "Vermarktung" eines (zumindest implizit) beschlossenen Konzeptes, also Beispiele der Information, des Appells und der Akzeptanzverstärkung.

- 1 Beispiel für gezielte Verhaltensänderungen

1. Beispiel: Konsensbildung durch Appell an eigene Interessen

Der **Prozeß** und seine Qualität läßt sich am **Ergebnis** ablesen: Geschäftsleute des Zentrums in Delbrück haben 463 Stellplätze vertraglich in die Regie der Stadt übergeben, die dort Dauerbegrenzung angeordnet hat und deren Einhaltung auch überwacht wird. Der freiwillige Verzicht auf die Verfügung über eigene Flächen muß, da er nicht durch Einnahmen belohnt wird, aus Einsicht in anderweitigen Nutzen geschehen sein: die Überzeugung nämlich, daß die Vermehrung der Parkchancen durch Dauerbegrenzung (die Dank der Kontrolle auch eingehalten wird) dem eigenen Geschäft zu Gute kommt. Das Parkkonzept appelliert hier also an wohlverstande eigene Interessen.

2. Beispiel: "Runder Tisch" mit allen Beteiligten und Betroffenen

Ein "Optimum" in Bezug auf Aushandlungsprozesse stellt das Vorgehen in der Limburgischen Provinzhauptstadt **Maastricht** (NL) dar:

1972 wurden mit Prognosehorizonten 1980 und 1990 umfassende Erhebungen zu Mobilität und Verkehrsmittelwahl mit durchgeführt. Ein auf diese Analysen gestützter "Parkeerplan" wurde 1976 politisch beschlossen aber nur unvollständig und inkonsistent umgesetzt. Kern der Vorschläge war mit Gebührenpflicht und Dauerbegrenzung für alle innerstädtischen Abstellplätze der Ausschluß von Berufspendlern.

Die politische Bereitschaft, auf Basis dieser systematischen Untersuchungen und fachplanerisch abgeleiteten Vorschläge zu entscheiden, war nicht absehbar. Daraufhin wurde ein Versuch der **kommunikativen Problemlösung** mit **systematischen Zuarbeiten** unternommen: eine "Begeleidingsgroep Parkeerplan" mit Repräsentanten aller mittelbar und unmittelbar betroffenen Gruppen von Einzelhändlern über Spediteure, Polizei, ÖPNV bis zur Fremdenverkehrsorganisation tagte in enger Folge von 1984-1986 und arbeitete nach einer in "interaktiven" Interviews üblichen Methode: den Forderungen jeder Gruppe wurden sowohl die Forderungen der anderen Gruppe als auch die (auf Basis der Datenbestände unmittelbar abschätzbaren) Folgen der eigenen Forderungen entgegengestellt. Das Ergebnis dieser systematisch angeleiteten Aushandlungsprozesse war ein Konzept mit einem breiten Konsens; die Einbindung der Gruppenvertreter in den Bearbeitungs- und Entscheidungs**prozeß** hat ihre Einsichten und Kompromißfähigkeiten deutlich gesteigert.

Innenstadtbezogenes Parken ist nur noch entlang von "Parkeerrouten" und von diesen aus kurz und verträglich zu erreichenden gebührenpflichtigen Anlagen möglich. 2 entscheidende Veränderungen:

- Parken auf dem Markt (218 Plätze) wird an die Maas-parallele Parkroute verlegt
- Parken in der Tiefgarage unter dem Vrijthof (210 Plätze) wird künftig für Anwohner und andere Lizenzinhaber reserviert.

```
                              § 1
Herr [...] überläßt der Stadt Delbrück die in der anliegenden Skizze farbig
dargestellte Teilfläche der Parzellen Gemarkung Delbrück, [...]
[...] als Parkplatz.

                              § 2
Das Vertragsverhältnis beginnt am 01.09.1985 und wird für die Dauer eines Jahres
abgeschlossen. Nach Ablauf dieser Zeit verlängert es sich automatisch jeweils um
ein Jahr, wenn es nicht drei Monate vor Ablauf durch eine der Vertragsparteien
schriftlich gekündigt wird.

                              § 3
Eine Entschädigung wird für die Überlassung der Nutzung nicht gezahlt.

                              § 4
Die Stadt Delbrück ist berechtigt, auf dem Grundstück den Verkehr zu regeln,
insbesondere die Parkzeit bis zu einer Stunde zu begrenzen.
```

Quelle: 68

3. Beispiel: Kleinräumige Erörterungen mit Einladung der Beteiligten nach dem "Schneeballprinzip"

In Esslingen hat nach Veröffentlichung der Erhebungsergebnisse die Diskussion über das Innenstadtkonzept viel an Schärfe verloren, frühere Kontroversen haben sich praktisch erledigt.

Die konkrete Detail-Erörterung geschieht nun für jedes Quartier getrennt. Dabei hat sich jüngst ein Verfahren von Bürgereinladungen nach dem "Schneeballsystem" bewährt: Vertreter aller Teilgruppen eines Quartiers erhalten Einladungen mit der Aufforderung, selber ihre Nachbarn einzuladen. Zahlreiche Abklärungsprozesse finden dann bereits vor den Sitzungen statt, viele Positionen werden durch den Kommunikationsprozeß kompromißfähiger, andere aber auch selbstbewußter und dementsprechend massiver. Der Konsens über die vorgeschlagenen Restriktionen (Anwohnerparkbereiche, verkehrsberuhigte Geschäftsbereiche) hat sich verbreitert und stabilisiert.

Bereits bei der ersten Vorstellung des Innenstadtkonzeptes wurde ein "Fahrplan" der weiteren Erörterungen bekannt gegeben, der von September 1990 bis zum beabsichtigten Beschlußfassungstermin im April 1991 reichte. Der Fahrplan ist inzwischen "gestreckt" worden, er war aber von großem Nutzen, um klar zu machen, daß alle Interessengruppen vor einem Beschluß beteiligt werden.

4. Beispiel: Einprägsame Typisierung der verschiedenen Parkregelungen und Nutzergruppen

Die Stadt Luxemburg hat ihre Parkordnung auf einfache Begriffe gebracht:

- **orange** = mit einer Höchstparkdauer von 2 Stunden und hohen Gebühren können alle Kunden und Besucher parken
- **grün** = bei einer mittleren Parkdauer bis zu 5 Stunden und preiswerten Tarifen können längere Innenstadtbesorgungen und -geschäfte abgewickelt werden
- **P + R** = für Berufspendler und Langzeitparker, keine Parken in der Stadt, stattdessen gratis Parken außerhalb und günstige Tarife für den Bus (die einfache Fahrt kostet soviel wie 1 Std. parken)

Mit den selben, die Reisezwecke anschaulich identifizierenden Motiven wird auf Flugblättern, in Zeitungen, in Broschüren und auf Plakaten das neue Konzept bekannt gemacht.

5. Beispiel: "Vermarktung" von ÖPNV-Angeboten über das Thema "Parken"

Die Aachener Verkehrsbetriebe haben im Herbst 1991, als die Planungen (und kontroversen Diskussionen) um die "fußgängerfreundliche Innenstadt" bereits liefen, mit dem "Parkplatz"-Argument für ihre Leistungen geworben. Damit wird (überfälligerweise) die Parkplatzdiskussion auf die Ebene der Erreichbarkeitsfrage gehoben, und darin ist, was zeitlich und räumliche Dichte angeht, die Busbedienung in Aachen dem Pkw tatsächlich überlegen.

Inzwischen wird das Konzept "fußgängerfreundliche Innenstadt" (etwa dem Lübecker Vorbild entsprechend) in örtlichen und überregionalen Zeitungen mit dem Argument verbesserter Erreichbarkeit "vermarktet".

Quelle: 5

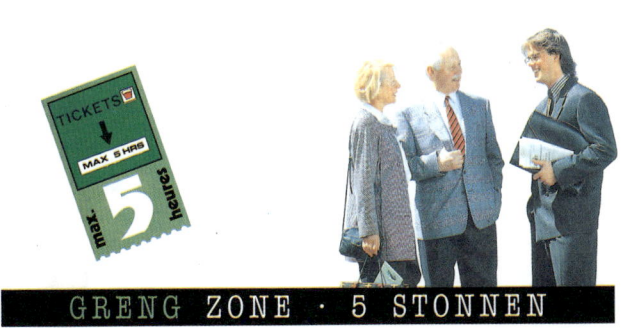

Quelle: 122

Quelle: 2

Beispiel 6: Effekte der "kommunalen Verkehrsüberwachung"

Im Jahr 1986 wurde in Bayern in 21 Städten die "kommunale Verkehrsüberwachung" eingeführt, die die Kontrolle des ruhenden Verkehrs in die Hand der Gemeinden gab. Der ADAC hat in einigen dieser Städte, so auch in Würzburg, Vorher- und Nachher-Erhebungen gemacht. (Quelle: 12)

An rd. 450 Pkw-Abstellplätzen im öffentlichen Straßenraum in Würzburg wurden nach Einführung der kommunalen Verkehrsüberwachung die "Umschläge" pro Platz erhöht, zum Teil in erheblichen Größenordnungen. Die Zahl der falschen Verhaltensweisen (Nicht-Bedienen, Dauerüberschreitungen, etc.) ging an allen Tagen und bei allen Betriebsformen merklich zurück.

In der Zeit war der öffentlich zugängliche Parkraum in Würzburg nahezu 100 % ausgelastet, es bestand also Nachfrageüberhang. Befragungen der Autofahrer vorher und nachher ergaben, daß die meisten in der Wahl ihres Parkortes flexibler geworden sind; der Anteil und die Zeit der Parkplatzsuche hat sich signifikant verkürzt.

Parken im Halteverbot, auf Gehwegen etc. ist an Donnerstagen massiv zurückgegangen, an Samstagen zeigt sich ein uneinheitliches Bild: Parken auf Gehwegen, in der zweiten Reihe und im absoluten Halteverbot ist zurückgegangen, vermehrt hat es sich allerdings Parken im eingeschränkten Halteverbot und in Einfahrten.

Die positiven Ergebnisse wurden u. a. auf wiederholte Publikationen (u.a. "Parkpläne") zurückgeführt.

EFFEKTE DER 'KOMMUNALEN VERKEHRSÜBERWACHUNG' 1986 IN WÜRZBURG, DONNERSTAGS UND SAMSTAGS; 'SCHWARZPARKEN' IN % AN:

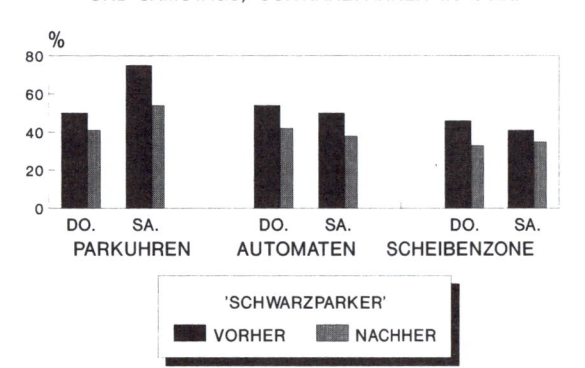

EFFEKTE DER 'KOMMUNALEN VERKEHRSÜBERWACHUNG' 1986 IN WÜRZBURG, DONNERSTAGS UND SAMSTAGS; UMSCHLAGHÄUFIGKEITEN AN:

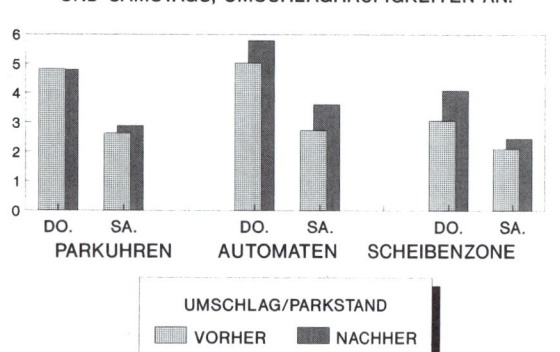

Beispiel 7: Verhaltenswirksame Kontrollprogramme gegen Gehwegparken

Parke nicht auf unseren Wegen

Quelle: 22

Die zunehmende Unsitte vieler Autofahrer, ihr Auto einfach auf den Geh- oder Radweg abzustellen, wird für Anwohner und Bürger zu einem wachsenden Ärgernis; die Klagen häufen sich und die Ordnungsbehörden können bei der Parküberwachung kaum noch nachkommen.

Die Landesregierung Nordrhein-Westfalen hat im Rahmen der "NRW-Initiative Sicherer Lebensraum Verkehr" Aktionen gegen das Geh- und Radwegparken gestartet. Ziel dieser Initiative ist es, mit den Mitteln der Verkehrsaufklärung Verhaltensänderungen der Verkehrsteilnehmer zu bewirken und dadurch Unfälle zu vermeiden, die persönliche Verantwortung des einzelnen für seine Sicherheit und die der anderen herauszustellen sowie zu einem sozialverträglichen Umgang mit dem Kraftfahrzeug anzuhalten.

Wohlgemerkt: erprobt werden soll dabei die planerisch pädagogische "Technik" der Belehrung und Überzeugung; Notwendigkeit und Berechtigung der Aufgabe, Geh- und Radwege von Parkenden freizuhalten, können nicht zur Disposition stehen.

Im Rahmen des Modellvorhabens wurde vor dem Erteilen gebührenpflichtiger Verwarnungen und dem Abschleppen in Fällen von Behinderungen anderer Verkehrsteilnehmer eine **mehrstufige Aufklärungs- und Ermahnungsaktion** durchgeführt.

Mitarbeiter der Ordnungsämter haben - in drei Stufen - Informationsblätter an die auf Geh- und Radwegen geparkten Kraftfahrzeuge verteilt. Diese informierten die Autofahrer über Sinn und Zweck von Geh- und Radwegen, die negativen Auswirkungen von Geh- und Radwegparken und über die Rechtslage zu diesem Thema.

Die Ergebnisse sind ermutigend !

Die drei Stufen der Aktion: Belehrung-Ermahnung-Verwarnung haben die Zahl der Gehwegparker insgesamt von 1.514 auf 1.024, also um fast ein Drittel reduziert.

Bei der Kontrollerhebung, zwei Monate nach Abschluß der Aktion wurde in allen Gebieten eine erstaunliche Verhaltenskonstanz, selbst über die Sommerferien, festgestellt; teilweise ist das Gehwegparken noch weiter zurückgegangen.

Fazit: Mit Hilfe der Beispiele können die Ansprüche einer erfolgreichen Konsensbildung und "Vermarktung" von Parkkonzepten verdeutlicht werden:

- Umfangreiche Empirie ist häufig weniger für den eigentlichen Konzeptentwurf als vielmehr für Überzeugungsarbeit notwendig; dafür ist es nötig, sich mit dem örtlichen "Meinungsklima", auseinander zu setzen und die Erhebungen bzw. Auswertungen entsprechend anzulegen.

- Offenheit und Öffentlichkeit sind von Anfang an notwendig und hilfreich: bereits das Anlaufen von Untersuchungen und die Fragestellungen sollten veröffentlicht werden, zahlreiche Beteiligte und Betroffene können dann mit ihren Erfahrungen beisteuern.

- Angesichts z.T. sehr kontroverser Positionen ist ein "Runder Tisch" begleitend zu den Untersuchungen und Planungen empfehlenswert; der Kreis der dabei Beteiligten darf nicht zu klein gefaßt sein. Die Positionen jeder Anspruchsgruppe müssen mit denen der anderen Gruppen zusätzlich nach Art von Wirkungsanalysen mit den dann erwartbaren Folgen konfrontiert werden.

- Nicht alle Befürchtungen, die mit dem Parkraumkonzept verbunden sind, können argumentativ bzw. empirisch widerlegt werden, sie müssen aber ernst genommen werden, auch wenn ggf. Erfahrungen aus anderen Städten dagegen sprechen. Wichtig ist, die befürchteten Folgen zu konkretisieren, möglichst soweit, daß gemeinsam **"Erfolgsparameter"** definiert werden können. Die Erfolgsparameter müssen Größen sein, die leicht zu zählen oder zu beobachten sind, Konzeptteile können davon abhängig dann ggf. modifiziert werden, z.B. in der zeitlichen Staffelung, Reihenfolge oder mit den Begleitmaßnahmen.

- Zur Realisierung gehört die Information über das Konzept, nichts ist erfolgreicher als der Erfolg; Ergebnisse der realisierungsbegleitenden Erfolgskontrolle müssen veröffentlicht werden, das motiviert weitere Beteiligte zum Mitmachen.

- Erörterungen des Parkkonzeptes dürfen nicht auf dem Thema "Parkmöglichkeiten" stehen bleiben, sie müssen Argumente der Verkehrssicherheit, der Umfeldqualität, der Stadtgestalt etc. einbeziehen und offensiv verwenden. Das gilt für Parken in Konkurrenz zu anderen Nutzungen ebenso wie für die "fließende Komponente" des ruhenden Verkehrs: die "nur" 5 oder 10 Parkplätze an der empfindlichen Straße können je nach "Betrieb" Zu- und Abfahrten erzeugen, die bereits Verträglichkeitsschwellen überschreiten.

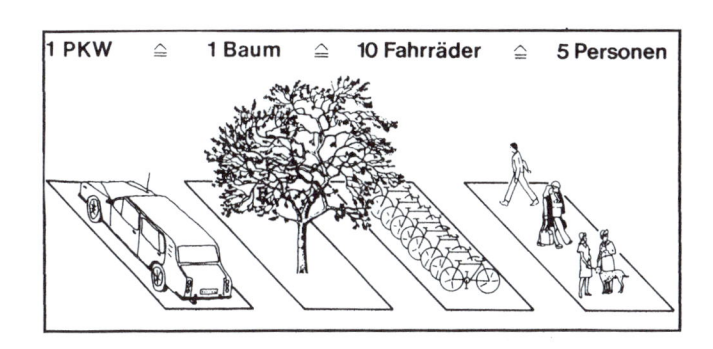

Quelle: 16

- Es sprechen einige Erfahrungen dafür, daß Beratungen und Entscheidungen zum Parkraumkonzept "Chefsache" sein sollten: in Delbrück (Stadtdirektor) und Esslingen (Oberbürgermeister) wurde das Konzept von der Verwaltungsspitze exponiert und engagiert getragen; das gab ihm nicht nur "Prominenz", sondern zugleich den Eindruck einer durchgängigen "Politik", die für die ganze Verwaltung ämterübergreifend und längerfristig gilt.

Der traditionelle Prozeß der "Fachplanung", bei dem die Experten nur miteinander zu tun haben, gehört der Vergangenheit an. Bereits bei der Problemdefinition, manchmal sogar mit eigenen Befunden haben die Bürger "ein Wörtchen mitzureden":

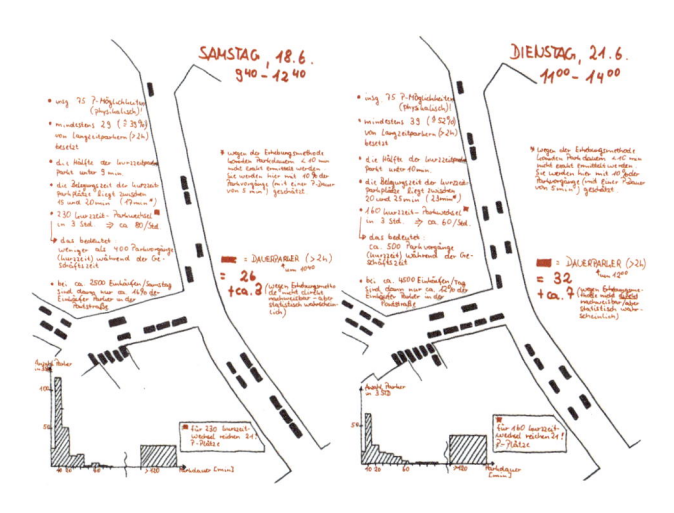

Diese Parkdauererhebung wurde von einer Bürgerinitiative angestellt. (Quelle: 40)

Bei den Wortmeldungen der Bürger ist allerdings zu berücksichtigen, daß die i.a. artikulationsfähigsten und artikulationsfreudigsten Bevölkerungsgruppen (männlich, mittlere Altersgruppe, berufstätig, voll motorisiert) unter den "Verursachern" der Probleme deutlich überrepräsentiert sind; die Schwächeren oder die "Betroffenen" haben aber häufig keine "Anwälte".

4. Instrumente, Methoden, Techniken

Die grundsätzlichen, perspektivischen bzw. "strategischen" Vorschläge und Erläuterungen des 3. Kapitels sollen jetzt weitergehend konkretisiert und detailliert, also in Methoden und Instrumente "übersetzt" werden. Dabei werden auch Beispiele für Erhebungen, Auswertungen, Planungen und Organisationen gegeben.

*Der **Anlaß** zur Erarbeitung von Parkraumkonzepten kann sehr unterschiedlich sein: das reicht von der Bebauung oder Umgestaltung von Flächen, auf denen bisher geparkt wurde bis zu der Frage, wie dem verbessertem ÖPNV-Angebot weitere Kunden zugeführt werden können.*

Die empirischen, analytischen und konzeptionellen Arbeiten können insgesamt recht umfangreich und oft sehr teuer sein, deshalb sollten sie von vornherein gezielt und problemorientiert angelegt werden. Allerdings: das "Problem" besteht oft weniger in der Konzeption eines Parkraumkonzeptes, sondern in seiner Akzeptanz und Durchsetzung; dann wird für Überzeugungsarbeiten ein erheblich höherer Daten- und Zeitbedarf erforderlich als für die "eigentlichen" Planungen.

*Ebenso unterschiedlich wie die Anlässe, die genauere Untersuchungen und Planungen in Gang setzen, sind die **Problem- oder Situationsdefinitionen** am Anfang; oft müssen die Erhebungen sogar gezielt darauf angelegt werden, die Problem- und Situationsdefinitionen zu überprüfen und zu korrigieren.*

*In jedem Fall wird eine **Bilanzierung von Angebot und Nachfrage** nach Parkraum erforderlich; sie sollte nicht zu kleinräumig angelegt werden, sie muß hinreichend dicht und ausreichend differenziert angelegt sein, um Antworten auf die wichtigen (oder absehbar wichtig werdenden) Fragen zu geben. Die Bilanzierung muß häufig auch private Stellplätze einbeziehen, das macht manchmal Probleme.*

*Das **Parkraumangebot** besteht nicht nur in der Addition von einzelnen Plätzen, es muß dynamisch geplant und unter dem Gesichtspunkt der städtebaulichen Verträglichkeit "geprüft" werden. Auf dem "Markt" der Parkraumbeschaffung sind derzeit unterschiedlichste Angebote, die ggf. hilfreich sein können. In jedem Fall sind die örtlichen Verhältnisse im Untersuchungsgebiet sehr sorgfältig zu berücksichtigen. Und: Parkraumangebot stellt je nach Kosten und Berechtigungen eine entscheidende Größe für den **fließenden Kfz-Verkehr** dar, d.h. hinsichtlich Lage und Anbindung von Parkgelegenheiten werden sorgfältige und kritische Abwägungen erforderlich.*

Parkraum ist ein "knappes Gut", mit ihm muß also wirtschaftlich umgegangen werden; dafür gibt es inzwischen hinreichend viele Beispiele und zu den meisten auch ausreichende Erfahrungen. Die Tatsache, daß einzelne Instrumente des "Betriebs" von Parkraum vor Ort noch nicht eingeführt sind, darf nicht zu deren vorschnellem Ausschluß führen (wie es häufig mit der Gebührenpflicht in kleinen Städten aus Angst vor Attraktivitätsverlust geschieht).

Die Vorstellung der Instrumente und der Techniken ist kein "Rezeptbuch", das automatisch zum Erfolg führt; es sollte allerdings dazu führen, keines der Instrumente aus Unkenntnis oder Vorurteilen auszuschließen.

*Entsprechend den für die Entwicklung eines Parkraumkonzeptes notwendigen Arbeiten wird dieses Kapitel gegliedert in einen **methodischen Teil** der Bilanzierung (4.1) und zwei **instrumentell-technische Teile**, die sich mit Veränderungen des **Parkraumangebots** (4.2) und den **Management- und Betriebsformen** (4.3) beschäftigen. Ein abschließender Teil (4.4) macht einen Vorschlag zur **Zusammenfassung** von Einzelinstrumenten zu "**Bausteinen**".*

Für fast alle Instrumente und Techniken gibt es inzwischen Beispiele mit einer großen Varianten-Vielfalt, das kann den Überblick, die zweckmässige Auswahl und den problemspezifischen "Mix" von Instrumenten gefährden. Vor dem Hintergrund dieser Gefahr scheint eine Zusammenfassung in Realisierungsschritten mit gestaffelten Reichweiten empfehlenswert.

4.1 Parkbilanz

*Ausgangspunkt jeder Parkraumkonzeption muß eine "Parkbilanz" sein, die dem aktuellen Parkangebot die aktuelle Nachfrage gegenüberstellt. Die Ansprüche an Vollständigkeit und Differenzierung müssen problemspezifisch gesetzt werden; d.h.: es ist notwendig sich die gewünschten Aussagen **vorher** klar zu machen, um die Parkbilanz **gezielt** anlegen zu können.*

Die **Parkbilanz** erfordert eine **Parkraumanalyse** im Sinne einer Bestandserhebung und einer Analyse der **Nachfrage** über die für das Konzept relevanten Zeiträume; beide Analysen dürfen nicht zu kleinräumig angelegt werden.

Parkraumanalyse

Als **Parkraum** wird der Gesamtbestand an Pkw-Abstellmöglichkeiten bezeichnet, unabhängig von Eigentumsform, Betrieb und Zugänglichkeit:

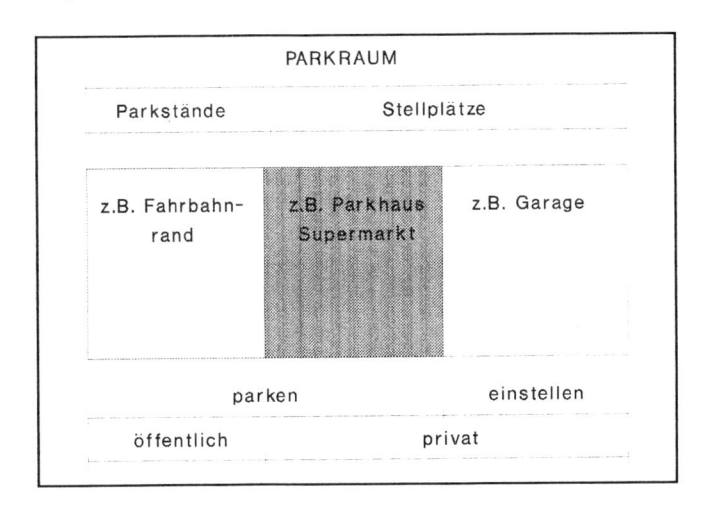

PARKRAUM		
Parkstände		Stellplätze
z.B. Fahrbahnrand	z.B. Parkhaus Supermarkt	z.B. Garage
parken		einstellen
öffentlich		privat

Die **Parkraumanalyse** muß die Bestände an Pkw-Abstellmöglichkeiten je nach Fragestellung möglichst **vollständig** und möglichst **differenziert** erheben.

Der **Bestand an Parkständen im Straßenraum** geht idealerweise aus Ausbau-, Markierungs- und Beschilderungsplänen oder aus fortgeschriebenen Inventaren der Stadtverwaltung hervor. Die Ordnungsämter führen häufig Inventare der Parkstände im öffentlichen Straßenraum einschließlich der dort geltenden Regelungen, um danach die Einsatzpläne für die Überwachungskräfte aufzustellen.

Verbreitet ist das aber auch nicht der Fall: es existieren keine aktuellen und/oder vollständigen Pläne, das Inventar ist lückenhaft oder veraltet; dann müssen aktuelle Erhebungen den Parkraumbestand vollständig und differenziert erfassen. Das ist zumeist nur durch Begehungen möglich.

Es hängt einerseits von der Problemlage, andererseits von der Qualifikation der Mitarbeiter bei diesen Begehungen ab, was und wie dabei erfaßt werden kann. Unverzichtbar sind blockseitenscharfe Erhebungen der Parkstände nach Lage, Aufstellung und Regelung, unverzichtbar ist ebenfalls ein Inventar der "zum Parken genutzten Plätze": derjenigen Aufstellorte also, auf denen ordnungswidrig geparkt wird.

PARKRAUMANALYSE ZENTRUM					
STRASSE	AB-SCHNITT	SEI-TE	PARKORDNUNG		ZAHL DER BETR. PLÄTZE
			ANORDNUNG/ AUFSTELLUNG	REGELUNG	
			AB NR	AB NR	

Die Erhebung des Parkraums geschieht zweckmäßigerweise über Begehung durch erfahrene Mitarbeiter mit Hilfe einheitlicher Erhebungsblätter. Eintragungen können verbal oder auch codiert vorgenommen werden.

Eine differenzierte Parkraumanalyse sollte zusätzlich noch einige straßenräumliche Daten erheben: insbesondere die Verkehrsführung und Ausbauquerschnitte, ÖPNV-Linien und deren Haltestellen; auch können topographische Besonderheiten im weiteren Analyse- und Planungsprozeß Bedeutung erlangen, insbesondere, wenn auch die Verkehrsführung und straßenräumliche Umgestaltungen zur Debatte stehen.

```
ERFASSUNG DES PARKRAUMS IN                    am         um
STRASSE/ABSCHNITT/BLOCK           TOPOGRAPHIE/BESONDERHEITEN:
VERKEHRSFÜHRUNG/SPURENZAHL        ÖPNV LINIEN/HALTESTELLEN

ORT/AUFSTELLUNG                   REGELUNG
 1. längs neben Bord               1. ohne Einschränkungen
 2. Parkstand längs                2. Parkscheibe
 3. Schrägparkstand                3. Parkautomat
 4. Senkrechtaufstellung           4. eingeschränktes HV
 5. in Ein-/Zufahrt                5. absolutes HV
 6. halb/ganz auf Gehweg
 7. Parkplatz/Parkhaus/Tiefgarage
                   Auslastung ca. in %
öffentlicher Raum
```

Hausnr. von bis	Parkordnung	Bewirtschaftung (mit Dauer, Preis, Regelung)	Plätze	Gebäude-Nutzung

Bei den Ortsbegehungen können auch weitere, konzeptionell bedeutsame Erhebungen aufgenommen werden.

Verschiedentlich ist versucht worden, Parkrauminventare aus Befliegungen oder Video-Befahrungen aufzustellen; das spart Zeit und verlegt große Teile der Bearbeitung "nach innen", ist aber häufig nicht detailliert genug, was zum Beispiel die Regelungen angeht.

Das Ergebnis der **Parkraumanalyse "Straßenraum"** wird üblicherweise kartiert und inventarisiert:

- die **Kartierung** gibt blockseitenweise die Aufstellungen und derzeitigen Kapazitäten wieder, ebenso die Regelungen und davon betroffene Plätze

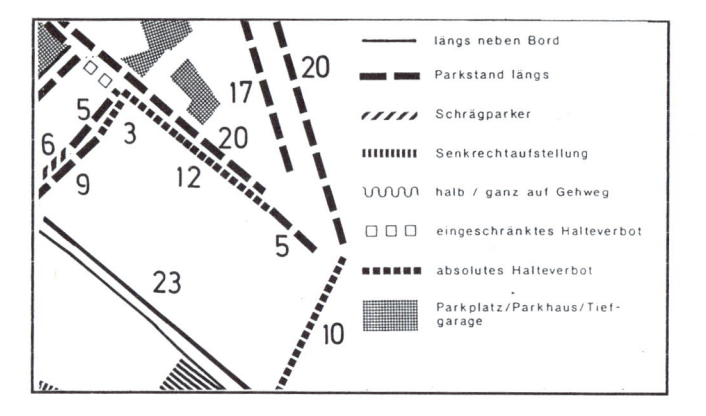

Aus der Kartierung sollte blockseitenweise die Parkordnung und die Kapazität hervorgehen, also die Parkstände nach Aufstellung oder "Arrangement" im Straßenraum (s.o.), ebenso die Parkstände nach der Regelung, also den Bedingungen ihrer Benutzung:

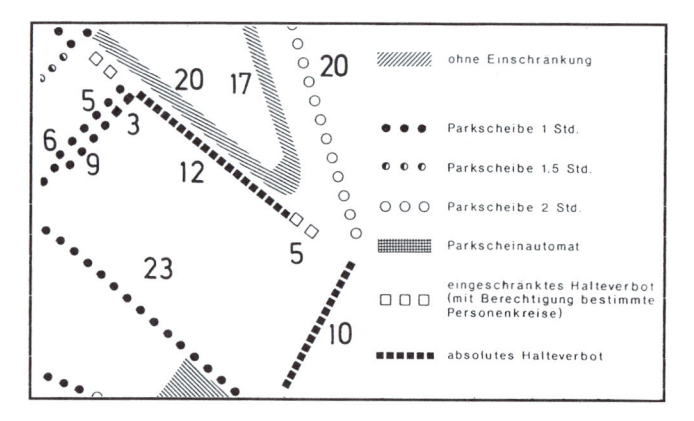

- das **Inventar** faßt den Parkraum in geeigneter kleinräumiger Aggregierung differenziert zusammen:

Quartier	Parkstände im öffentlichen Straßenraum						
	frei	Scheibe	Anwohner	Gebühr		Behinderte	Summe
nordöstl. Innenstadt	106	31	32		17	23	209
Freiheitsplatz				300			300
Neustadt	140	62	270		70	263	30	835
Altstadt	238	42	70	94	11	78	20	553
	484	135	372	94	81	658	73	1897

(94 Parkstände im öffentlichen Straßenraum der Hanauer Innenstadt sind "reine" Anwohnerplätze, an 372 Parkständen mit Parkscheibenpflicht und 81 Parkständen mit Gebühr sind lizenzierte Anwohner befreit)

Parkierungsanlagen werden zwar privat (und sei es durch eine städtische Gesellschaft) betrieben, sind aber üblicherweise allgemein zugänglich. Inventare der Parkbauten sind im allgemeinen leicht verfügbar, die Betreiber oder die Organisationen des Einzelhandels sind sogar daran interessiert, diese Angebote allgemein bekannt zu machen. In das Inventar der Parkmöglichkeiten sollten die Parkierungsanlagen nach Ort, Kapazität, Öffnungszeiten und Preisen aufgenommen werden. Dazu gehören auch Informationen über die Zahl und Handhabung von Abonnenten (Dauer-, Tages- und Nachtmieter), also die je nach Wochentag und Tageszeit allgemein verfügbare Kapazität der Anlagen; auch: Rabatte für Kunden bestimmter Geschäfte etc.

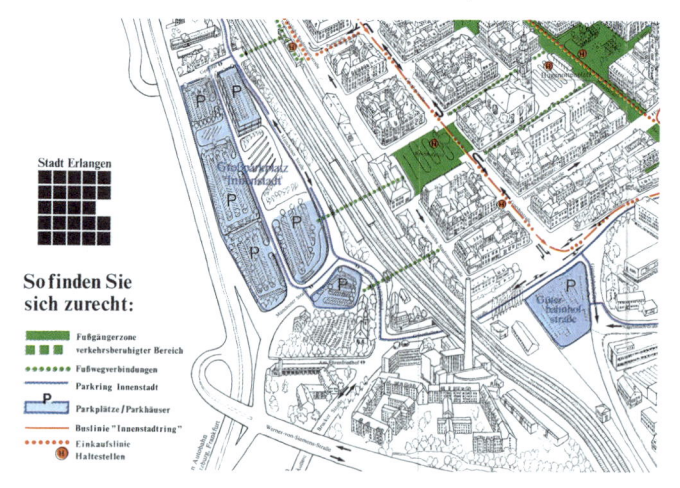

Aus Stadtprospekten, Park-Stadtplänen u.ä. geht zumeist die Kapazität und Details zum Betrieb der Parkierungsanlagen hervor. (Quelle: 111)

Die Abstellplätze in allgemein zugänglichen Parkbauten werden baurechtlich als "Stellplätze" bezeichnet, unter verkehrsplanerischen Aspekt sind sie "Parkplätze" genauso wie solche im Straßenraum. Diese Begriffsabklärung scheint angesichts verbreiteter Verunsicherungen notwendig.

Parkbauten werden sehr unterschiedlich "angenommen": bauliche Gestaltung, Weglängen und Wege-Kennzeichnung, Beleuchtung, Befahrbarkeit etc. sind wesentliche Determinanten ihrer Akzeptanz.

Entsprechende Informationen müssen mit erhoben werden; das macht Begehungen erforderlich, ggf. zusätzlich **Befragungen** der Nutzer wie auch (was häufig versäumt wird) der Nicht-Nutzer.

Aus den Befragungen gehen zumeist spezifisch und detailliert die Vorbehalte gegenüber einzelnen Anlagen hervor; zum Beispiel:

	Zu Fuß erreiche ich vom Parkhaus aus schnell und bequem mein Ziel	Der Weg vom Parkhaus zu meinem Ziel ist weit und unbequem
Q-Haus	86 %	14 %
G-Garage	98 %	2 %

	Der Treppenaufgang ist	
	zu eng	breit genug
Q-Haus	75 %	25 %
G-Garage	36 %	64 %

	Sich im Parkhaus zu Fuß zu bewegen	
	ist gefährlich	ist ungefährlich
Q-Haus	45 %	55 %
G-Garage	38 %	62 %

Quelle: 66

Parkbauten werden bevorzugt für Aufenthalte mittlerer Dauer benutzt. (Quelle: 66)

Schwierigkeiten macht häufig die Inventarisierung **privater Stellplätze**, sie befinden sich auf Privatgrund und sind häufig nicht frei zugänglich. Andererseits ist es zumeist unverzichtbar, sie in die Gesamtbilanz einzubeziehen; folgende Möglichkeiten der Erfassung bestehen:

- Inventarisierung bei **Begehungen**, dabei sollten die Mitarbeiter vor Ort mit Legitimationsschreiben ausgestattet, die Erhebung möglichst auch vorher angekündigt sein

- Auswertung von **Luftbildern**: dabei ist die Kapazität von überdachten Anlagen nur ungenau zu schätzen

- Auswertung von **Bauakten**: dabei werden nur Anlagen erfaßt, die im Zusammenhang eines Bauantrages eine Rolle spielen; nicht erfaßt wird die tatsächliche Herstellung und Verfügbarkeit (Stellplätze sind manchmal auch nur Lagerräume)

- ergänzende Informationen können aus den **Gebäudedaten** der "Gebäudebrandversicherung" bezogen werden (so zum Beispiel in Stuttgart 1983)

- oft werden ergänzende **Rückfragen** bei Eigentümern, Mietern, Hausmeistern etc. erforderlich

- einige innerstädtische Stellplatzanlagen sind nur über Fußgängerzonen oder Bereiche mit tageszeitlichen Fahrverboten zugänglich; sie werden über die beantragten **Sondergenehmigungen** "automatisch" inventarisiert (so geschehen zum Beispiel in Lüneburg).

Die privaten Stellplätze werden wie die öffentlichen und öffentlich zugänglichen Parkmöglichkeiten kartiert und in Inventaren quartiersweise erfaßt. Bei der Angabe von Kapazitäten privater Anlagen ist zu berücksichtigen, daß nahezu beliebig verdichtete Aufstellungen möglich ist, also u.U. ein Vielfaches der "normalen" Kapazität realisiert werden kann.

Quelle: 81

Besonders wichtig ist die zeitliche **Dynamisierung des Parkraumbestandes**, insbesondere nach Tageszeiten und Wochentagen

- welche Abstellmöglichkeiten auf Straßen und Plätzen stehen an Markt- oder Veranstaltungstagen nicht zur Verfügung ?

- welche Kapazitätsschwankungen ergeben sich aus Öffnungszeiten der Parkierungsanalagen ?

- welche Kapazitäten stehen durch tageszeitweise Halteverbote nicht immer zur Verfügung ?

- welche Kapazitäten (privat, halböffentlich) stehen an Wochenenden und Feiertagen zusätzlich der allgemeinen Nachfrage offen ?

- wie lange laufen auf welchen Anteilen der Kapazität Gebührenpflicht und Dauerbegrenzung ?

Das Ergebnis der **Parkraumanalyse** sollte eine differenzierte Übersicht über die tageszeitlich für die einzelnen Nutzergruppen verfügbaren Parkmöglichkeiten in kleinräumiger Aggregierung sein.

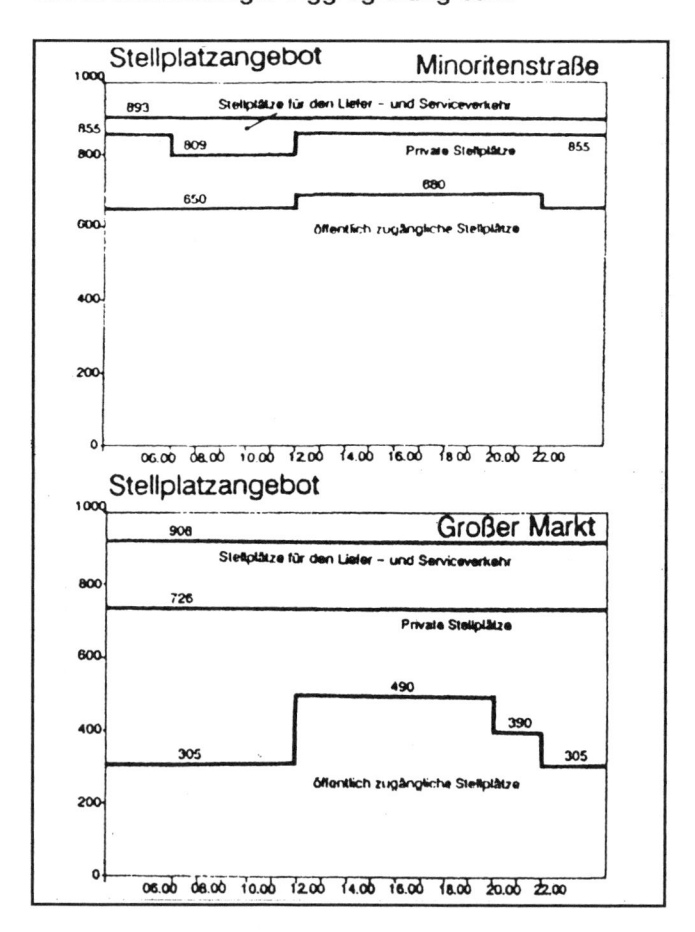

Tageszeitweise "dynamisierte" Parkkapazitäten (Quelle: 52)

Analyse der Parknachfrage

Die Erhebung der **Parknachfrage** muß besonders auf das Problem und die Fragestellung abgestimmt werden: örtlicher Umfang, Zeiten und Erhebungsdichte können erheblich variieren.

Die einfachste Erhebung ist diejenige von **momentanen Belegungsbildern**: zu einem oder mehreren, gezielt auszuwählenden "Zeitschnitten" wird für jeden Ort in einem Plan oder einer Liste markiert, ob dort geparkt wird oder nicht; eine weitere Differenzierung ist diejenige nach korrekten Parkfällen und ordnungswidrigen

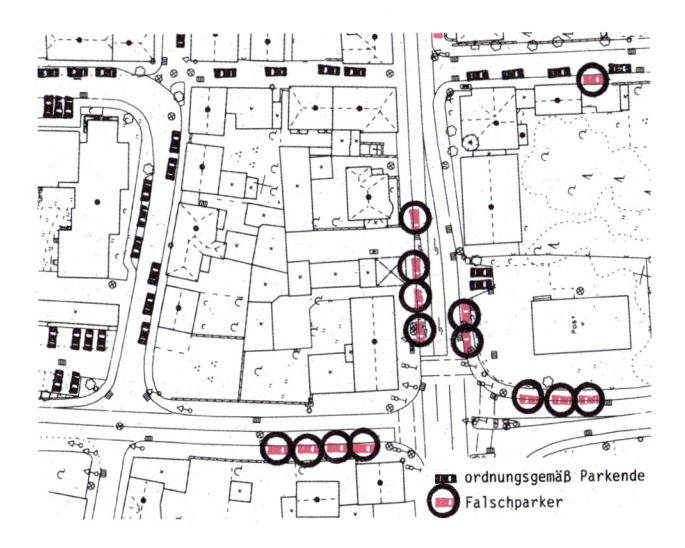

Quelle: 22

Die graphische Darstellung von Belegungen über verschiedene Zeitschnitte, bezogen auf die Kapazität, läßt Rückschlüsse auf die am Parkgeschehen maßgeblich beteiligten Gruppen zu:

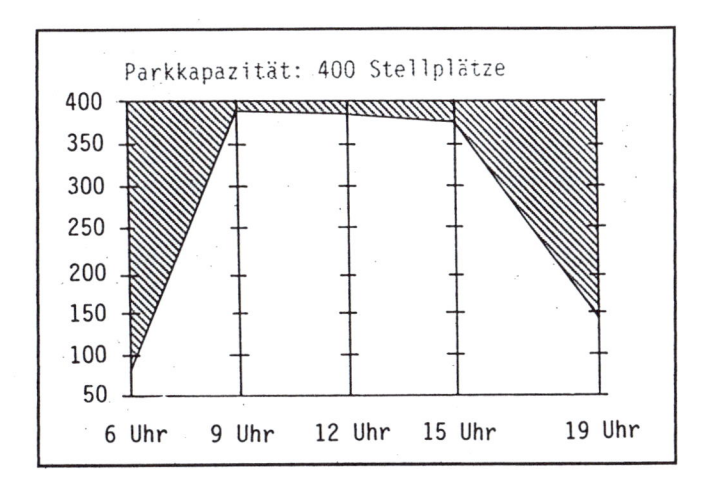

Straßen mit vorwiegender Nutzung durch Gewerbe und Dienstleistungen werden abends und morgens kaum, über Tag dagegen stark beparkt. Um das nachzuweisen, reichen i.a. wenige Zeitschnitte über den Tag aus.

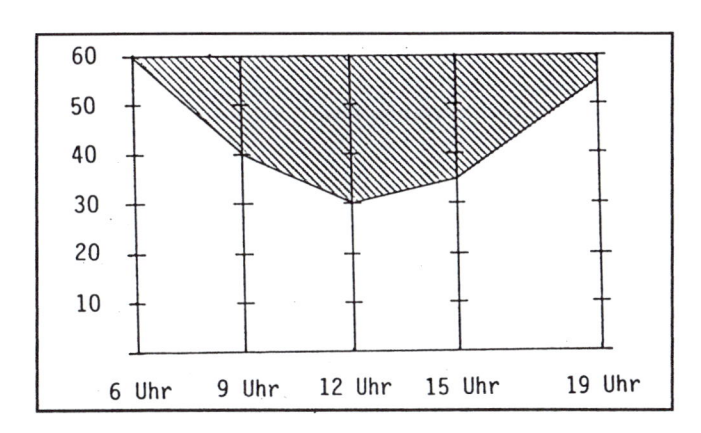

Typische Wohnstraßen ohne "Fremdparker" haben morgens und abends ihr Parkmaximum, hervorgerufen durch den Bedarf der Anwohner. Auch hier reichen Erhebungen mit wenigen Zeitschnitten aus. (Quelle: 25)

Bei differenzierten Parkzwecküberlagerungen und damit verbundenen Parkkonkurrenzen sind **Parkdauererhebungen** erforderlich, die Rückschlüsse auf die Parkzwecke erlauben:

Nachts bzw. sehr früh morgens (wenn die Anwohner noch da sind) und danach in einem Rhythmus entsprechend der spezifischen Fragestellung werden die Kennzeichen aller im Untersuchungsgebiet Parkenden möglichst parkstandsgenau und möglichst einschließlich des Verhaltens notiert:

Bei Parkdauererhebungen bildet jedes Kennzeichen einen "Parkfall", der durch seinen Ort, seinen Beginn, seine Dauer und sein Verhalten gegenüber der Parkordnung charakterisiert ist.

Für die **Analyse von Parkdauererhebungen** sind 3 **Auswertungsschritte** erforderlich resp. zweckmäßig:

- **Statistik der Parkfälle**: alle Parkfälle werden danach geordnet, wann sie begonnen und wie lange sie gedauert haben; bei Erhebungen über einen Kalendertag ergibt sich eine notwendige Unschärfe dadurch, daß morgens Angetroffene vermutlich seit dem Vorabend, abends Angetroffene möglicherweise die ganze Nacht über stehen; für die meisten Fragestellungen ist diese Unschärfe aber irrelevant.

Geordnet nach Beginn und Dauer, bildet die **Statistik der Parkfälle** eine Halbmatrix, aus der sich leicht charakteristische Kenngrößen ablesen bzw. ermitteln lassen, dazu ein **Beispiel**:

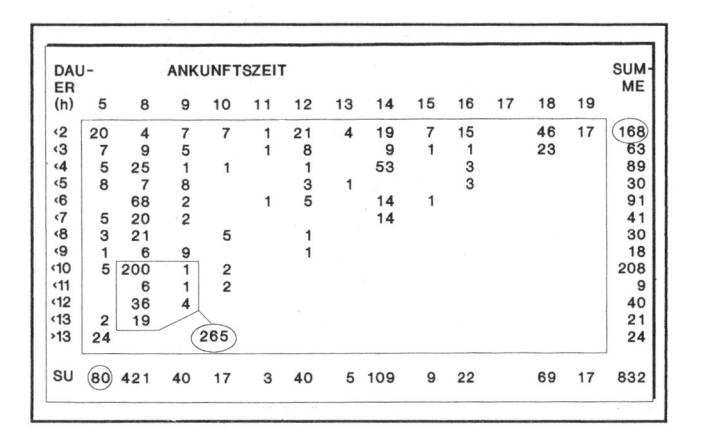

DAUER (h)	ANKUNFTSZEIT													SUMME
	5	8	9	10	11	12	13	14	15	16	17	18	19	
‹2	20	4	7	7	1	21	4	19	7	15		46	17	(168)
‹3	7	9	5		1	8		9	1	1		23		63
‹4	5	25	1	1		1		53				3		89
‹5	8	7	8			3	1					3		30
‹6		68	2		1	5		14	1					91
‹7	5	20	2					14						41
‹8	3	21		5		1								30
‹9	1	6	9			1								18
‹10	5	200	1	2										208
‹11		6	1	2										9
‹12		36	4											40
‹13	2	19												21
›13	24		(265)											24
SU	(80)	421	40	17	3	40	5	109	9	22		69	17	832

a. 80 Parkende stehen seit der Nacht, bei ihnen handelt es sich wahrscheinlich um Anwohner, von ihnen parken 24 über 13 Stunden, d.h. ganztägig

b. 168 Parkfälle sind bei 1-stündlichen Umgängen um 5 und von 8 bis 19 Uhr nur einmalig erfaßt worden, von diesen sind (168-20-17=) 131 "echte" Kurzzeitparker (bis 2 Stunden)

c. 265 Parkfälle beginnen morgens vor 9 Uhr und dauern bis mindestens 16 Uhr, bei ihnen handelt es sich also mit hoher Wahrscheinlichkeit um ganztägig parkende Berufspendler

- Differenzierte Belegungs- bzw. Auslastungsganglinien zeigen das "Parkbild" zu allen Tageszeiten also Belegung des Parkraums, ggf. differenziert nach Parkdauern, zum **Beispiel**:

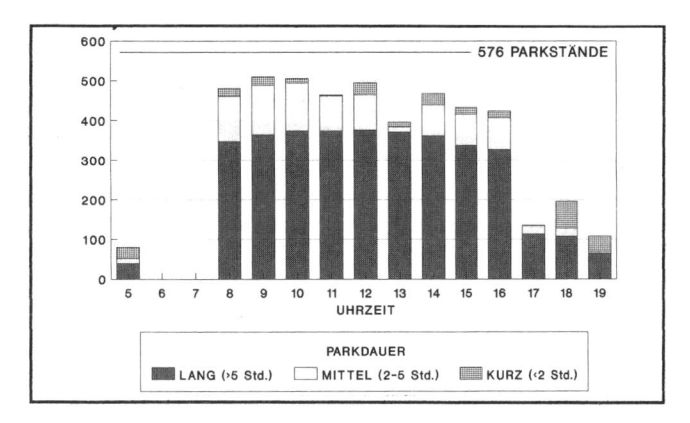

Morgens und abends nahezu frei, wird von 8 bis 16 Uhr die Kapazität nahezu ausgelastet, zu Zeiten des Auslastungsmaximums um 10 Uhr sind 74 % der Parkenden solche über 5 Stunden Dauer, also in der hier verwendeten Definition: Langzeitparker.

Mit 832 Parkfällen über den Tag wird jeder der 576 Parkstände durchschnittlich 1,44 mal umgeschlagen, das ist eine Größe, die zusätzlich auf extrem hohe Anteile von Langzeitparkern hinweist.

Häufig interessiert zusätzlich der **Anteil der Anwohner** unter den über den Tag Parkende. Vereinfacht können die Nachts angetroffenen Parker als Anwohner identifiziert werden:

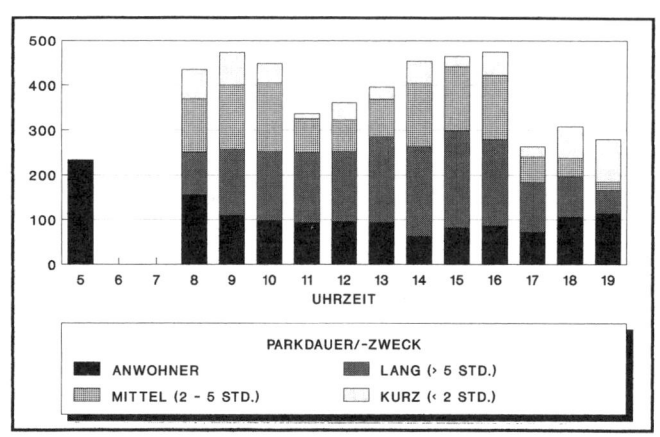

Das Belegungsdiagramm zeigt für jede Stunde die Zahl der parkend angetroffenen Pkw, differenziert nach der Parkdauer und unterschieden danach, ob sie in der Erhebung um 5 Uhr morgens schon angetroffen wurden. Der hohe Anteil von Langzeitparker von 9 bis 16 Uhr weist auf Berufspendler hin.

- Für Straßen mit besonderen Nutzungsmischungen sind Darstellungen der Parkdauer- und damit der **Parkzweckmischung** besonders interessant: Für jeden Parkstand werden die dort zu beobachtenden Parkfälle nach Zeit und Dauer in einem **Belegungsdiagramm** markiert. Die Dichte der Begehungen sollte dabei in den interessierenden Intervallen variiert werden:

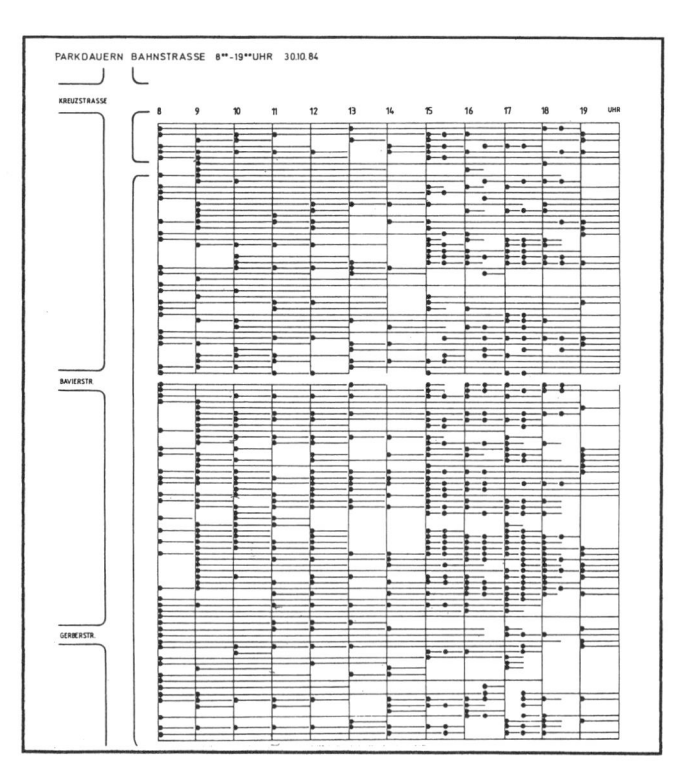

Parkraumbelegungsdiagramm: Jeder Punkt bedeutet, daß ein "neues" Fahrzeug abgestellt wurde. Vormittags wurde dies im Abstand von einer Stunde ermittelt, nachmittags jede halbe Stunde. (Quelle: 103)

Parkdauererhebungen sind aufwendig und damit teuer: je nach Dichte der Umgänge (15 Minuten bis über 2 Std.) und nach Einübung des Personals sowie Komplexität der Parksituation kann ein Mitarbeiter 50 bis 200 Parkstände (inkl. Plätze, auf denen ordnungswidrig geparkt wird) bearbeiten; hinzu kommt der Aufwand für Codierung und rechnerische Auswertung der Erhebung.

Sehr viel einfacher sind **Erhebungen in Parkierungsanlagen**, die mit Ein- und Ausfahrtschranken versehen sind: bei der Einfahrt erhält der "Kunde" üblicherweise eine Karte, auf der die Ankunftszeit vermerkt ist; vor der Ausfahrt muß bezahlt werden, die so codierte Karte verbleibt im Automaten an der Schranke, darauf ist die Ausfahrtszeit vermerkt. Mit den Parkkarten eines Tages kann also die "Statistik der Parkfälle" unmittelbar "ausgelegt" werden. Parkkarten von Kunden, die ab einen bestimmten Einkaufsbetrag Parkzeit "geschenkt" bekommen, sind eindeutig von anderen Parkfällen zu unterscheiden.

Die Analyse der Parknachfrage in Parkbauten mit automatischen Abfertigungsanlagen ist einfach, sie besteht hauptsächlich im differenzierten Auszählen der Parkkarten: Der "Parkfall" im obigen Beispiel hat am 12.11.91 von 16.24 Uhr bis 16.49 gedauert, es handelt sich um einen "Kunden" der aufgrund des Tarifs in diesem Parkhaus nicht bezahlen mußte.

Ebenfalls sehr einfach, aber auf die Parkfälle mit korrektem Verhalten beschränkt ist die Analyse des Parkgeschehens an Plätzen mit **Parkscheinautomaten**: die Geräte der "neuen Generation" sind so programierbar, daß Statistiken über die Zahl der Parkscheine, Zeiten und Dauern über vorher zu bestimmende Zeiträume ausgegeben werden können.

Bei älteren Geräten und bei Parkuhren lassen sich über die Einnahmen eines Tages nur ungenaue Abschätzungen des Parkgeschehens anstellen.

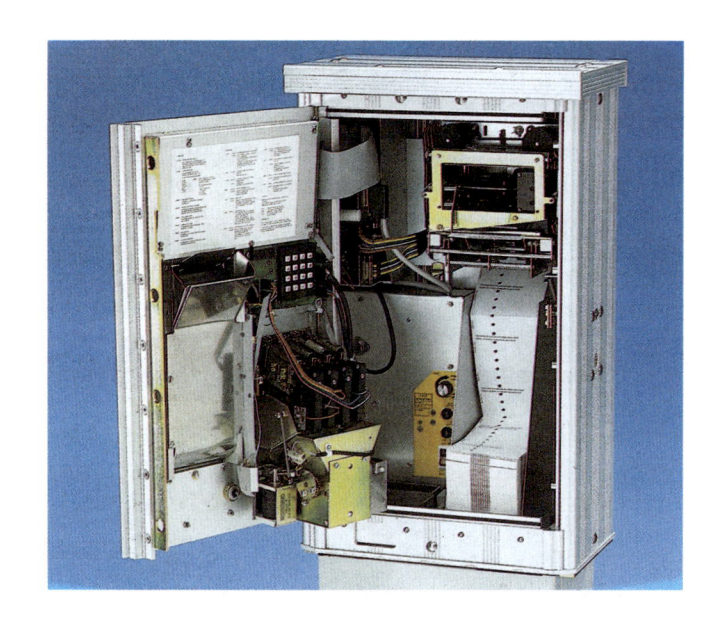

Parkscheinautomaten der "neuen Generation" können die Informationen aller ausgegebenen Parkscheine speichern und für vorher einprogrammierbare Zeiten Statistiken ausgeben. (Quelle: 51)

Da mit den Statistiken aus Parkscheinautomaten nur die Fälle mit korrekter Bedienung hervorgehen, werden gleichzeitige Kontrollen und Erhebungen von Art und Verbreitung des Fehlverhaltens erforderlich.

Die **Nachfrageerhebung** auf **privaten Stellplätzen** bereitet häufig große Schwierigkeiten, sie ist nur mit Einverständnis der Besitzer/Mieter/Betreiber möglich, wenn das gelingt, sind die Techniken der Erhebung und Auswertung dieselben wie im Straßenraum; die "Erhebungsleistung" kann allerdings je nach Zugänglichkeit und Kleinteiligkeit erheblich darunter liegen.

Für alle **Erhebungen der Parknachfrage** muß differenziert und problemorientiert der **Stichtag** der Erhebungen geklärt werden: Als einzig "normaler Wochentag" ist seit Einführung des Dienstleistungsabends der Dienstag übrig geblieben. Spezielle Probleme können auch den Samstag, Sonntag oder auch den Donnerstag als Stichtag nahelegen. Ähnlich den Dimensionierungen von Strecken und Knoten für den **fließenden Kfz-Verkehr** ist der Bezug auf das absolute Nachfragemaximum (etwa zu Festtagen) sowohl unwirtschaftlich als auch aus anderen Gründen nicht sinnvoll: An "besonderen" Tagen werden andere Restriktionen, z.B. auch sehr viel längere Fußwege als selbstverständlich in Kauf genommen, dementsprechend sind an Festtagen weitergehende Restriktionen sowieso schon üblich.

Parkbilanz

Die **Bilanzierung**, d.h. die Darstellung der Nachfrage bezogen auf das Angebot sollte **nicht auf einzelne Straßen** oder gar Straßenabschnitte, sondern **zusammenhängende Quartiere** bezogen sein. Ein aktuelles **Beispiel** aus der Innenstadt von **Kleve** (etwa 45.000 Einwohner in der Gesamtstadt, Mittelzentrum am linken Niederrhein nahe der holländischen Grenze) zeigt für die Zentren von Mittelstädten häufig anzutreffende Ergebnisse einer Bilanzierungen:

- der öffentlich zugängliche Parkraum nahe der Fußgängerzone ist mehrfach am Tag ausgelastet (1), ebenfalls die dort liegenden privaten Stellplätze (2)

- gleichzeitig ist das zum selben Quartier gehörende Parkhaus ganztägig zu weit unter 1/3 belegt (3), in diesem Parkhaus liegen die einzigen gebührenpflichtigen Abstellplätze des Klever Stadtzentrums

- in den Quartieren nördlich (4) und südlich der Fußgängerzone sind die öffentlich zugänglichen Plätze nicht annähernd ausgelastet, die privaten ganztätig belegt

- von den insgesamt 2.302 Parkmöglichkeiten im Zentrum sind 297 gebührenpflichtig, 491 privat und 440 in der Dauer begrenzt, aber 1.565, also über 2/3 beliebig lange gebührenfrei nutzbar und stehen damit auch den rd. 1.400 einpendelnden Beschäftigten zur Verfügung.

Bei kleinräumiger Überlastung und Problemen für die qualifizierte Nachfrage (Anwohner, Liefer- und Service-Verkehr) zeigt sich das typische Bild ausreichender, aber unzureichend bewirtschafteter Kapazitäten. Ein weiteres Ergebnis ist sprichwörtlich verbreitet: "volle Straßenränder bei leeren Parkhäusern".

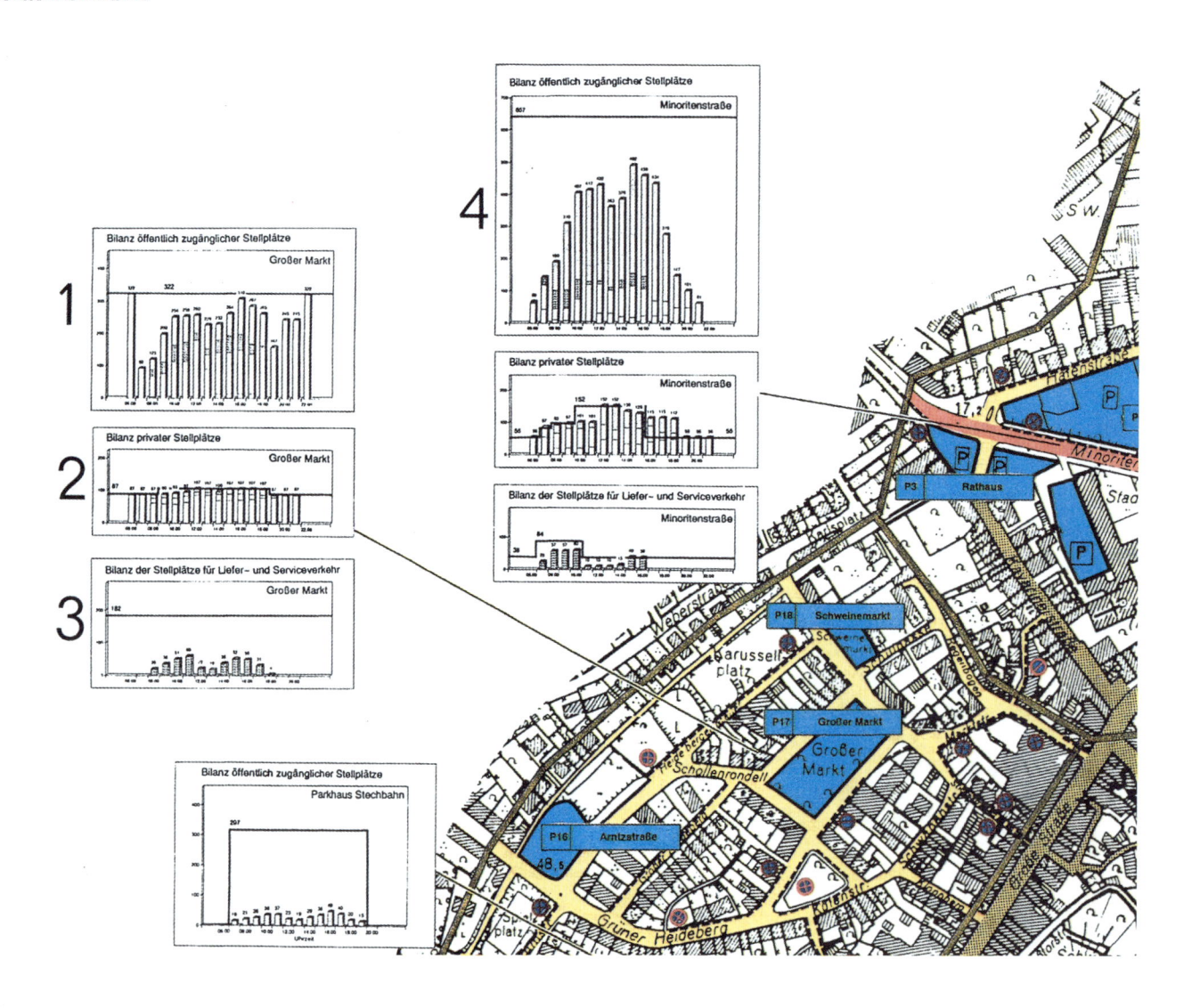

Anlage und Ergebnisse von Befragungen

Besondere Fragestellungen verlangen häufig zusätzliche Differenzierungen und Ergänzungen der Nachfrage-Analyse; dafür werden zumeist **Befragungen** erforderlich: in **Straßenräumen** nach dem Abstellen des Pkw, in **Parkierungsanlagen** zweckmässigerweise beim Kassenautomaten wird eine Stichprobe von Parkenden mit einem halbstandarisierten Erhebungsbogen befragt. Befragt werden im einzelnen:

1. Quelle der Fahrt
2. Ziel der Fahrt (Adresse im Zielgebiet)
3. Reisezweck mit möglichen Folgezwecken (beim Zweck "Wohnen" zusätzlich die Frage nach Garagenverfügbarkeit)
4. (voraussichtliche) Dauer des Parkvorganges
5. Parkplatzsuchzeit, ggfs. Route der Parkplatzsuchfahrt im Lageplan
6. räumliche Konstanz des Parkverhaltens, bezogen auf das angegebene Ziel
7. Regelmäßigkeit der Fahrten, bezogen auf das angegebene Ziel
8. Abwägung alternativer Verkehrsmittel
9. Abwägung der Fahrzeugunterbringung in Stellplatzanlagen, bezogen auf das angegebene Ziel

Zum Beispiel haben Befragungen in Hanau 1987 an 10 Parkorten der Innenstadt Ergebnisse erbracht, wie sie für Zentren mit großzügiger Parkraumausstattung üblich sind:

- 88 % der Parkenden finden unmittelbar einen Platz dort, wo sie parken wollen
- selbst zwischen 15.00 und 17.30 Uhr haben nur 16 % ihren Platz erst nach einer Suchfahrt gefunden.

Erstaunlich hoch ist der Anteil der "Stammkunden", also die Zahl derjenigen Parker, die immer denselben Parkstandort aufsuchen: 67 % der Parkhausnutzer und 61 % der auf Straßen und Plätzen Parkenden suchen immer denselben Ort bei Innenstadtbesuchen in Hanau auf. Die Zahl der Parkchancen begünstigen dieses "Revier"-Verhalten. (Quelle: 17)

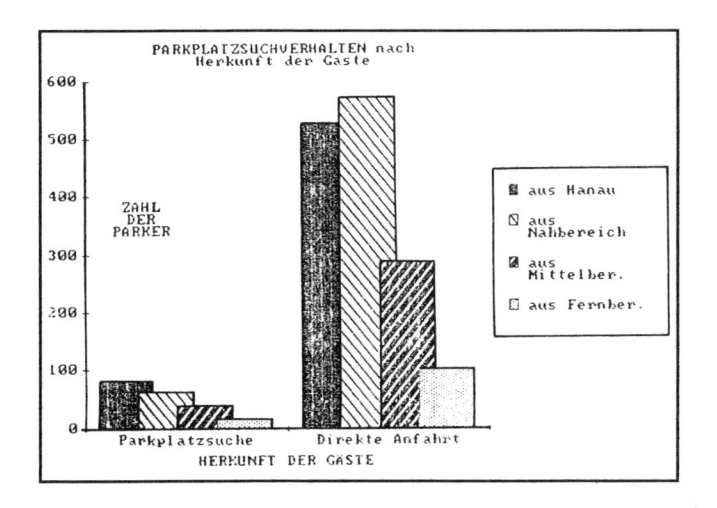

Die motorisierten Kunden und Besucher in Hanaus Zentrum kommen zu 36 % aus Hanau, zu 38 % aus dem Nahbereich (bis 10 km). Insgesamt 86 % der Besucher aus Hanau und 89 % derer aus anderen Gemeinden haben ihren Parkstand direkt angefahren und sofort einen freien Parkstand gefunden. Ein Parkleitsystem könnte also hier nur noch marginale Verbesserungen erbringen.

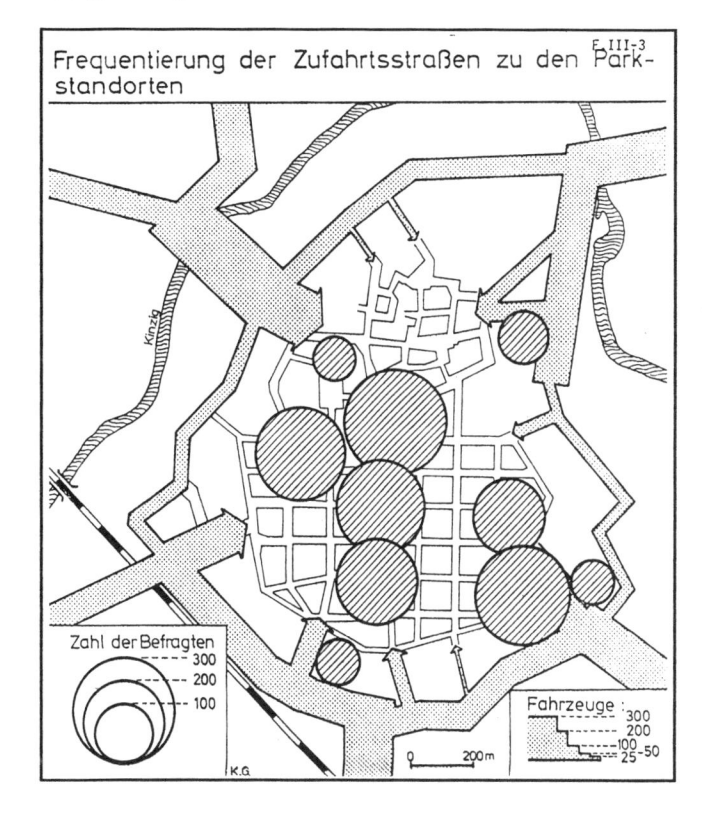

Besucher aus Nordosten und Nordwesten fahren überwiegend direkt zu den innerstädtischen Parkgelegenheiten, Besucher aus Südwesten und Südosten benutzen im stärkeren Maße die südlichen Tangenten, um die gewünschte Innenstadtzufahrt zu erreichen. Der östliche "Ringschluß" spielt als Verteiler des innerstädtischen Zielverkehrs nur eine untergeordnete Rolle. (Quelle: 17)

*Fazit: Die **Parkbilanz** muß die Ausgangslage für die Parkraumkonzeption klären. Die Parkbilanz muß*

- *auf der **"Angebotsseite"** den gesamten Parkraum, also die öffentlichen, halböffentlichen und privaten Abstellplätze erfassen und deren Kapazitäten nach Zeiten und Bedingungen der Nutzbarkeit inventarisieren*

- *auf der **"Nachfrageseite"** das aktuelle Parkgeschehen in **problemorientierter Differenzierung** erheben und darstellen.*

*Ergebnisse der Parkbilanz müssen solche Gegenüberstellungen von Angebot und Nachfrage sein, aus denen mögliche Lösungen und vorhandene **Potentiale** hervorgehen. Die Bilanz muß quartiersweise, aber nicht zu kleinräumig angelegt werden, sie muß das tatsächliche Verhalten, ggf. aber auch die Wünsche, Orientierungen und Informationen, also die "subjektiven Stadtpläne" der Parkenden berücksichtigen.*

4.2 Instrumente der Mengenpolitik

Wo befindet sich Parkraum ? Mit welcher Kapazität und welcher Regelung ? Ist der Parkraum dort, wo er heute liegt, verträglich ? Welche Möglichkeiten, aber auch welche Grenzen der Bereitstellung von Parkraum bestehen ?

Diesen Fragen geht das Teilkapitel 4.2 nach. Es wird der Gesichtspunkt der "Städtebaulichen Verträglichkeit" erläutert, die Möglichkeiten von Parkraum an Straßen, in Blockinnenbereichen und auf privaten Flächen vorgestellt und Ansprüche an Parkierungsanlagen formuliert.

Das wichtige Instrument der Stellplatzsatzung kann für die gesamte Stadt- und Verkehrsplanung eine einflußreiche Rolle spielen.

Das Angebot an Parkraum muß sich am Standard der **städtebaulichen Verträglichkeit** messen lassen, das betrifft die straßenräumliche Verträglichkeit, die Verträglichkeit mit den Ansprüchen der städtebaulichen Nutzungen und schließlich die Ansprüche im Zusammenhang des gesamten Verkehrssystems.

Straßen- und Platzräume können in unterschiedlichem Maß Grenzen für verträgliche Anordnung und Dimensionierung von Parkständen setzen:

Auf die **Fläche eines Parkstandes** "paßt" ein Baum, ein Fahrradständer, eine Sitzbank, ein Blumenbeet u.ä. Es besteht also Konkurrenz hinsichtlich der Nutzung, die **statt** des Parkens auf der Fläche möglich wäre bzw. möglich gemacht werden könnte. Parkstände können aber auch bei entsprechender Anordnung und Gestaltung, wenn sie tagsüber nicht besetzt sind, für Spiel, Aufenthalt und verschiedene Tätigkeiten genutzt werden. Konkurrenzen bestehen also hinsichtlich der Flächennutzung **zusätzlich** zum (zeitlich beschränkten) Parken.

Parkchancen "erzeugen" Parkverkehr. Die Nutzbarkeit von Freiflächen im Straßenraum, Ruhe des Wohnens, Sicherheit von Fahrbahnquerungen und Radfahrern werden durch Kfz-Verkehr eingeschränkt. Konkurrenz um die Nutzbarkeit von Flächen besteht also auch mittelbar: selbst ausreichend bemessene und geeignet gestaltete Spielflächen z.B. werden gemieden, wenn sie nur unter Gefährdungen oder Verunsicherungen erreicht werden können. In der aktuellen Diskussion werden Obergrenzen der Kfz-Belastung verschiedener Straßentypen nicht "statisch", sondern immer mit Bezug auf Verhaltensweisen und Gestaltungstypen genannt; für die **Innenstadt Esslingen** z.B.:

	KFZ-MENGE (MAX)	ANZUSTREBENDE FAHRGESCHWINDIGKEIT	AUSBAU/GESTALTUNG
ALTSTADT-GASSEN	50 - 150 Kfz/Sp-h	Schrittgeschwindigk.	niveaugleicher Ausbau
STRASSEN UND PLÄTZE MIT HOHEM AUFENTHALTS-ANSPRUCH	50 - 300 Kfz/Sp-h	Schrittgeschwindigkeit	niveaugleich, mit Fahrgasse
GESCHÄFTS-STRASSEN	bis 400 Kfz/Sp-h	unter 30 km/h	Trennung, ggf. 'weich'

Quelle: 28

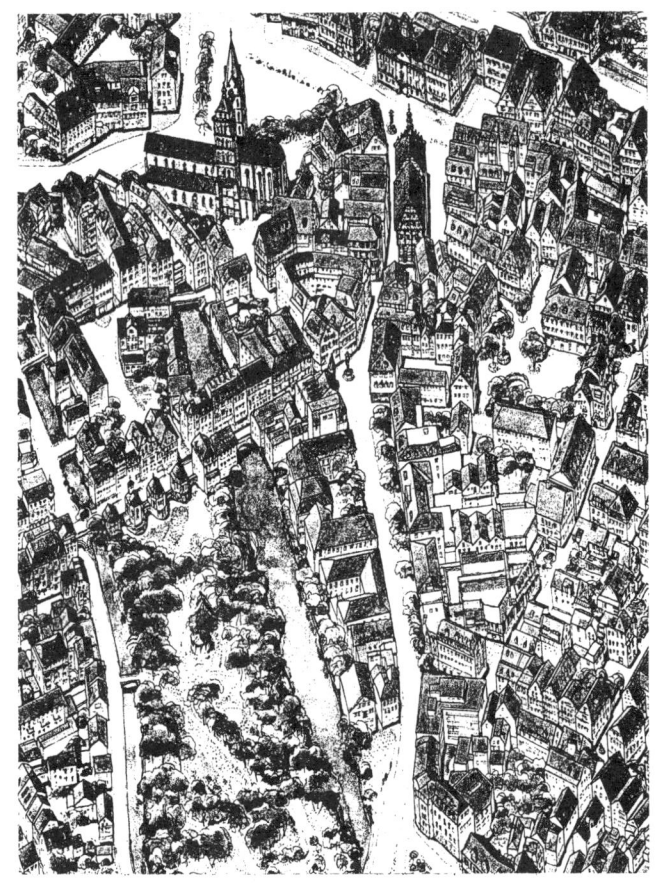

Quelle: 94

Die Altstadt von **Esslingen** hat zum Teil sehr schmale Straßenräume mit wertvoller Bausubstanz; hier ist Autoverkehr allenfalls in dem Ausmaß verträglich, in dem er für die anliegenden Nutzungen unverzichtbar ist. Das ist durch selektives Fahrverbot und Beschränkung des Parkens auf Anwohner dann zu leisten, wenn nicht nur einzelne Straßen, sondern ganze Zonen entsprechend geregelt werden: die "Parkhoffnung" als Motiv für das Befahren dieser Zonen entfällt, der notwendige Kfz-Verkehr kann trotzdem stattfinden.

Der Markt und die daran anschließenden Platzfolgen haben hohe Aufenthalts- und Repräsentationsfunktion wahrzunehmen. Die verfügbaren Flächen erlauben, auch begrenzte Kfz-Mengen verträglich abzuwickeln, wenn baulich "Fahrgassen" und verhaltensmäßig entsprechende Bedingungen erfüllt werden.

Einzelne Straßenfolgen (Schleifen) mit gründerzeitlichen Straßenräumen und hohem Geschäftsbesatz sind auch mit Kfz-Mengen bis 400 pro Spitzenstunde noch verträglich zu gestalten. Hier soll - zumindest in einer ersten Phase - noch Kurzzeitparken für Kunden und Besucher möglich bleiben.

Das Konzept des "städtebaulich verträglichen Parkens" versucht, die verschiedenen Ansprüche an den Straßenraum zu integrieren:

- der mit den anliegenden Nutzungen verbundene **Erschließungsbedarf** muß erfüllt werden können (Fahrgassenbreiten, Platzbedarf für Schleppkurven etc.);

- Bewegungen der **nicht-motorisierten Verkehrsteilnehmer** und **Aufenthalt** müssen ohne Gefährdung und Verunsicherung möglich sein (bleiben, werden);

- der Straßenraum muß im Verhältnis von Verkehrsflächen und Nebenflächen **maßstäblich** sein, er benötigt Begrünung und andere gestaltprägende Elemente;

- Parkflächen müssen in ihre Menge und Regelung gewährleisten, daß quartiersfremde Park(-such-)-Verkehre abgehalten werden, damit insgesamt die **Kfz-Verkehrsmenge minimiert** wird;

- Parken im Straßenraum muß auf **andere Parkmöglichkeiten** (Blockinnenbereiche, zentrale Parkierungsanlagen) abgestimmt werden.

Parkstände im öffentlichen Straßenraum

Die Realisierung im Straßenraum "verträglichen" Parkens läuft nicht notwendigerweise auf eine Reduzierung der Parkstandszahl hinaus: häufig bieten überbreite Fahrbahnen (bezogen auf den fahrgeometrischen Bedarf der "maßgeblichen Begegnungsfälle") die Chance, mit anderen Anordnungen sogar mehr Parkstände als bisher einzurichten.

Die Zahl der möglichen **Parkstände im Straßenraum** ist wesentlich eine Frage der Parkstandsanordnung; die "Empfehlungen für die Anlage von Erschließungsstraßen" EAE-85 geben Grundmaße und Beispiele für die Anordnung von Parkständen und die notwendigen Fahrgassenbreiten:

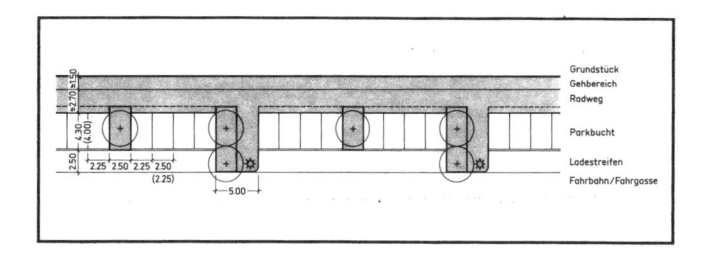

Die EAE-85 (Quelle: 64) geben den Flächenbedarf für Parken, Manövrier- und Sicherheitsstreifen je nach Arrangement des Parkens im Straßenraum an. Ähnliche Angaben finden sich in den neuen "Empfehlungen für Anlagen des ruhenden Verkehrs (EAR)" und "Empfehlungen für die Anlage von Hauptverkehrsstraßen (EAHV)"

Wichtig aus Gestaltungs- wie aus Sicherheitsgründen ist es, Parkstreifen in Abständen zu unterbrechen und dort Laternen, Bäume etc. anzuordnen; auch kann zusätzlich ein Sicherheitsstreifen erforderlich werden: sowohl für querende Fußgänger als auch zum Schutz von Autofahrern beim Beladen des Kofferraumes als auch für Radfahrer als Schutz vor aufschlagenden Auto-Türen.

An **Hauptverkehrsstraßen** müssen vom Parken ausgehende Gefährdungen, aber auch massive Störungen des Kfz-Stromes verhindert werden. Bei ausreichenden Zeitlücken und bei Möglichkeit der Anlage eines Sicherheitsstreifens können an Hauptverkehrsstraßen Parkstände auch schräg oder senkrecht angeordnet werden.

An sehr breiten Straßenräumen mit einem hohen Anteil an Durchgangsverkehr bietet die Anlage separater Anliegerfahrbahnen die Möglichkeit, sowohl dem ruhenden Verkehr, dem Lieferverkehr und dem Radverkehr Flächen zuzuweisen. Solche Anliegerfahrbahnen können sinnvoll als Mischflächen ausgebaut werden. Ideal ist in solchen "fahrbahnbegleitenden Mischflächen" ein Parkarrangement links-schräg.

Quelle: 38

Anliegerfahrbahnen können den "Erschließungsverkehr" aufnehmen, ohne den Durchgangsverkehr zu "stören". Dort kann auch der Parkbedarf der anliegenden Nutzungen befriedigt werden.

Die Arrangements und Regelungen für **Parken auf der Fahrbahn** müssen

- in den Hauptverkehrszeiten die Verfügbarkeit der gesamten Fahrbahnbreite sicherstellen

- Fahrspuren des ÖPNV in den Zeiten des Bedarfs freihalten

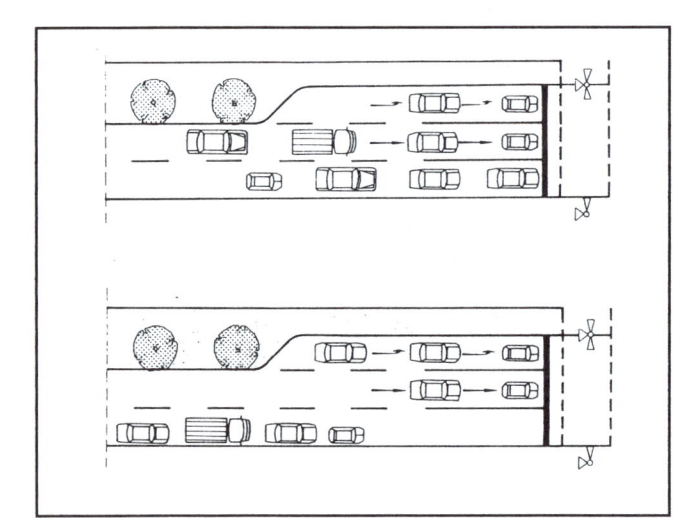

An mehrstreifigen Fahrbahnen kann tageszeitweise das Parken erlaubt werden, wenn dadurch der ÖPNV und der Kfz-Verkehr der Spitzenzeiten nicht gestört wird. (Quelle: 62)

- den besonderen Sicherheitsbedingungen von Fahrbahnquerungen entgegenkommen (in Nordrhein-Westfalen z.B. sind die Städte und Gemeinden seit Juli 1989 durch den Verkehrsminister angewiesen, an den Zuwegungen zu Schulen, die nicht durch weitergehende Maßnahmen gesichert sind, Halteverbot anzuordnen).

In Nordrhein- Westfalen ist diese Beschilderung "an allen nicht durch weitergehende Maßnahmen gesicherten Straßenabschnitten mit unmittelbaren, von den Kindern benutzten Zuwegungen zu Schulen" vorgeschrieben. (Quelle: 97)

Die Frage ob, wo und ggf. wie Parken im Straßenraum angeordnet bzw. beibehalten werden kann, muß aus der räumlichen Überlagerung der (gleichzeitigen) Nutzungsansprüche beantwortet werden. Die Nutzungen sind raumzeitlich nur begrenzt und nur unter bestimmten Bedingungen (z.B. langsame Fahrweise) zu kombinieren. Wenn und wo Parken mit den anderen Straßenraumnutzungen in massiver Konkurrenz steht, muß es ausgelagert, ggf. dann in räumlicher Nähe für die qualifizierte Nachfrage Ersatz geschaffen werden. Dazu ein **Beispiel:**

SCHLUSSFOLGERUNGEN

Mindestmaße für:
Aufenthalt ⊢1.20⊣
Fußgängerverkehr ⊢1.60⊣
Geschäftsauslage ⊢.60⊣
Radverkehr ⊢1.00⊣
Durchfahrmöglichkeit ⊢2.50⊣

In einer Einkaufsstraße wie der Bahnstraße benötigt man Flächen für
- Geschäftsauslagen, Aufenthalt
- Fußgänger- und Radverkehr
- und für eine Durchfahrmöglichkeit

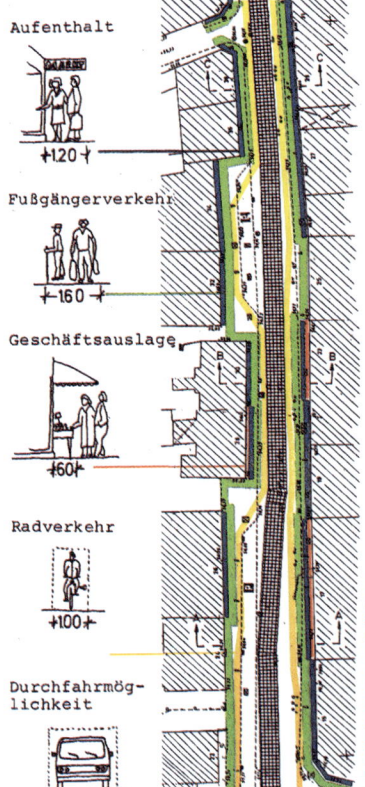

Zeichnet man die zugehörigen Mindestmaße jeweils von den Hauskanten beginnend in der Bahnstraße ein, so bleibt in der Mitte gerade eine Durchfahrmöglichkeit von 2,50 m. Nur noch vereinzelte Straßenabschnitte bieten Platz zum Parken.

<u>Die Berücksichtigung erforderlicher Mindestmaße für Aufenthalt, Fußgänger- und Radverkehr sowie die Freihaltung der Durchfahrmöglichkeiten für Lieferfahrzeuge und Anlieger erfordern also eine Reduzierung des Stellplatzangebotes im Abschnitt Schlüterstraße/Bavierstraße.</u>

Die Bahnstraße in Erkrath (Quelle: 103) ist Geschäftsstraße; die Auflistung der spezifischen Nutzungsansprüche im Straßenraum erlaubt Parken nur an einzelnen Stellen in geringerem Umfang als bisher. Für den gesamten

Parkanspruch in der Bahnstraße kann mit einer privaten Anlage, umliegenden Straßen und einem Platz ein "Deckungsvorschlag" gemacht werden:

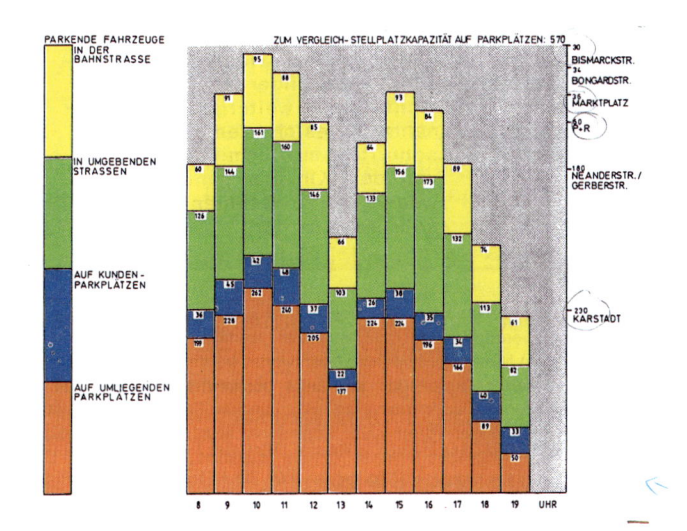

Quelle: 103

Parkkapazitäten können und müssen tageszeitweise spezifisch geplant werden. Allerdings: Die nur tageszeitweise Gültigkeit von Halteverboten legt zahlreiche, insbesondere kurze Übertretungen nahe; ein zeitlich gezielte und ausreichend dichte **Kontrolle** ist also unverzichtbar.

Kein geeigneter Weg zur Erweiterung von Parkraum an Straßen ist die Anordnung von **Gehwegparken**.

Beschilderungskombinationen wie Halteverbot und Gehwegparken (Zeichen 283/286 mit Zeichen 315-322 StVO) sollten abgebaut bzw. vermieden werden; sie prägen ein unerwünschtes Verhaltensmuster: "bei Halteverbot rauf auf den Gehweg".

Wenn eine Inanspruchnahme der Seitenräume erforderlich und vertretbar ist, empfehle ich eine Beschilderung als Parkstreifen mit Zeichen 314 (StVO) und wenn immer möglich eine entsprechende bauliche Umgestaltung.

STATT: 🚫 + P (Zeichen 315 Parken auf Gehwegen)   LIEBER: P (Zeichen 314 Parkplatz)

Quelle: 22

Parken in Blockinnenbereichen

Errichtung oder Erweiterung von Parkraum in **Blockinnenbereichen** ist derzeit zwar die (privat) praktizierte Realität, widerspricht aber häufig Ansprüchen der Stadtgestaltung, des Kleinklimas und solchen der Bewohner auf Freiflächen. Blockinnenbereiche sind verbreitet noch von Gewerbe- und Lagergebäuden belegt, ihre Entkernung, Entsiegelung und Gestaltung kann die Freiflächenausstattung der Bewohner zumindest auf Minimalwerte heben.

Typischer gründerzeitlicher Baublock (Quelle: 78)

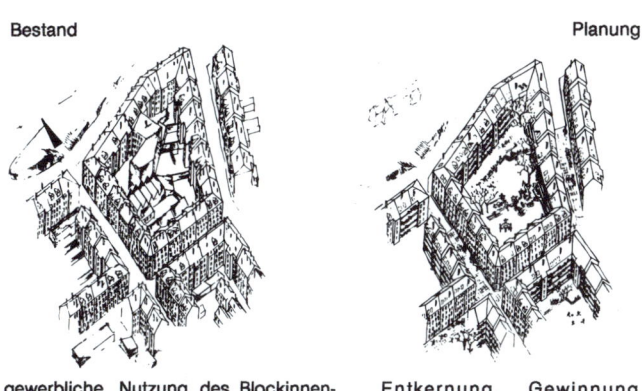

Bestand — Planung

gewerbliche Nutzung des Blockinnenbereiches, Freifläche (derzeit nur im Straßenraum): 1,9 m²/E

Entkernung, Gewinnung zusätzlicher Freiflächen: 8,7 m²/E

Der vielfach propagierten Lösung mit Tiefgaragen im Blockinnenbereich sind enge Grenzen gesetzt, dazu ein Beispiel:

Im Rahmen eines Sanierungsprogramms im Wiesbadener "Bergkirchenviertel", einem Handwerker- und "Kleine Leute"-Viertel aus der Gründerzeit nahe dem Stadtzentrum mit hoher Überbauung auf kleinpazellierten Grundstücken mit vielen Privateigentümern wurde 1981 im Blockinnern eine Tiefgarage mit 65 Einstellplätzen hergestellt (Quelle: 80):

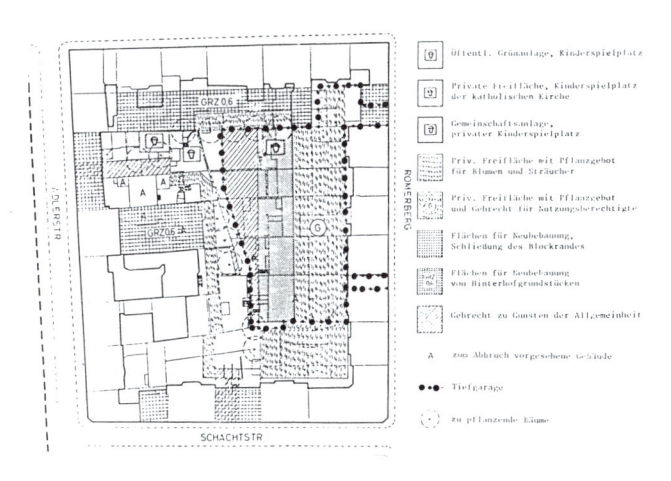

1.500 m² Freifläche des Blockinnenbereiches liegen auf dem Dach der Tiefgarage, daß setzt der Vegetations-Entwicklung enge Grenzen. Die erwartbaren Effekte, nämlich die Verlagerung von ruhendem Verkehr der

Anwohner in die Tiefgarage sind unsicher, da zunächst keine Parkbeschränkungen im Straßenraum angeordnet wurden und die Möglichkeit der Weitervermietung z. B. an Geschäftsleute aus der benachbarten City nicht auszuschließen ist. 1989 ist im Bergkirchenviertel Anwohnerparken eingeführt worden

Vom Beschluß der förmlichen Festlegung des Sanierungsgebietes bis zur Fertigstellung der Tiefgarage vergingen 9 Jahre, die Herstellungskosten betrugen (1981) rd. 45.000,-- DM pro Einstellplatz.

Rechtliche, zeitliche und finanzielle Probleme können also die Herstellung von Parkraum in Tiefgaragen in Blockinnenbereichen erheblich erschweren.

Parken auf privaten Grundstücken

Angesichts der Grundstückspreise einerseits, der wünschbaren Verdichtung und Mischung der Nutzung mit dem Ziel der "Stadt der kurzen Wege" andererseits wird ebenerdiges Parken auf nicht bebauten Grundstücken zunehmend unsinnig.

Quelle: 38

Zum Luxus wird das Vorhalten privater Parkierungsflächen, wenn Zeiten und Benutzerkreise weitgehend eingeschränkt werden:

Parkbauten

Die Hälfte der Beispielstädte setzt auf Parkraum in **Parkbauten**, entweder zur Kapazitätserweiterung, zur Erfüllung von Stellplatzverpflichtungen oder zum Ausgleich wegfallender Plätze in Straßenräumen.

Parkbauten werden als Tiefgaragen, in Sonderfällen als Unterstraßengaragen, als Parkpaletten oder Parkhäuser angelegt; je nach Größe, Lage, Gestaltung und Anbindung vereinigen sie die Vorteile, aber auch die Nachteile des "Bündelungsprinzips".

Tiefgaragen sind in den letzten Jahren verbreitet unter den **Marktplätzen** und anderen **zentralen Freiflächen** angelegt worden. Allerdings können die dadurch in zentraler Lage verursachten Kfz-Belastungen das gesamte Städtebauliche und Nutzungsgefüge empfindlich stören. Die zu- und abführenden Straßen sind häufig eng, dicht bebaut, haben Geschäftsbesatz und dementsprechende Ansprüche an Aufenthaltsqualität; häufig stellen sie ideale Busrouten dar. Auch bei maßvoller Kapazität solcher Anlagen werden die Grenzen verträglich abwickelbarer Kfz-Mengen häufig überschritten.

Ein- und Ausfahrt der Tiefgarage unter dem Marktplatz in Hanau;

Der zentrale Vrijthof in Maastricht, darunter liegt eine Tiefgarage, sie soll demnächst wegen der Zu- und Abfahrten über empfindliche Innenstadtstraßen für Anwohner und Geschäftsleute reserviert werden.

Tiefgaragen unter Gebäuden sind oft die einzige Möglichkeit, die Stellplatzverpflichtung aus konzentrierten und gemischten Nutzungen zu erfüllen; verbreitet ist das bei kommunalen (Stadthalle, Behördenhaus), kommerziellen (Bank, Kaufhaus), aber auch verdichten Wohnnutzungen. Die Kapazitäten, nicht nur an Plätzen, sondern insbesondere an täglich stattfindenden **Parkfällen** sind mit Bezug auf die Zu- und Abfahrten sind sorgfältig zu planen.

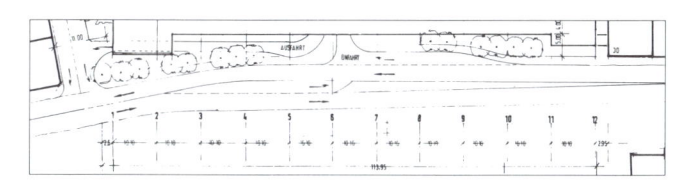

Entzerrung von Ein- und Ausfahrtsverkehr, vorteilhaft bei stark belasteten Straßen. (Quelle: 6)

Abhängig vom umgebenden Parkraumangebot ist die Akzeptanz der Tiefgaragen sehr unterschiedlich. Einige Mietverträge (für Wohn- und Büroraum) enthalten bereits die Miete für den Einstellplatz. Ist das nicht der Fall und bieten die umgebenden Straßenräume noch Parkchancen, werden diese üblicherweise vorgezogen.

Die Verfügbarkeit von Tiefgaragen unter Gebäuden reichen von freier Zugänglichkeit (oft mit einer durch Beschilderung nur geringe "Schwelle") über Gebühr und Dauerbegrenzung, ggf. mit Rabatten für bestimmte Besucher, Ausfahrtberechtigungen (üblicherweise mit Münzen, die die Besucher zu Ende ihres Geschäftes oder Besuches erhalten) bis hin zu strikter Reservierung mit Zugang nur für Schlüssel- oder Codekarten-Inhaber.

Unterstraßengaragen sind Tiefgaragen, die den Vorteil des öffentlichen Eigentums am beanspruchten Grund ausnutzen (zeitlich, finanziell). Unterstraßengaragen können eigentlich nur bei Neuanlage oder massivem Umbau von Straßen errichtet werden; Kanäle und andere Leitungen müssen häufig verlegt werden, nicht selten treten Grundwasserprobleme auf.

Unterstraßengaragen beanspruchen Flächen, die bereits "verbraucht" sind, das macht sie reizvoll angesichts der geringen Verfügbarkeit und der hohen Kosten innerstädtischer Flächen; Unterstraßengaragen können unter Fußgängerzonen (Schloßstraße in Mülheim/Ruhr) wie unter Hauptverkehrsstraßen (Kurfürstenstraße in Fulda) angelegt werden. Zu- und Abfahrten mit Rampen, Stauräumen etc. passen aber häufig in den Straßenraum nicht mehr hinein und müssen u.U. in empfindlichen Straßenräumen angelegt werden. Damit ergibt sich dasselbe massive Verträglichkeitsproblem wie bei anderen Anlagen.

Der nördliche Teil des Innenstadtrings Esslingen liegt in der "+ 1-Ebene", darunter befindet sich eine Unterstraßengarage mit 86 Einstellplätzen. Die Zufahrt führt über die Abt-Fulrad-Straße und den Marktplatz, berührt also extrem empfindliche Bereiche. Es wird deshalb diskutiert, die Plätze Anwohnern der Innenstadt und der nördlich anschließenden "Beutau-Vorstadt" vorzubehalten. (Quelle: 113)

Einen "Sonderfall" von Unterstraßengaragen stellen Abstellplätze unter Hochstraßen dar. Auch bei diesen Flächen handelt es sich um solche, die schon "verbraucht" sind, zusätzlich stehen die Verlärmung und mangelnde Besonnung zumeist anderen Nutzungen entgegen.

Parkpaletten stellen Vervielfachungen der ebenerdigen Kapazitäten durch "Stapelung" dar, üblicherweise sind sie rein funktional entworfen und lassen die notwendige gestalterische Qualität und städtebauliche Einbindung vermissen. Andererseits werden sie wegen ihrer Offenheit, des Fehlens von Einfahrtschranken und ihrer Ausstattung mit Parkuhren oder Parkscheinautomaten i.d.R. besser angenommen als Tiefgaragen.

Parkpaletten sind zumeist transparente Anlagen mit geringem Ausstattungsniveau. (Quelle: 6)

Parkhäuser sollten integrierter Bestandteil des Stadtbereiches sein, dementsprechend sorgfältig und anspruchsvoll müssen sie gestaltet sein. Parkhäuser können mit Wohnungen, Geschäften und Büros um- und überbaut werden, d.h. das Parken als Zweck des Gebäudes muß nicht unbedingt im Vordergrund stehen.

In der Literatur wie in der kommunalen Praxis werden Parkbauten, insbesondere Tiefgaragen derzeit insbesondere unter dem Aspekt der (objektiven und subjektiven) **Sicherheit** diskutiert; vielfach werden Etagen und Plätze nahe den Ausgängen oder solchen im Überwachungsbereich der Bediensteten oder von Videokameras für Frauen reserviert.

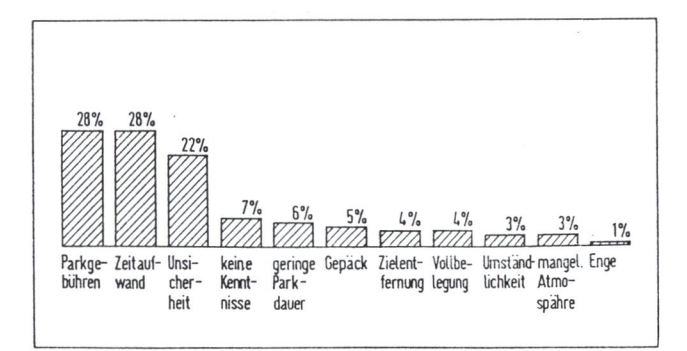

Gründe für die Ablehnung von Tiefgaragen. (Quelle: 84)

Über Tiefgaragen und Parkhäuser existiert inszwischen eine Fülle von Literatur, es gibt (z.T. patentierte) "Fertig-Angebote" der verschiedenen Hersteller.

Der ADAC hat 1987 einen Wettbewerb "das benutzerfreundliche Parkhaus" ausgelobt und bei Beteiligung von 124 Parkhäusern 31 Musterparkhäuser prämiert. Die Veröffentlichung darüber enthält für konkrete Planungen wertvolle Hinweise und Beispiele. Die Qualität und damit die Akzeptanz von Parkbauten bemißt sich nach den Erfahrungen des Wettbewerbs nach:

- Anfahrt zum Parkhaus
- Einfahrtsbereich
- Fußweg zum Ausgang
- Anfahrt des Stellplatzes
- Kassiersystem
- Fußweg zum Stellplatz
- Ausfahrt
- Sondereinrichtungen

Quelle: 6

Die **Anfahrt** sollte über möglichst kurze Wege vom Hauptverkehrsstraßennetz zum Parkhaus führen; die Information über freie Plätze muß so rechtzeitig gegeben werden, daß Rückstaus minimiert, ggf. gesonderte Abbiegespuren unnötig werden.

Der **Einfahrtsbereich** muß alle relevanten Informationen enthalten, z.B. für den Tag geltende Öffnungszeiten. Ggf. muß hier auch schon eine Vorwegweisung geleistet werden mit Differenzierung nach Langzeit-/Kurzzeitparkern, Etagen für Frauen etc.

(Quelle: 6)

Die **Anfahrt zum Stellplatz** sollte möglichst direkt, d.h. ohne Wartezeiten und Umwege geführt werden, das wird z.B. durch Lichtzeichenanlagen erleichtert.

Der ausgestiegene Autofahrer ist **Fußgänger**; diese selbstverständliche Feststellung scheint in einigen Parkbauten nicht bedacht worden zu sein: Beleuchtung, Luftqualität, Orientierung und Sicherheit für Fußgänger sind noch allzu oft "Stiefkinder" der Gestaltung.

- Wege für Fußgänger sollten zumindest markiert und durch gute Sicht gesichert sein.

- Die Rampen müssen für Fußgänger mit Gepäck, Kinderwagen etc. begehbar sein.

- Die Ausgänge zu den verschiedenen Zielen brauchen eindeutige Wegweisung.

Für den Weg vom Eingang zum eigenen Auto gilt dasselbe, auf diesem Weg, zweckmässig an jedem Eingang, sollten **Kassenautomaten** stehen, um lange (und gefährliche, verunsichernde) Umwege zu vermeiden.

Die **Überwachung** muß zweckmässig, effektiv und **glaubhaft** sein, z.B. durch eine sichtbare Video-Überwachung, gute Beleuchtung.

Quelle: 142

Quelle: 6

Quelle: 6

Hilfsbereit: Der Parkhauswächter   Quelle: 6

Zentrale mit Betriebsüberwachung   Quelle: 6

Sicherheit durch gelegentliche Polizeikontrolle   Quelle: 6

Abfertigungsanlagen in Parkbauten

Als **Abfertigungsanlagen** sind inzwischen automatische Systeme üblich: Lösungen mit Einfahrtschranken, an denen eine Parkkarte gezogen wird, mit automatischen Zahlungssystemen, die auch Geldscheine annehmen und Quittungen herausgeben, sowie mit Ausfahrtschranken, die die Ausfahrt nur mit einem als bezahlt codierten Parkschein freigeben.

Bei solchen Systemen beträgt die "Leistungsfähigkeit" einer Einfahrt rd. 400 Pkw/Std., bei der Ausfahrt rd. 350 Pkw/Std. Je nach fahrgeometrischen Verhältnissen bei der Anfahrt der Automaten (häufig Rechtskurven und damit je nach Standort des Automaten Schwierigkeiten, nahe genug am Automaten zu stehen) und nach Geschicklichkeit der Fahrer werden Pkw-Folgezeiten zwischen 7 und 10 Sek. beobachtet.

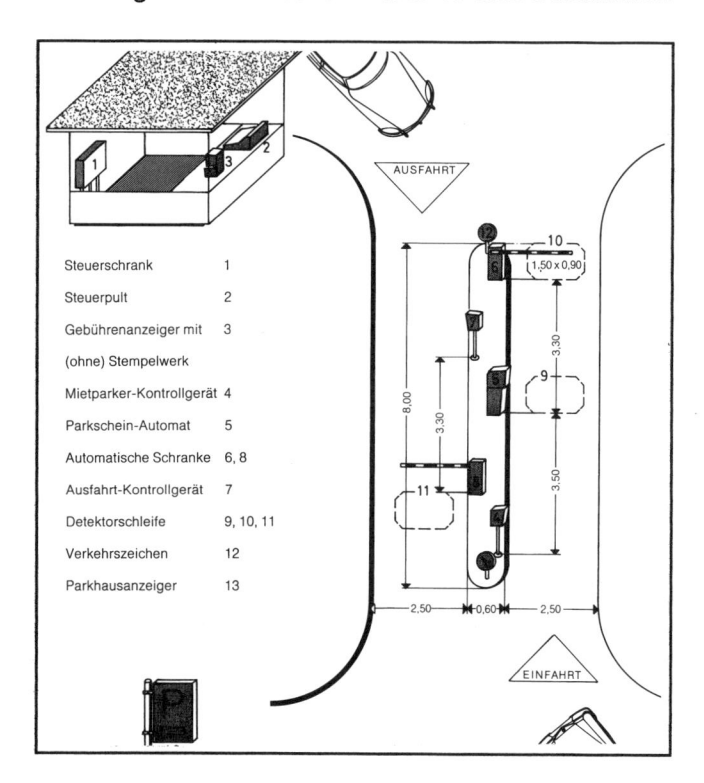

Steuerschrank	1
Steuerpult	2
Gebührenanzeiger mit (ohne) Stempelwerk	3
Mietparker-Kontrollgerät	4
Parkschein-Automat	5
Automatische Schranke	6, 8
Ausfahrt-Kontrollgerät	7
Detektorschleife	9, 10, 11
Verkehrszeichen	12
Parkhausanzeiger	13

Die Leistungsfähigkeit der Ein- und Ausfahrten ist wesentlich von den fahrgeometrischen Verhältnissen abhängig: abhängig vom Kurvenradius und der Länge der geraden Strecke bis zum Parkscheinautomaten bzw. zum Ausfahrtkontrollgerät kommt der Pkw hinreichend nahe an den Automaten, so daß der Fahrer ohne auszusteigen die Karte entnehmen oder eingeben kann. Anderenfalls muß er aussteigen, das verzögert den Fluß der Ein- und Ausfahrt stark. (Quelle: 15)

Die Frage, ob eine oder mehrere Ein- und Ausfahrtspuren angelegt werden sollen, wird zumeist mit dem Argument einer möglichst geringen Wartedauer der "Kunden" diskutiert; tatsächlich ist z.B. bei Schluß einer Massenveranstaltung der Andrang der ausfahrenden Pkw groß. "Minimierender Faktor" der Ausfahrtleistung sollte aber die Aufnahmekapazität des Straßennetzes sein, in das der ausfahrende Autostrom eingespeist werden muß. Bei der Einfahrt kann dieser Gedanke zu anderen Schlüssen führen: Rückstau in das Straßennetz durch unzureichende Leistungsfähigkeit der Abfertigungsanlage sollte vermieden werden.

Argumente der ungehinderten Ein- und Ausfahrt können auch dafür sprechen, die Abstellplätze in Parkbauten mit Parkuhren oder Parkscheinautomaten auszustatten. Dem Vorteil einer "Kasse am Platz" steht allerdings der Nachteil höheren Kontrollaufwandes gegenüber; und: der Besucher muß zu Beginn des Parkens über seine Parkdauer entscheiden, das kann u.U. unpraktisch sein.

Das von Parkgelegenheiten ausgehende Aufkommen an "fließendem Kfz-Verkehr" schwankt stark nach Nutzergruppen: Das Aufkommen je Spitzenstunde kann über 1 (Pkw-Fahrt je Parkstand) liegen. Das ist wichtig sowohl für die Dimensionierung und Organisation der Abfertigungsanlagen als auch die Beurteilung der Situation in den zu- und abführenden Straßen.

Nachfragegruppe		Spezifische maßgebende Belastung in Pkw/h und Parkstand						Anmerkung
		Zustrom			Abfluß			
Berufstätige mit überwiegend fester Arbeitszeit		1.00	1.30	1.60	0.80	1.10	1.50	
Berufstätige mit überwiegend gleitender Arbeitszeit		0.30	0.60	0.75	0.25	0.40	0.60	
Besucher des Stadtzentrums	Montag bis Freitag	0.30	0.40	0.55	0.30	0.45	0.70	
	Samstag	0.40	0.70	0.90	0.40	0.60	0.80	
Besucher von Veranstaltungen	Fußball	0.70	0.80	0.90	1.40	2.00	2.70	Abfluß stark abhängig von Besucherinteressen nach Veranstaltungsende
	Ausstellung		0.70			0.50		
	Vorlesung		1.90			0.80		
	Theater	0.90	1.00	1.10	1.00	1.20	1.30	
P+R-Nutzer, DB-Kunden			0.45			0.50		
Besucher von Einkaufszentren, SB-Warenhäusern usw.	Montag bis Freitag	0.60	0.75	0.80	1.05	1.10	1.25	Qualifiziertes Warenangebot und hoher Anteil an Gütern des aperiodischen Bedarfs
	"kurzer" Samstag		0.50			0.70		
	"langer" Samstag		0.75			0.65		
	Montag bis Freitag	0.60	1.45	2.10	0.60	1.40	2.25	Einfaches Warensortiment
	"kurzer" Samstag	1.00	1.35	1.65	1.00	1.30	1.65	
	"langer" Samstag	0.80	1.00	1.20	0.80	0.95	1.20	
Besucher von Baumärkten	Montag bis Freitag	1.95	2.10	2.50	2.20	2.35	2.50	
	Samstag		2.25			2.10		

Tabelle: Richtwerte für spezifische maßgebende Belastungen. (Quelle: 63)

Die in der Tabelle zusammengestellten Richtwerte sind aus Zu- und Abflußsummenlinien bestehender Anlagen ermittelt worden. Im Rahmen einer Abschätzung sind sie auf Anlagen gleicher oder ähnlicher Nutzung übertragbar. Auch bei gleichartigen Nachfragegruppen streuen die Erfahrungswerte teilweise beachtlich. Sofern keine genauern Anhaltswerte vorliegen, wird empfohlen, die mittleren Werte anzuwenden.

Mechanische Parkierungsanlagen

Bei Parkbauten aller Art, ob über oder unter der Erde, stellt sich die Frage nach dem Einsatz **mechanischer Anlagen**: Förder- und Steuereinrichtungen, die die Bewegung der Pkw in vertikaler und horizontaler Richtung ohne Beteiligung des (eines) Fahrers leisten. Rampen und Fahrgassen entfallen bei mechanischen Systemen, damit wird der Flächenbedarf erheblich reduziert; zusätzlich kann die Geschoßhöhe wesentlich niedriger sein, so daß Baukörper vorgebener Größe wesentlich mehr Autos zum Parken aufnehmen können. Vielfach sind Parkbauten, z.B. in Baulücken oder auf Eckgrundstücken, überhaupt nur als mechanische Anlage möglich. Das ist einer der Gründe, weshalb sie in jüngster Zeit vermehrt auch für Innenstädte in Betracht gezogen werden.

Vollmechanische Anlagen lassen sich unterteilen in **Container-**, **Paletten-** und **Paternoster-Systeme**; alle sind vom Kunden nicht zu betreten: er fährt sein Auto in eine Eingangsbox oder Empfangsfläche, das übrige "Handling" besorgt die Anlage ohne sein Zutun. Zum Wegfahren wird ein Code oder eine Code-Karte eingegeben, die Anlage bringt das Auto automatisch wieder zum Kunden.

Container-Systeme oder "**Parksafe**" sind grob wie ein Hochregal mit Gabelstapler-Bedienung vorstellbar; eine Fahr- und Hubvorrichtung bringt den Pkw zu einer freien Box, setzt ihn dort ab und holt ihn von dort auf elektronische Anforderung wieder ab; während der Parkzeit verbleibt der Pkw in "seiner" Box. Auf einer Grundfläche von rd. 8 x 12 Meter können je zwei Meter "Geschoßhöhe" (oder weniger) vier Pkw-Boxen untergebracht werden. Ein innerstädtisches Grundstück könnte also mit Kellergeschoß und einer Traufhöhe von 10 Metern 24 Einstellboxen "beherbergen", d.h. einen Einstellplatz je 4 m² Grundstücksfläche.

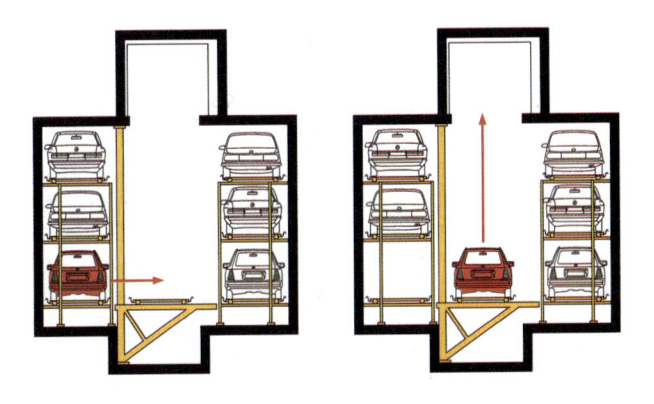

Die Fördereinrichtung kann jederzeit unmittelbar auf jede Box zugreifen, das minimiert die Zugriffszeiten. Die Hersteller geben Zugriffszeiten von rd. 1 Minute an.

"Flurparker- oder **Palettenschiebesysteme**" nutzen die Flächen jeder Ebene bis auf eine Nettobewegungsfläche aus, es sind keine Fahrgassen erforderlich, weil die Paletten, auf denen Pkw stehen, beliebig verschoben werden können.

Palettenschiebesysteme entfalten ihre spezifischen Kapazitätsvorteile erst bei größeren Anlagen. Mit 4 Parketagen (Bauhöhe rd. 8 Meter) werden auf einer Grundfläche von rd. 6,50 x 14 Metern 18 Einstellplätze untergebracht, das bedeutet rd. 5,5 m² Grundstücksfläche pro Pkw-Einstellplatz.

Da der Grundflächenbedarf für die Fördereinrichtung mit 20 bis 25 m² unabhängig von der Abstellkapazität ist, werden Anlagen mit Parkschiebesystemen mit der Größe immer günstiger: auf jeder Ebene muß immer nur je 1 Platz frei bleiben für die Bewegungen der Paletten. Mit den bei größeren Anlagen komplexer werdenden Bewegungsvorgängen zum Lagern und Zugreifen werden die Zugriffszeiten natürlich länger. Die Hersteller geben für Ebenen mit 18 Plätzen Zugriffszeiten von 45 bis 190 Sekunden, also von unter 1 Minute bis über 3 Minuten an.

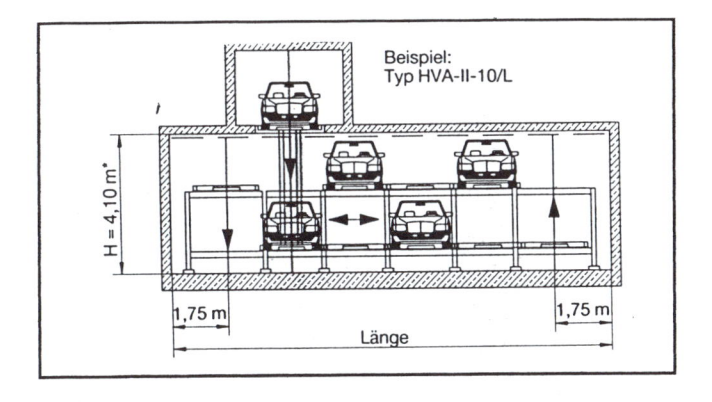

"Einfaches" Palettenschiebesystem. (Quelle: 44)

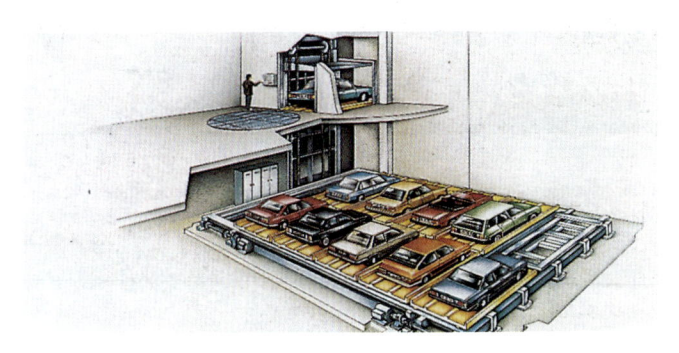

Mechanische Anlage als "Parksafe". (Quelle: 111)

Palettenschiebesystem mit großer Kapazität. (Quelle: 6)

Paternoster-Systeme bewegen für jeden Ein- und Ausparkvorgang alle derzeit geparkten Pkw. Für Vertikalpaternoster werden Kapazitäten von 22 Pkw auf 50 m² Grundstücksfläche genannt; Horizontal-Paternoster haben, wenn die Einfahrt direkt auf die obere Parkebene führt, Bauhöhen von (netto) ungefähr 4,60 Meter, die Kapazität beträgt praktisch 2 x die Netto-Abstellfläche, also etwa 1 Pkw je 8 - 10 m² Grundstücksfläche.

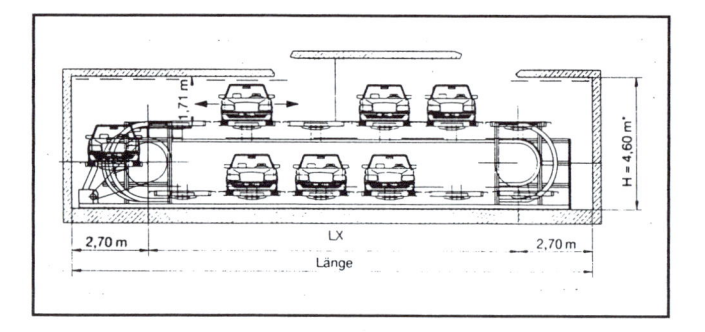

"Horizontal-Paternoster" zum Einstellen von 13 Pkw. (Quelle: 44)

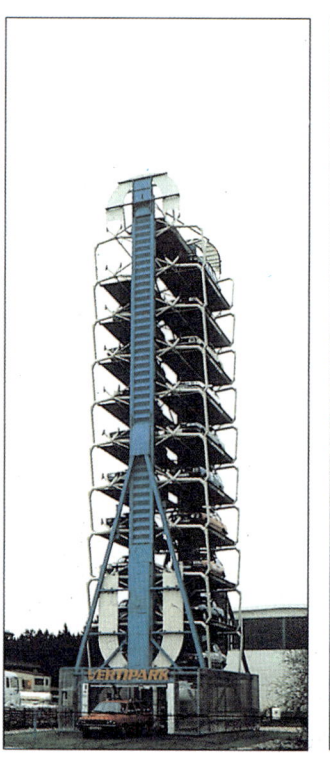

Oberirdisches Vertikalpaternoster

Unterirdisches Vertikalpaternoster
Quelle: 6

Aktuelle Vergleiche geben die **Herstellungskosten** bei halbautomatischen Systemen mit 10 bis 20 TDM, für vollautomatische Systeme mit 20 bis 40 TDM je Einstellplatz an. Hersteller nennen Kosten um 20.000,- DM pro Einstellplatz, dazu kommen die Grundstückskosten, die in innerstädtischen Bereichen die 1.000 DM Grenze pro m² überschreiten können. Für die **Betriebskosten** wird derzeit eine Größenordnung von 300 bis 500 DM pro Jahr und pro Einstellplatz genannt.

Neben der **Grundstücksgröße** und dessen Zuschnitt ist die **Bauhöhe** eine entscheidende Determinante für die mögliche Kapazität einer mechanischen Anlage. Von den selben Größen hängt auch die "**Zugriffszeit**" ab: i.d.R. rechnet man knapp 1 Minute vom Bezahlen bzw. Anfordern mit der Code-Karte bis zum Bereitstehen des Autos.

Die wenigen bisher realisierten Beispiele lassen noch keine fundierten Angaben über Akzeptanz und Vorbehalte zu; nach Angaben eines Herstellers sind 90 % der Benutzer regelmäßige Benutzer; das legt die Vermutung nahe, daß nach Überwindung von Vorurteilen und anderen Schwellen die Vorteile des Systems durchaus geschätzt werden. Ein unbestreitbarer **Vorteil** mechanischer Anlagen liegt in der **Sicherheit** gegenüber kriminellen Übergriffen sowohl bezüglich der Fahrerinnen und Fahrer als auch des Fahrzeugs.

Mechanische Anlagen müssen in Betracht gezogen werden, wenn die qualifizierte Nachfrage nicht anders befriedigt werden kann. Mit den (wenn auch mit Vorbehalten und großen Streubereichen) genannten Herstellungs- und Betriebskosten dürften sich dann monatliche **Kosten** ergeben, die etwa beim 2 bis 5-fachen derzeitiger Mietpreise liegen; in Mittelstädten werden derzeit als Dauermiete für Einstellplätze in Parkbauten Preise bis max. 100,-- DM pro Monat verlangt. Ob bei Preissteigerungen auf das 2- bis 5-fache die Nachfrage noch in gleicher Höhe bestehen bleibt oder andere Reaktionen eintreten (vom Verzicht auf Pkw-Besitz bis hin zum Wohnortwechsel), muß unter den jeweiligen örtlichen Verhältnissen differenziert abgeschätzt werden. Die erwartbaren Reaktionen müssen aber auch von der generellen Preisentwicklung für Parken abhängig gesehen werden: Parken ist in den meisten Fällen derzeit nicht kostendeckend, wenn man den Begriff der "zurechenbaren Kosten" ernst nimmt, **Parken wird sich erwartbar generell verteuern**.

Private Stellplätze

Der kommunale Einfluß auf **private Stellplätze** beschränkt sich praktisch auf Fälle von Neubau oder wesentliche Umnutzung von Gebäuden, auf Fälle also, die einer Baugenehmigung bedürfen, dabei hat die Kommune die Wahl zwischen

a. Stellplatzforderung
b. Befreiung von bzw. Reduzierung der Stellplatzverpflichtung.
c. Ablösung der Stellplatzverpflichtung.
d. Beschränkung oder Verhinderung des Stellplatzbaus, wenn eine entsprechende Satzung besteht.

Einige Bauordnungen (z.B. NRW, § 48 Abs. 8) verbieten ausdrücklich die Zweckentfremdung von Garagen und Stellplätzen, Eingriffe der Kommunen in diese Richtung sind aber extrem selten.

Die **Stellplatzforderung** richtet sich nach dem durch Art und Maß der Nutzung zu erwartenden Bedarf, dabei können die Richtzahlen der Landesbauordnungen durch kommunale Satzung detailliert, ggf. auch verschärft werden. So liegt z.B. in Hanau die Stellplatzforderung für Spielhallen an der Obergrenze der LBO-Werte, nämlich bei 1 Stellplatz pro 8 m² Nutzfläche. Die Stellplatzforderung ist durchaus geeignet, auf Entwicklungen in der städtebaulichen Nutzung Einfluß zu nehmen.

Die Landesbauordnungen sehen vor, daß die Zahl der notwendigen Stellplätze bei Anlagen mit verschiedenen, einander zeitlich nicht überlagernden Nutzungen nur dem tatsächlich gleichzeitigen Bedarf entsprechen muß: der Bedarf der Diskothek und der Arztpraxis müssen also **nicht** addiert werden. Damit sind **Mehrfachnutzungen** im Verständnis der Landesbauordnungen sogar ein Regelfall.

Die Stellplatzverpflichtung kann in Problemgebieten und angesichts der Herstellungs- und Betriebskosten für Parkraum wie auch der Höhe der Ablösesummen zu einem Investitionshemmnis insbesondere für die Herstellung oder Erweiterung innerstädtischen oder zentrumsnahen Wohnraums werden. In jüngster Zeit ist das vielerorts im Zusammenhang mit dem Ausbau von Dachgeschossen aktuell geworden. Die Landesbauordnungen von Bayern, Berlin und Niedersachsen sehen die **Reduzierung** oder den **Verzicht** auf Stellplätze bei Wohnungsbau vor.

In Nordrhein-Westfalen ist vom zuständigen Ministerium gemeinsam mit den kommunalen Spitzenverbänden eine Mustersatzung erarbeitet und den Gemeinden empfohlen worden, mit der bei Ausbau, Teilung und Umnutzung von Gebäuden mit dem Ziel der Herstellung von Wohnraum auf Stellplätze verzichtet wird; **Ablösebeiträge** werden in diesen Fällen **nicht** erhoben. Einige Städte (z.B. Krefeld) haben diese Satzung übernommen, um damit die Schaffung zusätzlichen Wohnraums zu fördern.

Richtzahlentabelle für den Stellplatzbedarf[1] – Hessen

Nr.	Verkehrsquelle	Zahl der Stellplätze (Stpl.)	hiervon f. Besucher in v.H.
2	**Gebäude mit Büro-, Verwaltungs- und Praxisräumen**		
2.1	Büro- und Verwaltungsräume allgemein	1 Stpl. je 30–40 m² Nutzfläche	20
2.2	Räume mit erheblichem Besucherverkehr (Schalter-, Abfertigungs- oder Beratungsräume, Arztpraxen und dergleichen)	1 Stpl. je 20–30 m² Nutzfläche, jedoch mind. 3 Stpl.	75
3	**Verkaufsstätten**		
3.1	Läden, Geschäftshäuser	1 Stpl. je 30–40 m² Verkaufsnutzfläche[5]), jedoch mind. 2 Stpl. je Laden	75
3.2	Geschäftshäuser mit geringem Besucherverkehr	1 Stpl. je 50 m² Verkaufsnutzfläche[5])	75
3.3	Verbrauchermärkte	1 Stpl. je 10–20 m² Verkaufsnutzfläche[5])	90
6	**Gaststätten und Beherbergungsbetriebe**		
6.1	Gaststätten von örtlicher Bedeutung	1 Stpl. je 8–12 Sitzplätze	75
6.2	Gaststätten von überörtlicher Bedeutung, Diskotheken	1 Stpl. je 4–8 Sitzplätze	75
6.3	Hotels, Pensionen, Kurheime und andere Beherbergungsbetriebe	1 Stpl. je 2–6 Betten, für zugehörigen Restaurationsbetrieb Zuschlag nach Nr. 6.1 oder 6.2	75
9	**Gewerbliche Anlagen**		
9.1	Handwerks- und Industriebetriebe	1 Stpl. je 50–70 m² Nutzfläche o. je 3 Beschäftigte[2])	10–30
9.2	Lagerräume, Lagerplätze, Ausstellungs- und Verkaufsplätze	1 Stpl. je 80–100 m² Nutzfläche o. je 3 Beschäftigte[2])	–
9.3	Kraftfahrzeugwerkstätten	6 Stpl. je Wartungs- oder Reparaturstand	–
9.4	Tankstellen mit Pflegeplätzen	10 Stpl. je Pflegeplatz	–
9.5	Automatische Kraftfahrzeugwaschstraßen	5 Stpl. je Waschanlage[3])	–
9.6	Kraftfahrzeugwaschplätze zur Selbstbedienung	3 Stpl. je Waschplatz	–
9.7	Spiel- und Automatenhallen	1 Stpl. je 8–20 m² Nutzfläche[4]), jedoch mind. 3 Stpl.	90

Anmerkungen: [1]) Diese Richtzahlentabelle verbietet nicht, daß in den gemeindlichen Satzungen strengere Maßstäbe festgelegt werden, wenn es der Stellplatzbedarf im Einzelfall erfordert (vgl. auch Nr. 3.1.1 und Nr. 3.2). [2]) Der Stellplatzbedarf ist in der Regel nach der Nutzfläche zu berechnen; ergibt sich dabei ein offensichtliches Mißverhältnis zum tatsächlichen Stellplatzbedarf, so ist die Zahl der Beschäftigten zugrunde zu legen. [3]) Zusätzlich muß ein Stauraum für mindestens 40 Kraftfahrzeuge vorhanden sein. [4]) Bei der Festlegung der Zahl der Stellplätze für Spiel- und Automatenhallen sollen auch die Zahl der Spielautomaten sowie die allgemeine Stellplatzsituation im Ortsgebiet (z. B. innerstädtische Lage, Stadtrand, Landgemeinde) berücksichtigt werden. Bei der Berechnung der Spielhallen-Nutzfläche bleiben Nebenräume außer Betracht. [5]) Grundfläche aller dem Kundenverkehr dienenden Räume mit Ausnahme von Fluren, Treppenräumen, Toiletten, Waschräumen und Garagen (vgl. § 1 Abs. 2 der Geschäftshaus-Verordnung).

---

§ 1 Verzicht auf die Herstellung notwendiger Stellplätze oder Garagen

(1) Im Geltungsbereich dieser Satzung wird bei der Änderung von Gebäuden durch Ausbau oder durch Teilung von Wohnungen zur Schaffung zusätzlicher Wohnungen auf die Herstellung von Stellplätzen oder Garagen nach § 47 Abs. 2 Satz 2 verzichtet, soweit diese nicht oder nur unter sehr großen Schwierigkeiten auf dem Baugrundstück oder in der näheren Umgebung davon auf einem geeigneten Grundstück möglich ist. Ablösebeträge nach der Satzung über ... werden nicht erhoben. Satz 1 gilt nicht bei der wesentlichen Änderung von Gebäuden oder bei der wesentlichen Änderung ihrer Benutzung i. S. des § 47 Abs. 2 Satz 1 BauO NW.

In Nordrhein-Westfalen können die Kommunen bei der Schaffung von Wohnraum auf die Stellplatzforderungen verzichten. (Quelle: 124)

Alle gültigen Landesbauordnungen ebenso wie die "Musterbauordnung" sehen vor, daß bei Unmöglichkeit oder Schwierigkeit der Stellplatzherstellung auf dem Grundstück ein "Ablösebeitrag" an die Gemeinde zu zahlen ist, der z.T. noch zweckgebunden für die Herstellung von Parkraum verwendet werden muß. Als Höchstsatz sind 60 %, teilweise 80 % der Grundstückskosten und der Herstellungskosten eines Abstellplatzes üblich.

Die geforderten Ablösesummen in den Zentren von Groß- und Mittelstädten liegen (Datenstand 1989) zwischen 6.000,-- DM und 30.000,-- DM. Erhebliche Reduktionen der Ablösesummen ergeben sich z.B. in Köln (bis auf 2.000,--DM), "wenn das Vorhaben der Erhaltung eines Objektes dient, welches in die Denkmalliste eingetragen ist". Auch in Mittelstädten werden in Sanierungsgebieten erhebliche Reduzierungen gewährt.

Die Höhe und Staffelung der Ablösesummen muß in einer Ortssatzung festgelegt werden.

Die Stellplatzablösung kann in einigen Städten auch durch Bezahlung von **ÖPNV-Fahrkarten**, also durch "Erreichbarkeits-Äquivalente" geleistet werden:

Betreiber von Gebäuden können den Nachweis führen, indem sie entweder KVG-Jahresabonnements für Beschäftigte erwerben oder die Anzahl der notwendigen Stellplätze zu einem hohen Kostendeckungsgrad ablösen. (Quelle: GVP Kassel, 1988)

Die konkrete Handhabung sieht zweckmäßigerweise folgendermaßen aus:

a. Vertrag zwischen Stadt und Gebäudebetreiber über die Ablösung von Stellplätzen für Beschäftigte über Zeitkartenrabattierung mit Festlegung der "Verzinsung" des Ablösebetrages (8 %)

b. Jährliche Festlegung der Anzahl der Beschäftigten des Gebäudebetreibers, die die ÖPNV-Zeitkarten in Anspruch nehmen möchten.

c. Der Gebäudebetreiber "kauft" entsprechend viele Zeitkarten bei den Verkehrsbetrieben, dabei nimmt er den "Großkundenrabatt" in Anspruch.

d. Der Gebäudebetreiber führt jährlich einen Verwendungsnachweis über den "Verzinzungsbetrag": die Differenz zwischen dem Verzinsungsbetrag und dem Preis für alle Fahrkarten muß nur dann an die Stadt gezahlt werden, wenn nicht alle Beschäftigten von der Regelung Gebrauch machen.

Ähnliches ist 1989 in **Dortmund** auch praktiziert worden: ein Versicherungskonzern hat sein Verwaltungsgebäude für 300 neue Beschäftigte erweitert; die erforderlichen Stellplätze wurden nur zum Teil errichtet, zum anderen Teil "gestundet" mit der Maßgabe, entsprechend viele Mitarbeiter mit Jahresfahrkarten des Verkehrsverbundes auszustatten; die Mitarbeiter haben sich parallel verpflichtet, ihren Pkw zu Hause oder auf P+R-Plätzen stehen zu lassen. Die Befreiung gilt so lange, wie das Fahrkartenmodell nachweislich betrieben wird.

Ein weiteres Beispiel: Das Landratsamt in Lörrach verlangt von den Nutzern der Tiefgarage eine monatliche Gebühr von zur Zeit 15,00 DM. Diese Gelder werden den ÖPNV-Nutzern und den Radfahrern zur Verfügung gestellt.

Stellplatzbeschränkung ist angezeigt, wenn verkehrliche und/oder städtebauliche Gründe gegen die Herstellung baurechtlich eigentlich notwendiger Stellplätze sprechen; die Vorbehalte können spezieller (auf diesen Baublock, diesen Stadtteil bezogen) oder genereller Art (gute Erschließung mit ÖPNV vorhanden) sein; die Beschränkungen müssen in einer Satzung formuliert und auf ein Teilgebiet der Stadt beschränkt bzw. in Zonen abgestuft sein.

Die vorliegenden Stellplatzbeschränkungssatzungen nehmen Stellplätze für **Wohnraum** ausdrücklich vom Verbot aus. Damit stellt sich in vielen Stadtzentren die Situation ein, daß bei der Herstellung oder Erweiterung von Wohnraum der Stellplatzbau nicht verboten, aber auch nicht verlangt wird.

Ziele und Instrumente der Stellplatzbeschränkungssatzung können **am Beispiel** des derzeit weitestgehenden Konzeptes (Stadt Kassel, 1989) erläutert werden:

'Normbedarf' gem. Richtzahlen der LBO

'qualifizierte Nachfrage' gem. Definition der ARGEBAU

Ausstattung mit öffentlich zugänglichen Abstellplätzen

Erschließungsqualität durch den Öffentlichen Personennahverkehr

städtebauliche und verkehrliche Verträglichkeit von Stellplätzen an dieser Stelle und im Gesamtsystem

Der "Normbedarf" gemäß Richtzahlen der Landesbauordnung gibt den Rahmen für die herzustellenden oder abzulösenden Stellplätze an.

Der Normbedarf wird abgestuft auf "die qualifizierte Nachfrage", diese wird für Wirtschaftsverkehr und für Anwohner voll angesetzt, für Besucher und Kunden mässig und für Beschäftigte stark reduziert.

Wenn bzw. wo öffentlich zugängliche Abstellplätze die qualifizierte Nachfrage aufnehmen können, wird die Zahl der "notwendigen Stellplätze" weiter reduziert.

Die Erschließungsqualität wurde für alle Haltestelleneinzugsbereiche der in Kassel tätigen Verkehrsbetriebe als werktägliche Bedienungsfrequenz ermittelt: der Schwellenwert "sehr guter" Bedienung mit mindestens 450 Kursen pro Werktag wird an 17, der Standard für "gute" Bedienung mit 230 Kursen an weiteren 50 Haltestellen überschritten; mit diesen Einteilungen werden weitere Reduktionzonen (neben der Innenstadt als "Reduktionszone I") definiert.

Die städtebauliche und verkehrliche Verträglichkeit steht als "genereller" Gesichtspunkt über der Gesamtbetrachtung; d.h. auch, daß bei Unverträglichkeit selbst der reduzierten Stellplatzzahl noch über Verbesserung der ÖPNV-Bedienung, ggf. die Anlage öffentlicher Abstellplatz in weniger empfindlichen Randbereichen nachgedacht werden muß.

Die Frage nach Verwendung der Ablösesummen wird zur Zeit kontrovers diskutiert; unstreitig ist, daß die Kommune dafür Abstellplätze an anderem Ort herstellen kann; strittig bzw. nicht einheitlich geregelt ist die Verwendung von Ablösesummen für die Unterhaltung bestehender Parkeinrichtungen, wie es die hessische Bauordnung von 1990 vorsieht. Die Verwendung für P + R-Plätze ist in vielen Ländern möglich und üblich, die Verwendung auch zur Förderung des ÖPNV, Fußgänger- und Radverkehrs wird derzeit von vielen Seiten, u.a. den kommunalen Spitzenverbänden gefordert.

Die laufende Initiative zur Novellierung der hessischen Bauordnung sieht Erweiterungen der Verwendbarkeit von Ablösesummen entsprechend diesen Forderungen vor. Für Nordrhein-Westfalen werden ähnliche Vorschläge diskutiert.

Formulierungsvorschlag: Stadt Kassel

Ist die Herstellung **nach Absatz 6 Satz 1** nicht oder nur unter großen Schwierigkeiten möglich, so kann verlangt werden, daß der zur Herstellung Verpflichtete unter Fortfall der Herstellungsverpflichtung an die Gemeinde einen Geldbetrag zahlt; das gilt auch **in den Fällen des Absatzes 4 und des Absatzes 6, Satz 3.** Die Entscheidung hierüber trifft die Bauaufsichtsbehörde im Einvernehmen mit der Gemeinde. Der Geldbetrag ist zu verwenden

a) zur Herstellung öffentlich nutzbarer Stellplätze und Garagen (einschließlich Park & Ride und Bike & Ride Anlagen)

b) zur Unterhaltung bestehender Parkeinrichtungen

c) zur Herstellung oder Erweiterung des öffentlichen Personenverkehrs und seiner Einrichtungen

d) zur Förderung des Fahrradverkehrs oder

e) zur Verbesserung der Bedingungen für den Fußwegeverkehr

Die zeitliche Reihenfolge der Verwendungsmaßnahmen bestimmt die Gemeinde nach pflichtgemäßem Ermessen.

Quelle: 115

Stellplatzablösesummen sollten als "**Erreichbarkeitsabgabe**" verstanden werden, mit der die Betreiber von Nutzungen - für alle Verkehrsmittel gleichermaßen - einen Beitrag zur Optimierung ihrer Erreichbarkeit und der damit verbundenen Vorteile leisten. Mit den Ablösesummen sind Stellplätze in den Zentren oder an deren Rand sowieso nicht zu bezahlen; d.h. daß die Kommune zur Optimierung der Pkw-Erreichbarkeit **privater** Nutzungen erhebliche Zuschüsse leisten müßte, diese können weit über die Hälfte der Herstellungskosten betragen. Mit der gleichen Summe kann die Erreichbarkeit mit dem ÖPNV für ein Vielfaches an Kunden und Besucher gesichert werden: Ein "Buskilometer" kostet derzeit rd. 6 bis 8 DM, und ein Bus faßt 40 bis 60, je nach Bauart auch mehr Personen. Parkplätze als Optimierung der Erreichbarkeit sind also nicht nur die unsozialste, sie sind auch die mit Abstand teuerste Strategie.

Fazit : Instrumente der Mengenpolitik

Der Schaffung von Parkraum in oder nahe den Zentren der meisten Mittelstädte sind enge Grenzen gesetzt; auch der vorhandene Parkraum muß unter Gesichtspunkten der Städtebaulichen Verträglichkeit überprüft werden.

Ein Parkraumkonzept muß auf der "Mengen-Dimension" den Straßenraum und private Flächen bearbeiten. Parkraum und zugehörige Ziele müssen nicht unmittelbar beieinander liegen, "Bündelung" ist oft unumgänglich.

Die Möglichkeiten der Schaffung von Parkraum auf privaten Flächen und in Blockinnenbereichen sind begrenzt, mechanische Transporteinrichtungen können die Kapazitäten stark erweitern; Parkraum kann absehbar nicht mehr so "billig" bleiben wie bisher.

Komfort und (objektive, insbesondere aber subjektive) Sicherheit lassen in vielen Parkierungsanlagen noch zu wünschen übrig; die Ablehnung größerer Bevölkerungsgruppen gegenüber Parkhäusern hat auch darin ihren Grund.

*Einflußmöglichkeiten auf private Stellplätze haben die Kommunen nur mittel- bis langfristig, die meisten Mittelstädte schöpfen die damit gegebenen Möglichkeiten noch **nicht** aus.*

Es gibt im Sinne der Problemlösung aussichtsreiche Vorschläge für Alternativen zur Stellplatzverpflichtung, es gibt auch bereits ermutigende Beispiele.

4.3 "Management" von Parkraum

*Unter **"Bewirtschaftung"** werden verbreitet, aber verkürzt nur restriktive Regelungen des Parkens verstanden, tatsächlich betrifft Bewirtschaftung aber alle Strategien, Instrumente und Methoden des Umgangs mit Parkraum als "knappem Gut", also auch zum **Angebots-Management** gehörende Instrumente wie Mehrfachnutzung und Parkleitsysteme.*

Management- oder Bewirtschaftungsinstrumente "dynamisieren" das Parkraumangebot und wirken zugleich "selektiv" auf die Nachfrage. Es ist selbst analytisch zumeist nicht eindeutig zu entscheiden, ob die eine oder die andere Wirkung vorliegt oder vorherrscht.

*In diesem Kapitel über Management bzw. Bewirtschaftung von Parkraum werden zunächst mit der **Mehrfachnutzung**, **Parkleitsystemen** und **P + R** Instrumente der "intensiven" Ausnutzung von Parkraum vorgestellt, Instrumente also, die dafür sorgen sollen, daß möglichst viele und genau die richtigen Parkfälle auf dem innerstädtischen Parkraum stattfinden.*

*Im zweiten Teil dieses Kapitels werden die **"Bewirtschaftungsinstrumente im engeren Sinne"**, nämlich **Gebühren** und **Dauerbegrenzungen**, **Bevorrechtigungen** und als Voraussetzung jeglicher Bewirtschaftung die **Kontrolle** vorgestellt und mit ihren Varianten diskutiert.*

Mehrfachnutzung von Parkraum

Eine "Spielart" der **intensiven Parkraumerweiterung** ist die "zeitliche Stapelung": die **koordinierte Mehrfachnutzung** von Parkraum. Inoffiziell bzw. privat wird sie bereits betrieben:

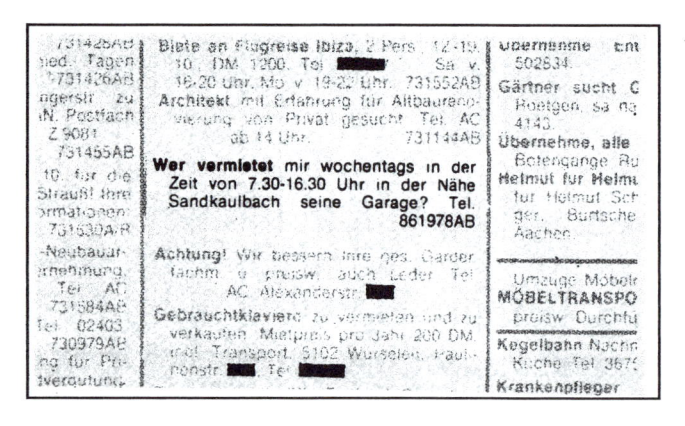

In den Anzeigenteilen der Tageszeitungen finden sich häufig Such-Annoncen nach "Teilnutzung" von Parkraum, ebenso finden sich Angebote für Tage- und tageszeitweise Parkraum. (Quelle: 36)

Private Stellplätze können bei Überhang qualifizierter Nachfrage als (auf Wochentage und Tageszeiten) beschränktes Angebot "auf den Markt" gebracht werden, dazu kann kommunale Hilfestellung nützlich sein.

In Parkbauten findet Mehrfachnutzung als Normalfall statt; die meisten Betreiber verfügen zusätzlich über Erfahrungen über die Anwesenheitsquoten ihrer Dauerparker, so daß auch ein Anteil von deren Plätzen zugänglich gemacht werden kann; zum **Beispiel**:

Im Parkhaus Marktplatz in Esslingen mit 278 Einstellplätzen sind 120 "Dauernutzer" (Eigentümer von Plätzen) und 120 "Dauermieter" zu berücksichtigen; problemlos können dort aber morgens um 9.00 Uhr wie nachmittags um 16.00 Uhr 110 "zahlende Kunden" parken.

Mehrfachnutzung von Parkraum in gebührenpflichtigen Anlagen kann durch das Tarifsystem (progressive Gebühren, Tages- und Nacht-Tarife etc.) gezielt gefördert werden.

Mehrfachnutzung von Behörden- und Firmenparkplätzen ist vielerorts abends, nachts und an Wochenenden üblich:

Für einzelne Wochentage bzw. Stundengruppen werden die Flächen mit Zeichen 314 StVO als Parkplatz ausgeschildert, außerhalb dieser Zeiten gelten sie als Privatgrundstück.

Ständige "Reservierung" von Parkständen für jeweils nur einen Nutzer sind ein "Luxus", den man sich nur aus Gründen der Verträglichkeit in den betroffenen Straßen leisten sollte; in Parkierungsanlagen, insbesondere solchen mit verträglichen Zu- und Abfahrten ist solches "Wirtschaften" zumeist unsinnig.

Parkleitsysteme

In dieselbe Kategorie der "intensiven" Angebotsnutzung gehören auch **Parkleitsysteme**.

"Statische" Parkleitsysteme am "Stadteingang" (Quelle: 7)

entlang der "Parkrouten"

Statische Parkleitsysteme als Hinweis auf und Wegweisung zu Parkgelegenheiten ohne Nennung von deren genereller und aktueller Kapazität werden an den Stadteingängen und entlang der Ortsdurchfahrten angebracht. Während die Gemeinde bei der Aufstellung von Hinweisschildern relativ freie Hand hat, sind bei der Aufstellung von Parkwegweisungen auf Wegweisertafeln (Z.436 StVO) **Abstimmungen mit dem Straßenbaulastträger** erforderlich; zum **Beispiel**:

Die Fallstudienstadt Geldern hat zusammen mit dem neuen Parkraumkonzept ein Wegweisungskonzept erarbeiten lassen, dieses aber aufgrund von Vorbehalten des Landesstraßenbauamtes bzgl. der Wegweisung auf dem Innenstadtring (der abschnittsweise Bundesstraße ist) reduzieren müssen.

Die Parkwegweisung insgesamt wird besonders instruktiv, wenn sie in Übersichtstafeln integriert oder dadurch ergänzt wird: entsprechend den innerstädtischen Zielen kann der zweckmäßigste Parkort dann auf den vergleichsweise unempfindlichen Tangenten- oder Ringstraßen angefahren werden

Übersichtskarten an den Stadteingängen können den Zielverkehr günstig, d.h. über relativ verträgliche Routen verteilen. (Quelle: 7)

Halbdynamische Systeme zeigen bei der Zufahrt zur **einzelnen** Anlage "frei" oder "besetzt" an, **dynamische** Systeme vermitteln Informationen über die Besetzung des Parkraums bereits an den Innenstadtzufahrten und zwar für mehrere bzw. alle Anlagen; dafür müssen folgende Bedingungen erfüllt sein:

- Die im Parkleitsystem erfaßten Anlagen müssen baulich abgeschlossen sein und über elektronische Ein- und Ausfahrtkontrollen verfügen.

- Die Informationen über den Belegungsgrad der einzelnen Anlage (der "Schwellenwert" für die "Besetzt"-Anzeige schwankt zwischen 85 % und 95%) müssen mit einer Rechnerzentrale, diese mit den einzelnen Anzeigen über Nachrichtenkabel verbunden sein; dafür können auch vorhandene Steuerkabel für Lichtsignalanlagen und/oder Fernmeldeleitungen benutzt werden.

- Die angeschlossenen Anlagen müssen eine bestimmte Mindestkapazität haben, ein erfahrungsgestützter Mindestwert liegt bei 50 Einstellplätzen.

Ein Vorschlag, mit dem Parkleitsystem zugleich die Zielverkehre nach **Kostensensibilität** und damit nach Reisezwecken räumlich zu differenzieren, wurde jüngst für die niederrheinische Mittelstadt **Kleve** gemacht:

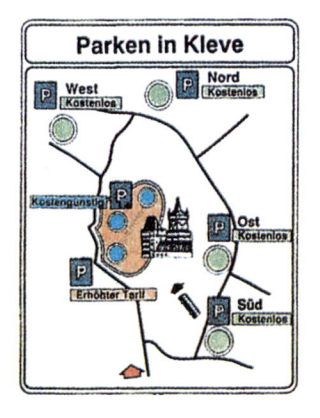

Übersichtstafel an den Einfallstraßen

Anzeigen des dynamischen Parkleitsystems (Quelle: 52)

Die Parkleitsysteme unterscheiden sich u.a. wesentlich in ihrem **Kostenaufwand**: das statische Parkleitsystem in **Nürtingen** (4 angeschlossene Anlagen, 16 eigene Schilder) hat 23.000,- DM gekostet, das halbdynamische System in **Baden-Baden** mit 16 Wechselwegweisern an den Zufahrten zu den Parkbauten kostete einschließlich der Verkabelung ca. 400.000,- DM, das dynamische System in **Osnabrück** (16 Schilder, 24 Wechselverkehrszeichen, rechnergesteuerte Zentrale) hat rund 1 Mio DM gekostet, allerdings entfällt knapp die Hälfte davon auf das (eigene) Leitungsnetz (alle Angaben aus: /7/).

Die mit der Anlage dynamischer Parkleitsysteme verbundene Erwartung höherer und gleichmäßigerer Auslastung der Anlagen wird teilweise, die Erwartung nennenswerter Reduzierungen des Parksuchverkehrs kaum nachweisbar erfüllt. Länger zurückliegende Erhebungen in **Aachen** werden mit einer Senkung des Anteils an Parksuchfahrten von ca. 30 % auf ca. 20 % zitiert, die Belegung der Parkhäuser nahm um 21 % zu. Die Übertragbarkeit von Befunden aus Großstädten auf mittelstädtische Verhältnisse ist kaum möglich:

- Der Anteil von regelmäßigen und ortkundigen Besuchern ist in Mittelstädten höher als in Großstädten.

- Viele Parkierungsanlagen in Mittelstädten erfüllen nicht die Voraussetzungen für einen Anschluß an dynamische Parkleitsysteme: eine aktuelle Untersuchung in Kassel (1989) hat ergeben, daß von den 14.000 innerstädtischen Abstellplätzen nur ca. 3.000, also nur 20 % "leitfähig" sind.

- Bei der räumlichen Ausdehnung des zentralen Bereiches der meisten Mittelstädte wird "sowieso" in fußläufiger Entfernung zum Ziel geparkt, dynamische Leitung des Parkverkehrs ist also "unnötig".

- die Kosten eines dynamischen Systems schlagen im Haushalt von Mittelstädten stark zu Buche.

Park and Ride

Park and Ride bedeutet zunächst die räumliche Verlagerung von Parkmöglichkeiten aus den Zentren in periphere Bereiche und die Überwindung der damit entstehenden Entfernung zum Ziel mit dem ÖPNV.

P+R ist damit sowohl Instrument der Parkraumpolitik als auch der gesamten Verkehrspolitik. Parkraumrestriktionen im Zentrum sind Voraussetzung für die Akzeptanz von P+R, vielfach verläuft die Argumentation auch umgekehrt: P+R als Voraussetzung für Parkraumrestriktionen. P+R-Plätze müssen in einer ausreichenden Entfernung zum Ziel liegen, um den Vorteil eines (gegenüber dem MIV) beschleunigten ÖPNV voll "ausspielen" zu können.

"Inoffizielles" P+R wird von zahlreichen Berufspendlern bereits heute betrieben: es wird so weit in Zielrichtung gefahren, wie noch gebührenfrei und ohne Dauerbegrenzung geparkt werden kann, von dort aus wird der Bus oder die Straßenbahn benutzt. Dazu liegen zwar keine systematischen Beobachtungen oder Zählungen vor, Einzelbefunde können aber zumindest als exemplarisch gelten. Die Parkorte werden dadurch tagsüber mit Fremdparkern belastet, was je nach Gebietstyp auch die qualifizierte Nachfrage dort betreffen kann.

Für "offizielles" P+R ist zumindest ein gesonderter Parkplatz (mit der P+R-Beschilderung) und eine Tarif-Abstimmung: Parken-Fahren erforderlich. Eingeführt und erfolgreich betrieben wird P+R hauptsächlich in Großstädten mit schienengebundenem ÖPNV und an vielen Bundesbahnstationen. Für Mittelstädte mit Busverkehr werden verbreitet Vorbehalte geäußert:

- Der Bus kann kaum die für Akzeptanz erforderlichen Zeitvorteile verschaffen wie ein schienengebundenes Fahrzeug auf eigenen Fahrwegen.

- Leistungsfähige Straßen führen in Mittelstädten zumeist so nahe an das Zentrum heran, daß der Anreiz zum Umsteigen kaum noch besteht.

In einer Umfrage bei den Mitgliedern des Deutschen Städtetages (137) 1985 gaben nur 11 % an, P + R mit Bussen zu betreiben.

Die **Stadt Göttingen** hat mehrere "Anläufe" zur Einführung von P+R mit Bussen gemacht:

- 1981 als "City-Express" auf Initiative des Einzelhandels an den langen Samstagen vor Weihnachten, Erfolg: durchschnittlich 921 beförderte Personen pro Samstag, 20-Minuten-Takt ohne Zwischenhalt zu 5 Haltestellen.

1982 als P + R mit überwiegender Kostenübernahme durch die Stadt, 10-Minuten-Takt an den langen Samstagen vor Weihnachten, Erfolg: die Zahl der pro Samstag beförderten Personen stieg von 900 (1982) auf fast 3.000 (19985) in der Vorweihnachtszeit und auf rund 1.300 an normalen verkaufsoffenen Samstagen, auf die ab 1984 das Angebot erweitert wurde.

Derzeit finden erneut Überlegungen statt, P + R mit gesonderten Plätzen und verbesserten Busbedienungen zu realisieren, ermutigt u.a. durch Ergebnisse einer Befragung von Beschäftigten:

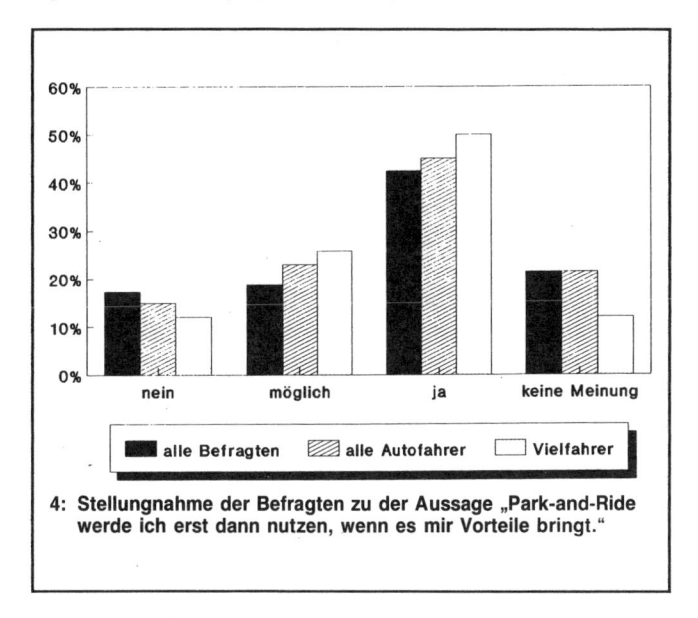

4: Stellungnahme der Befragten zu der Aussage „Park-and-Ride werde ich erst dann nutzen, wenn es mir Vorteile bringt."

Die Bereitschaft von PKW-Berufspendlern, P+R einmal auszuprobieren, ist bei rund der Hälfte vorhanden; fast ebenso groß ist der Anteil derjenigen, die P+R erst nutzen, wenn es Vorteile (wohl preislicher und zeitlicher Art) bringt. P+R ist also davon abhängig, zeitlich und finanziell das Auto "überholen" zu müssen und seinen Vorteil in den Köpfen der potentiellen Teilnehmern auch tatsächlich subjektiv präsent zu machen. (Quelle: 129)

Die meisten Mittelstädte, die "offizielles" P+R betreiben, tun dies an Samstagen, dann stehen große Firmenparkplätze an der Peripherie zur Verfügung; es wird als P+R als Lösung für "Überlastprobleme" benutzt; an Tagen mit Stadtfesten, Kirmes und ähnlichen außerordentlichen Aufkommensmaxima ist P+R ebenfalls üblich. Für diese Lösungen spricht, daß die dann angesprochenen Kunden wenig reisezeitempfindlich sind und an solchen Tagen auch massive Parkraumrestriktionen im Zentrum leicht akzeptiert werden.

Durchschlagende Erfolge von P+R in Mittelstädten mit Busbetrieb sind derzeit nicht bekannt. Dagegen setzt sich in der verkehrspolitischen Diskussion eine Position verstärkt durch, P+R nur als "Übergangstechnologie" und "Überlastschutz" zu begreifen und stattdessen auf Verbesserungen des ÖPNV **von der Quelle bis zum Ziel** zu setzen. Tatsächlich wird von aktuellen Untersuchungen der Anteil der P+R-Kunden, die vorher den ÖPNV benutzt haben, mit 1/3 angegeben; P+R kann also auch einen Beitrag zur Schwächung von ÖPNV-Angeboten in Räumen schwacher Nachfrage darstellen.

Kontrolle und Sanktionen

"Bewirtschaftungsinstrumente im engeren Sinne" sind alle Regelungen, die den potentiellen Nutzer direkt betreffen und ggfs. **selektiv** auf die **Nachfrage** wirken.

Kernpunkt und Erfolgsbedingung jeder Regelung des Parkraums ist neben der Eindeutigkeit und Orientierungsstärke ihre **Kontrolle**. Die Möglichkeiten und Bedingungen dafür sind seit einigen Jahren günstiger geworden, seit nämlich die Überwachung des ruhenden Verkehrs nicht mehr ausschließlich Sache der Polizei ist und die Ordnungsämter mit eigenen Kräften tätig werden.

Zweck der Kontrolle ist die Einhaltung der Regeln, nicht die Erzielung von Einnahmen, das muß nicht nur Umfang und Organisation der Kontrollprogramme, sondern zugleich deren Vermittlung an die Beteiligten und Betroffenen prägen.

Die Überwachungsaufgabe der Ortspolizei- bzw. Ordnungsbehörden bezieht sich nur auf öffentliche Straßen- und Platzräume, Flächen also, auf denen gemäß StVO beschildert wird. Die Hilfspolizeibeamten haben alle Befugnisse der Vollzugspolizeibeamten nach dem PVG einschl. Maßnahmen des "unmittelbaren Zwanges", das betrifft im wesentlichen das Abschleppen verbotswidrig abgestellter Fahrzeuge. Die Gerichtsurteile haben inzwischen einen weiten Bereich von Fällen aufgezeigt, in den abgeschleppt werden kann und sollte. Der neue **Gebührenkatalog** und die gebührenrechtliche **Halterhaftung** haben die Bedingungen für eine wirksame Kontrolle zusätzlich verbessert.

Ausmaß und Organisation der Überwachung, also Tage, Zeiten und Häufigkeiten der Kontrollumgänge sind von der Parkdichte und der Parkregelung sowie der "Üblichkeit" und Eingewöhnung abhängig. Pauschale "Daumenwerte" wie z.B. 4 Überwachungskräfte je 1.000 Parkstände können nur einen ersten Einstieg in die Dimensionierung und Organisation der Überwachung geben. Wichtig ist, ein auf die Wahrscheinlichkeit und die "Schädlichkeit" von Parkverstößen ein auf die Wahrscheinlichkeit und Schädlichkeit von Parkverstößen abgestimmtes "Programm" zu entwickeln; in vereinfachter Form könnte das wie im folgenden Beispiel für die **Wiesbadener Innenstadt** aussehen:

Während die Überwachung mit dem Ziel, Berufspendler abzuhalten (und zum Umsteigen auf den ÖPNV zu veranlassen) relativ grobmaschig organisiert werden kann, erfordern die übrigen, i.w. wohnumfeldverbessernden Absichten der Parkraumbewirtschaftung größere Verdichtungen der Parküberwachung.

Plätze mit Regelung durch/als	hauptsächliche "Zielgruppe" der Überwachung	Häufigkeit pro "Überwachungstag"	Zahl der "Plätze	Zahl der Kontrollen pro "Überwachungstag"
Anwohnerparkstände ("Trennungsprinzip")	Berufspendler	2	4.622	9.244
Parkstände mit Uhr (2. Std. Höchstparkdauer)	Parkende über lange und mittlere Dauer	5	3.012	15.060
Parkstände mit Parkscheinautomaten (Höchstparkdauer 3 Std., Bewohner mit Lizenz sind befreit)	Fremdparker über lange und mittlere Dauer	4	3.012	12.048
Straßenabschnitte mit tageszeitweisen Halteverboten	alle Parkenden zu den Verbotszeiten	stündlich während der Geltungsdauer der Halteverbote	300	1.350
			10.946	36.036

Eine nächste Überlegung gilt der notwendigen Wiederholung der Überwachungen, also der Zahl der wöchentlichen (aber nicht regelmäßigen) Überwachungstage; diese Wiederholung wird angesichts der Regelungen und unter der Voraussetzung einer wirksamen Öffentlichkeitsarbeit auf 2 bis 3 mal pro Woche angesetzt. Wöchentlich sind dann fast 100.000 Einzelkontrollen anzusetzen.

Es wird ein massiver Personaleinsatz erforderlich: aus den Erfahrungen mit Kennzeichenverfolgungen und aus der Literatur kann je nach Falschparkanteil eine Überwachungsleistung von 40-70 Fällen pro Stunde, täglich als rd. 300-500 Einzelkontrollen zugemutet werden. Die Überwachungsleistung eines Mitarbeiters pro Woche beträgt also 1.500 bis 2.500 Einzelkontrollen, im Mittel also 2.000 wöchentliche Einzelkontrollen. Für den "Außendienst" nach dem o.g. Programm werden somit rd. 50 Mitarbeiter erforderlich.

Die zitierte Untersuchung stand unter dem Titel "flankierende Maßnahmen zum Umweltabonnement" und hatte vorwiegend Berufspendler als Zielgruppe. Deshalb konnten einige Teile des "Drehbuchs", insbesondere die nur 2-malige Kontrolle von Anwohnerbereichen (hier im "Trennungsprinzip") als ausreichend gelten. Mit einem anderen Konzept (z.B. Anwohnerparken im Mischungsprinzip) und anderen Zielgruppen müßten die Kontrollen dort dichter ausfallen. Der Gesamt-Personalbedarf ergibt zwar in diesem Beispiel mit 4,6 Personen pro 1.000 Parkstände nahezu den oben zitierten "Daumenwert", zwischen den unterschiedlich bewirtschafteten Zonen ergeben sich aber deutliche Differenzen.

Das "Drehbuch" kann auch mit Hilfe erfahrungsmäßiger Verwarungsleistungen von Mitarbeitern in Personalbedarfszahlen übersetzt werden, zum **Beispiel**:

In **Lüneburg** stieg die Leistung einer Überwachungskraft nach der Ausstattung mit elektronischen Erfassungsgeräten von 50-70 auf rd. 100 Verwarnungen pro Tag. Da Einzelkontrollen von korrekten Parkfällen schneller sind als solche, bei denen eine Verwarnung ausgesprochen werden muß, kann bei Falschparkeranteilen von 20 - 30 % eine Überwachungsleistung von 600 - 900 Einzelkontrollen pro Tag angesetzt werden.

Bei diesen Überschlagsrechnungen ist allerdings zu bedenken, daß Abend- und Wochenendzeiten, die ja durchaus das Maximum der Parknachfrage bilden können, zusätzlichen Personalbedarf (mit dann geringeren Überwachungsleistungen) definieren können.

Die vorliegenden Erfahrungen aus Großstädten wie aus Mittelstädten sowie sämtliche Modellrechnungen zeigen, daß die kommunale Parküberwachung sich finanziell "trägt", verbreitete Vorurteile gegen die Einstellung von Überwachungskräften also keine rationale Grundlage haben, vielmehr oft von anderen Gedanken (Scheu vor Imageveränderung etc.) getragen sind.

Die **Kontrolle** in Parkierungsanlagen mit maschineller Abfertigung erfordern praktisch keinen Aufwand. Sie ist bereits in Abfertigungsprozeß automatisch enthalten. In Anlagen mit Parkuhren und Parkscheinautomaten in kommunaler "Regie" entspricht die Kontrolle derjenigen "auf der Straße".

Kontrolle und Sanktionen auf **privaten Flächen** führt häufig zu gerichtlichen Auseinandersetzungen und spektakulären Schlagzeilen: der Eigentümer muß unberechtigt oder behindernd Parkende zunächst auf eigene Kosten abschleppen lassen und die Kosten vom Pkw-Halter einklagen. Dabei prüfen die Gerichte den Grad der Behinderung bzw. Störung.

Viele Betreiber privater Parkflächen insbesondere Banken, Versicherungen, Verwaltungen, Kureinrichtungen, Angehörige freier Berufe etc. haben für dieses Dilemma folgende Lösung gefunden:

- die Einfahrt ist entweder frei oder es wird eine (datierte und mit der Einfahrtzeit gestempelte) Parkkarte ausgegeben, eine Kontrolle der Einfahrtberechtigung findet nicht statt
- am Ende des Besuches oder Geschäftes erhält der Besucher vom Betreiber eine Ausfahrtmarke, mit deren Hilfe er die Ausfahrtschranke öffnet
- nicht berechtigt dort Parkende erhalten eine Ausfahrtmarke nur gegen Zahlung eines pauschalen oder auf die Parkdauer bezogenen Preises
- bei der Einfahrt in die Anlage ist eine entsprechende Hinweistafel mit Nennung des Berechtigtenkreises und der Preise für nicht berechtigtes Parken angebracht.

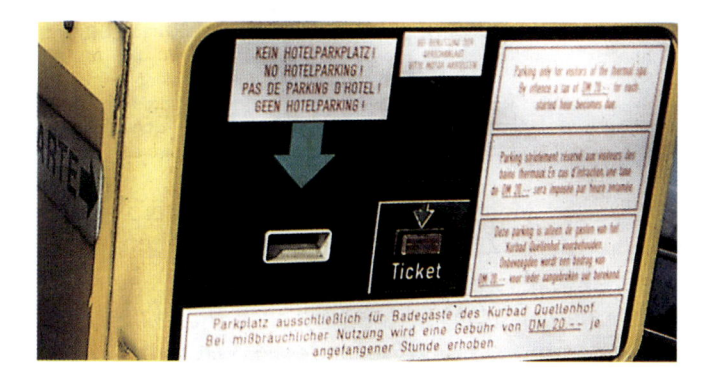

Der Parkplatz eines Thermalbades in Aachen wird folgendermaßen "betrieben": Bei der Einfahrt zieht der "Kunde" eine Parkkarte, diese wird an der Kasse des Bades nach der Behandlung gegen eine Münze zum Betätigen der Ausfahrtschranke eingetauscht. Nicht-Kunden erhalten die Ausfahrtmünze nur gegen Zahlung einer erhöhten "Parkgebühr".

Wenn auf privaten Flächen Mehrfachnutzung gewünscht wird, aber auf Abfertigungsanlagen und eigenen Personaleinsatz verzichtet werden soll, besteht die einfachste und für den Betreiber kostengünstigste Lösung darin, die Flächen an die Stadt abzutreten und mit Zeichen 314 sowie Nennung der Geltungsdauer und Bedingungen auszuschildern. Während dieser Zeit findet auf den privaten Flächen die "normale" Parküberwachung statt. Modelle dieser Art eignen sich besonders für koordinierte Mehrfachnutzung durch Beschäftigte/Besucher tagsüber und Anwohner über Nacht: während der Dienst-/oder Öffnungszeiten kann nur mit Berechtigung, Parkschein oder Parkscheibe geparkt werden, das wird durch städtische Bedienstete kontrolliert und über das normale Verwarnungs- oder Bußgeldverfahren abgewickelt.

Parkdauerbegrenzung

Zur **Begrenzung der Parkdauer** werden seit 1961 Parkscheiben eingesetzt; mit der Änderung der Straßenverkehrsordnung vom März 1988 ist die Form der Parkscheibe verbindlich vorgeschrieben.

Bereiche mit Parkdauerbeschränkung werden "positiv" oder "negativ" als Halteverbotszone beschildert. Die "niedrigste" Höchstparkdauer beträgt 1 Std.; da der Zeiger der Scheibe auf den Strich derjenigen halben Stunde eingestellt werden muß, die den Zeitpunkt des Anhaltens folgt (um 13.31 Uhr also auf 14.00 Uhr), liegt die geringste Höchstparkdauer praktisch bei 1,5 Std. Eine Obergrenze der zulässigen Höchstparkdauer ist nicht festgelegt. Üblich sind Höchstparkdauern von 2, mancherorts auch 3 Std.

Parkscheibe

"Positive"-Beschilderung

"Eingang"

"Ausgang"

negative Ausschilderung als "blaue Zone"

Nachteile der Parkscheibenregelung sind

- der hohe Kontrollaufwand, dem keine "festen" Einnahmen gegenüberstehen: die Kontrollkapazität einer Überwachungskraft wird bei Regelung mit Parkuhren mit der 2,5 bis 3-fachen gegenüber derjenigen mit Parkscheiben angegeben

- durch Weiterdrehen der Parkscheibe kann die Parkzeit sehr leicht verlängert werden; es sind regelrechte "Organisationen" solcher Handhabung bekannt, bei denen eine Person regelmäßig die Scheiben aller Kollegen-Pkw weiterdreht.

- Aus der Praxis werden Orientierungsprobleme in großen Halteverbotszonen bei hohem Anteil von Ortsunkundigen berichtet; da bei Zonenbeschilderung nicht der "Sichtbarkeitsgrundsatz" gilt, die Beschilderung also nicht nach jedem Knoten wiederholt wird, ist die Tatsache, sich in einer Halteverbotszone zu befinden, in großen Zonen nicht immer präsent.

Regelungen mit Parkscheiben eignen sich nach der amtlichen Begründung zu § 13 StVO "zur Unterbindung des Dauerparkens also dort, wo man relativ großzügig sein kann".

Parkgebühren

Parkgebühren können mit Hilfe von Parkuhren oder Parkscheinautomaten zu Beginn des Parkvorgangs, durch Parkkarten und entsprechende Abfertigungsanlagen zu Parkende erhoben werden. Im öffentlichen Straßenraum kommen nur Uhren oder Parkscheinautomaten in Frage.

Parkuhren müssen zu Beginn des Parkvorgangs durch Münzeinwurf in Gang gesetzt werden, der Parkvorgang darf nur solange dauern wie die Laufzeit der Uhr. Die meisten Parkuhren haben jenseits der Null-Markierung noch eine Nachlaufzeit von 10 Minuten, zugunsten des Parkenden, um eventuelle Laufungenauigkeiten des Uhrwerks auszugleichen.

Parkuhren sind Verkehrseinrichtungen gemäß § 43 Abs. 1 StVO, d.h. ihre Regelungen gehen den allgemeinen Verkehrsregeln (§ 43 Abs. 2 StVO) vor, d.h. ihre Regelungen gelten unabhängig von der sonstigen Beschilderung für genau den Platz, an dem sie angebracht sind. Auf der einzelnen Parkuhr steht der Tarif und die Geltungsdauer der Bedienungspflicht. Parkfälle an Parkuhren sind sehr leicht zu kontrollieren: die Parkuhr zeigt schon im Vorbeigehen deutlich sichtbar an, ob sie läuft oder nicht.

Parkuhren können im **Stadtbild** merkbar stören, sie engen oft den Bewegungs- und Aufenthaltsraum für Fußgänger ein. Das ist einer der Gründe weshalb in den 70er Jahren in einigen Städten "Sammelparkuhren" in Verbindung mit Z 314 StVO und entsprechender Zusatzbeschilderung aufgestellt wurden. Solche Anlagen sind in anderen Ländern üblich (u.a. Niederlande), sie sind besonders komfortabel, wenn sie für die Parkenden "auf dem Wege" liegen, sie vermeiden das Zurückgehen, um den Parkschein ins Auto zu legen.

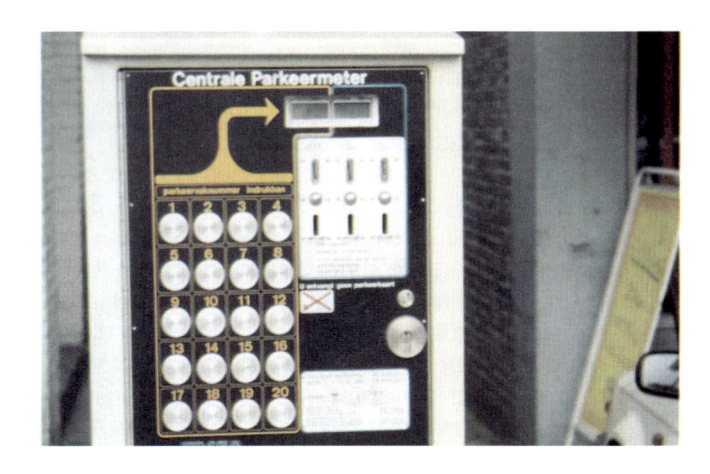

Sammelparkuhren geben auf Knopfdruck für jeden (numerierten) Parkstand die (noch) verfügbare Parkzeit wieder. Der "Kunde" drückt den Knopf mit der Nummer seines Parkstandes und wirft Münzen für die gewünschte Parkdauer ein. Plätze mit Sammelparkuhren sind sehr leicht zu kontrollieren. Die übliche Beschilderung ist diejenige als Halteverbotszone mit Zeichen 314 bei Beginn und Ende der numerierten Parkstände.

Parkscheinautomaten "versorgen" eine größere Zahl von Parkständen mit Berechtigungen; es ist ausschließlich "positive" Beschilderung üblich.

Parkstände bzw. Straßenabschnitte mit Parkscheinpflicht werden mit Z 314 und ZS 870 beschildert

Der Geräteaufwand bei Verwendung von Parkscheinautomaten ist gering, zum Beispiel:

In **Lüneburg** zum Beispiel, wo Parkscheinautomaten so aufgestellt wurden, daß sie in max. 50 m Entfernung von Parkständen stehen, versorgt je ein Automat zwischen 13 und 103 Parkstände; der Prins Willelm Alexander-Plein in der Kleinstadt Vaals bei Aachen hat einen Parkscheinautomaten für über 250 Parkstände; vereinzelt können diese Zahlen noch größer ausfallen, ein "Mindestbesatz" ergibt sich allenfalls aus dem Ziel, möglichst keine Wartezeiten beim Lösen des Parkscheins entstehen zu lassen.

Parkscheine können (wie z.B. in Lüneburg) einen abtrennbaren Abschnitt haben, auf dem der Parkort und das Ende der Parkzeit aufgedruckt sind. Der Parkschein ist gleichzeitig eine Quittung über die Parkgebühren; das kann für den Wirtschaftsverkehr einen besonderen Vorteil darstellen.

Parkscheinautomaten können tageweise und tageszeitweise auf **unterschiedliche** Tarife programmiert werden; die Automaten der "neuen Generation" können für vorher festgelegte Zeiträume **Statistiken** ausgeben, sie machen damit Planungen und Erfolgskontrollen wesentlich leichter.

Während für die **Dauerbegrenzung** mit Parkscheiben eine "minimale Höchstparkdauer" von 1 Std. vorgeschrieben ist, gelten solche Vorschriften für Parkuhren und Parkscheinautomaten **nicht**, d.h. die Kommunen haben weiten Gestaltungsspielraum. Die Verwaltungsvorschrift zu § 13 StVO führt Höchstparkdauern von 15 Minuten vor Postämtern als Beispiel auf, üblich sind Höchstparkdauern von 2, 3 oder 4 Stunden, zweckmässiger Weise in räumlicher und tariflicher Staffelung.

Die Höhe der Gebühren für Parken im **Straßenraum** ist im Straßenverkehrsgesetz § 6 Abs. 3 nur insoweit festgelegt, als eine **Mindestgebühr** von 0,10 DM je angefangene halbe Stunde genannt wird. Die Landesregierungen können Gebührenordnungen erlassen, in denen höhere Mindestgebühren, ggf. auch eine Höchstgebühr festgesetzt wird. Das Straßenverkehrsgesetz versteht die Parkgebühr nicht mehr als Verwaltungsgebühr, sondern als Benutzungsgebühr, die "dem Wert des Parkraums für die Benutzer angemessen anzupassen ist". Die amtliche Begründung bezieht sich zusätzlich auf das Ziel einer Änderung der Verkehrsmittelwahl. Das Straßenverkehrsgesetz geht von der Zweckmässigkeit einer innerötlichen Gebührenstaffelung aus: je zentraler desto teurer. In Nordrhein-Westfalen sind seit Mitte 1991 Gebühren bis 2,-- DM/halbe Stunde möglich.

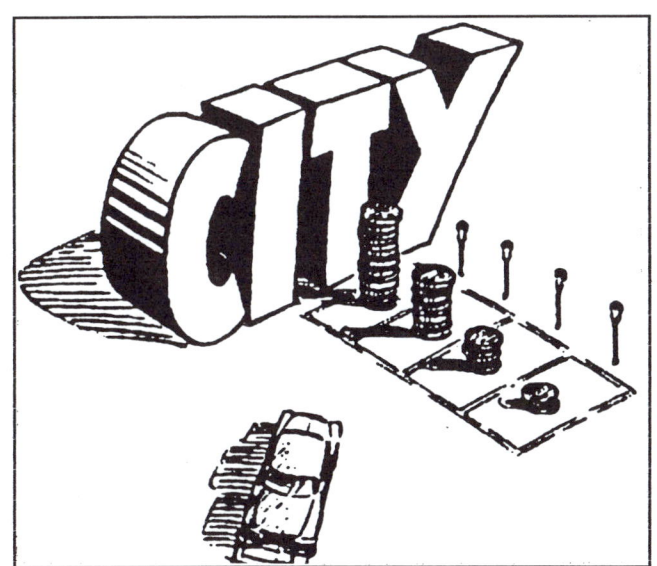

Quelle: 51

Quelle: 125

Die **Parkgebühren** in **Parkbauten** sollten möglichst unter denjenigen in den Straßenräumen liegen, um ein verhaltenswirksames Attraktivitätsgefälle herzustellen, also die Benutzung von Anlagen nahezulegen. Das ist meistens nicht der Fall, im Gegenteil: vielfach sind die Gebühren in Parkhäusern oder Tiefgaragen sogar höher als diejenigen auf der Straße.

Kommunale Einflüsse auf die Höhe der Parkgebühren in Parkbauten sind unterschiedlich: teils verfolgen die Betreiber ihre eigene "Politik" sowohl was die Preise, als auch die Zahl der Dauermietverhältnisse angeht.

Um eine Parkraumpolitik entsprechend den Zielen der gesamten kommunalen Verkehrsentwicklungsplanung betreiben zu können, haben einige Städte **kommunale Betriebsgesellschaften** gegründet, die den (möglichst) gesamten Parkraum betreiben. Vorteilhaft (auch steuerlich) ist ein Zusammenschluß mit dem kommunalen Verkehrsbetrieb.

Überregional bekannt geworden sind die Betriebsgesellschaften in Osnabrück und Mainz: Die "Parken in Mainz GmbH" betreibt rd. die Hälfte des innerstädtischen Parkraums, zusätzlich das Hertie-Parkhaus außerhalb der Geschäftszeiten. Die "Parken in Mainz GmbH" ist selber Bauherr von Parkbauten.

Parken in den Mainzer Anlagen kann mit einer Kreditkarte monatlich abgerechnet werden (5,-- DM Verwaltungsgebühr zusätzlich). Der Tarif für Dauerparker beträgt 160,-- DM pro Monat, Dauerparker erhalten automatisch das Umweltabonnement für Mainz und Wiesbaden. (normaler Verkaufspreis: 60,-- DM, die Parkhausgesellschaft muß nur 30,-- DM bezahlen).

Sonderparkberechtigung für Anwohner

Seit 1980 besteht die Möglichkeit, zugunsten von **Anwohnern** die Parkerlaubnis zu beschränken. Die Verwaltungsvorschrift zu § 45 StVO definiert Anwohner als "nur diejenigen Personen, die in dem in Betracht kommenden Gebiet tatsächlich wohnen und dort amtlich gemeldet sind". Diese Formulierung besagt nichts über Zweitwohnsitzler und regelt auch nicht, ob es sich um den Anwohner als Halter handelt und ob an jeden Anwohner eine oder ggf. mehrere Lizenzen (Zweitwagen) ausgegeben werden können.

Die Forschungsgesellschaft für Straßen- und Verkehrswesen (FGSV) hat 1980 "Hinweise für die Parkregelung zugunsten von Anwohnern" herausgegeben. Danach gelten als Voraussetzungen für **Anwohnerparken**

- ein unter dem **Bedarf** liegendes **Angebot** in Wohnungsnähe (wobei öffentliche **und** private Abstellplätze zu berücksichtigen sind)

- die Möglichkeit, Fremdparker **ohne negative Folgen für das Gebiet** fernhalten zu können

- die ausreichende **Überwachung**.

"Sonderparkberechtigungen für Anwohner zielen darauf ab, zugunsten der Anwohner Fremdparker fernzuhalten" (FGSV, 1980). Dementsprechend scheidet die Ausweisung einzelner Straßenabschnitte oder sehr kleiner Gebiete aus: der Parkdruck des Zielverkehrs würde lediglich in umliegende Straßen abgedrängt. Eine Mindestgröße des Lizenzgebietes ist auch deshalb erforderlich, damit sich unterschiedliche Stellplatzbedarfe einzelner Straßen (-abschnitte) ausgleichen können.

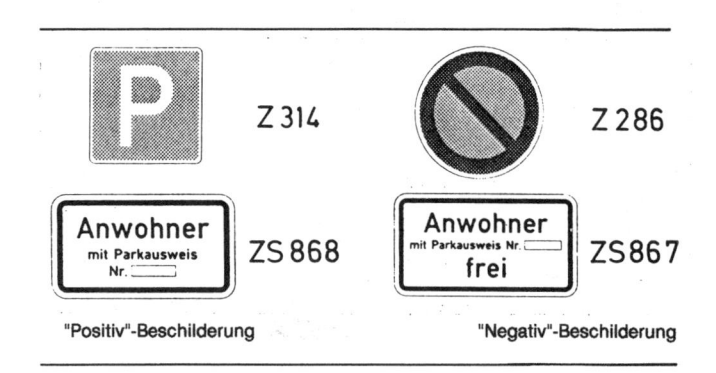

P	Z 314	⊘	Z 286
Anwohner mit Parkausweis Nr.	ZS 868	Anwohner mit Parkausweis Nr. frei	ZS 867
"Positiv"-Beschilderung		"Negativ"-Beschilderung	

Anwohnerparken kann "positiv" oder "negativ" beschildert werden; "negativ" ist auch die Verwendung des Zonenhalteverbotes mit Z S 867 verbreitet.

Andererseits darf ein Lizenzgebiet nicht "zu groß" sein, damit kein Anreiz für Binnenverkehr unter Ausnutzung der Sonderparkrechte entsteht, d.h. Besorgungen innerhalb des Geltungsbereiches sollten möglichst nicht mit dem Kraftfahrzeug erledigt werden" (FGSV, 1980). In der Literatur werden unter diesem Gesichtspunkt Ausdehnungen um 400 m diskutiert; dieses Maß muß allerdings die Verteilung der Nutzungen, also der Ziele von Wegen im Quartier berücksichtigen.

Nach § 6 a (2) des Straßenverkehrsgesetzes erläßt der Bundesverkehrsminister eine Rechtsverordnung über Gebühren für einzelne Amtshandlungen, wie sie die Erteilung einer Sonderberechtigung darstellt. Die Gebührennummer 285 Geb OSt sieht seit 1990 einen Gebührenrahmen von 13,-- DM bis 500,-- DM vor. Bei der konkreten Gebührenfestsetzung sind sowohl der mit der Amsthandlung verbundene **Verwaltungsaufwand** als auch der wirtschaftliche Wert oder sonstige **Nutzen für den Begünstigten** zu berücksichtigen.

Eine erste Bilanz nach Einführung des Anwohnerparkens in Westdeutschland (1982) ergab eine Gebührenspannweite von 11,-- DM bis 150,-- DM/Jahr; aktuelle Beispiele liegen bei 35,-- DM bis 80,-- DM/Jahr.

Von besonderem Interesse für die Lizenzinhaber wie auch bezüglich des Ziels der Vermeidung von Parksuchverkehr ist das Verhältnis von **Lizenzinhabern** und **Lizenzplätzen**, wobei natürlich die Zeiten der Anwohnerbevorrechtigung und die dann anzusetzenden Anwesenheitsquoten zu berücksichtigen sind. Eine aktuelle Recherche des Westdeutschen Rundfunks kam 1990 zu folgenden Ergebnissen:

- in einigen Städten (Leverkusen, Witten) sind mehr Plätze als Lizenzen vorhanden

- die "Berechtigungsquote" (ausgegebene Lizenzen pro Lizenzplatz) in nordrhein-westfälischen Städten variiert zwischen 117 % (Bielefeld) und 169% (Aachen, hier werden Lizenzen allerdings ohne Berücksichtigung der Verfügbarkeit privater Stellplätze ausgegeben)

- in oder am Rande der Quartiere stehen Plätze auch für den "allgemeinen Gebrauch" zur Verfügung, z.B. mit Parkuhren

Die Gebiete mit Anwohnerbevorrechtigung sollten **zusammenhängend und nicht zu klein sein**, ihr Zuschnitt muß auf Nutzungen und straßenräumliche Verhältnisse abgestimmt werden, möglichst mit den Zielen: Fernhalten von Kfz-Verkehr (auf der Suche nach einem Parkplatz) aus empfindlichen Straßen, Erreichbarkeit aller Nutzungen mit Besucheraufkommen in zumutbarer Fußwegentfernung.

Zwar haben Anwohner **nachts** ihr Nachfragemaximum an Parkmöglichkeiten, die Anteile der **über den Tag** parkenden Anwohner können aber ebenfalls erheblich sein. Nachts stehen ggf. private Plätze über koordinierte Mehrfachnutzung zur Verfügung, über Tag steht der Anwohnerbedarf in Konkurrenz zu Berufspendlern und Besuchern, ggf. auch zum Lieferverkehr.

Der **Anwohnerparkausweis** muß beantragt werden, dabei müssen die Voraussetzungen für die Berechtigung ggf. nachgewiesen werden.

Wer erhält einen Anwohnerparkausweis?

Sie haben Ihren **Hauptwohnsitz** in dem gekennzeichneten Gebiet, und **alle** folgenden Aussagen treffen auf Sie zu:
- Ich besitze ein Fahrzeug mit einem WI-Kennzeichen (auf meine Hauptwohnung und meine Person zugelassen).
- Ich verfüge über keinen privaten Stellplatz für mein Fahrzeug.
- Mein Fahrzeug hat nicht mehr als 8 Sitzplätze und überschreitet nicht das Gesamtgewicht von 2,9 t.

oder
- Meine Firma hat mir ein Dienstfahrzeug zur dauernden Benutzung zur Verfügung gestellt (Bescheinigung der Firma!).

oder
- Ich bin noch in der Ausbildung und benutze den PKW meiner Eltern (beides ist nachzuweisen!).

Dann können Sie einen Anwohnerparkausweis für **ein** Auto pro Person zum Preis von 36,-- DM erwerben. Dieser Ausweis ist ein Jahr gültig.

Quelle: 89

Anwohnerbevorrechtigungen gelten nur für Anwohner, für andere Nachfragegruppen können aber ebenfalls berechtigte Interessen bestehen, in Anwohnerparkbereichen parken zu können; viele Städte haben dafür die Möglichkeit von Ausnahmegenehmigungen vorgesehen; zum **Beispiel**:

Für nicht ständig in Anwohnerparkbereichen beschäftigte Personen, also Handwerker, soziale Dienste etc. können Regelungen "unterhalb" der Ausnahmegenehmigung gefunden werden: in **Aachen** z.B. können Handwerker in Anwohnerparkbereichen mit der Parkscheibe für begrenzte Zeit parken; in **Saarbrücken** können Hotelgäste Parkquittungen für 2 Stunden Parkzeit kaufen, Ärzte benutzen entweder die Plakette "Arzt in Notfall" oder eine "Bereitstellungserlaubnis" für Parken in Praxisnähe, Liefer-, Service- und Werkstattfahrzeuge können mit Sondererlaubnissen parken. Die berechtigte Nachfrage nach diesen Ausnahmegenehmigungen ist geringer als erwartet.

Wer erhält eine Ausnahmegenehmigung?

Sie **wohnen nicht** in dem gekennzeichneten Gebiet, auf Sie trifft jedoch **eine** der folgenden Aussagen zu:
- Ich bin im Besitz eines Gewerbebetriebes in dem gekennzeichneten Gebiet.
- Ich betreue pflegebedürftige Personen, die in dem gekennzeichneten Gebiet wohnen.
- Ich bin für einige Tage zu Besuch bei einer Person, die in dem gekennzeichneten Gebiet wohnt (Fernbesuch).
- Ich verrichte soziale Dienste in dem gekennzeichneten Gebiet.
- Ich bin nachweislich als Handwerker in dem Gebiet tätig.

Dann können Sie eine Ausnahmegenehmigung für **ein** Auto pro Person bzw. pro Betrieb zum Preis von 36,- DM erwerben. Diese Ausnahmegenehmigung ist zeitlich befristet und maximal ein Jahr gültig.

In **Wiesbaden** z.B. werden Ausnahmegenehmigungen für Pflegepersonal, Fernbesucher, soziale Dienste und Handwerker ausgegeben. (Quelle: 89)

Anwohner können Parkstände in bestimmten Bereichen "**reserviert**" bekommen ("**Trennungsprinzip**") oder aber an ansonsten gebührenpflichtigen oder in der Dauer begrenzten Plätzen **bevorrechtigt**, d.h. von der Gebühr und Dauerbegrenzung befreit werden ("**Mischungsprinzip**"). Wichtig ist, daß Anwohner als unbestreitbar "qualifizierte Nachfrage" auch tatsächlich ausreichende Parkchancen in Wohnungsnähe vorfinden. Dazu müssen zumeist die Auslastungen über den Tag (und in der Nacht) und die Zusammentsetzung der Nachfrage nach Parkzwecken bekannt sein.

Anwohnerparken im **Mischungsprinzip** ist sicherlich die "pragmatischere" Vorgehensweise, sie kann ggf. eine Zwischenstufe darstellen bis zur Ausweisung "reiner" Anwohnerparkzonen". Ob die Größenordnung der Lüneburger Regelung mit 750 lizensierten Anwohner auf rd. 1.200 Parkständen im Straßenraum auf andere Städte übertragbar ist, hängt stark von den Nutzungen und dementsprechender Zusammensetzung der übrigen qualifizierten Nachfrage ab.

Anwohnerbevorrechtigung "schafft" keinen neuen Parkraum, sie erhöht lediglich die Chance der lizenzierten Anwohner, in Wohnungsnähe eine Parkgelegenheit zu finden. Ob und ggf. wie über den Tag die Anwohnerbevorrechtigung gelten soll, ist ebenfalls stark von örtlichen Verhältnissen abhängig. Anwohnerbevorrechtigung kann überzogene Erwartungen wecken, deshalb sollte seine Planung von Anfang an mit den Betroffenen zusammen geschehen.

Die Instrumente der Bewirtschaftung, insbesondere diejenigen mit **Beeinflussung der Parknachfrage** müssen nicht nur einzeln, sondern besonders in ihrem zeitlichen und räumlichen Zusammenwirken abgestimmt werden, dafür ist es erforderlich, sich generell und örtlich speziell einen Überblick zu verschaffen über ihre Wirkung auf verschiedene Betroffenengruppen:

Instrumente	mögliche Betroffenheiten/Reaktionen bei der Gruppe der:		
	Anwohner	Berufspendler	Kunden/Besucher
Verzicht auf Gebühr und Dauerbegrenzung	Bei Nachfrageüberhang gilt: "Wer zuerst kommt, malt zuerst" Einschränkung der Parkchancen für Anwohner über Tag, Verlängerung der Fußwege, ggf. Motivation zum Verzicht auf Autobenutzung für kurze Wege. Vermehrter Parksuchverkehr zu erwarten	hohe Attraktivität für Berufspendler, bei Nachfrageüberhang wird ggf. der Arbeitsbeginn in die Zeit größter Parkchancen gelegt. Vermehrter Parksuchverkehr, um günstigst gelegene Plätze zu finden	geringe Parkchancen für Kunden und Besucher in Zielnähe, Wahrscheinlichkeit längerer und komplexerer Besorgungsprogramme Vermehrter Parksuchverkehr zu erwarten
Dauerbegrenzung mit Parkscheibe	erwerbstätige Anwohner i.a. nicht betroffen, für Anwohner mit Parkbedarf tagsüber nicht akzeptabel; Reaktion: Weiterstellen der Parkscheibe, Ausweichen auf entfernter gelegene, unbewirtschaftete Plätze oder private Anlagen. Motivation zur Pkw-Benutzung kann sogar noch steigen.	wegen Dauer und Regelmäßigkeit der Parkvorgänge starke Betroffenheit und hohes Risiko, Umgehung durch Weiterdrehen der Scheibe und/oder Parkwechsel über kurze Strecken	durch Kürze der Aufenthalte kaum betroffen, vermehrte Parkchancen in Zielnähe, Motivation zu "Hüpfverkehr" über mehrere Stationen
Parkgebühren, linearer Tarif (Spannweite: 0,50 DM bis 4,-- DM pro Std.)	erwerbstätige Anwohner i.a. nicht betroffen, Motivation zur Pkw-Benutzung kann sogar noch steigen. Für Anwohner mit Parkbedarf tagsüber nicht akzeptabel: Ausweichen auf entferntere Plätze oder Anlagen. Einfluß auf Motorisierungsgrad (zumindest Zahl der Zweitwagen) möglich	starke Betroffenheit: - Organisationseffekte: private Stellplätze, Forderungen an den Betrieb - Umsteigeeffekte: andere Verkehrsmittel oder andere Reiseorganisationen Druck auf Vermehrung von Stellplätzen in Parkbauten, Druck auf Herstellung von peripheren Langzeit-Parkplätzen	anfängliche Vorbehalte, die aber durch gezielte Ansprache aufgefangen werden können; kaum limitierender Effekt auf Kundenaufkommen Gute Parkchancen für Kunden auf zielnahen Plätzen, je nach Zeitstaffelung kann Hüpfverkehr reduziert werden: mehr Aktivitäten vom selben Parkort aus
Parkgebühren: progressiver Tarif (z.B. 1 Std. = 2,-- DM, 2 Stunden = 5,-- DM)	(wie oben, noch verstärkt)	(wie oben, noch verstärkt)	Differenzierung der Parkorte nach Aufenthaltsdauer: Parkierungsanlagen oder entfernte Plätze für Aufenthalte mittlerer Dauer Häufigere Parkwechsel, gute Parkchancen in unmittelbarer Zielnähe, Präferenz sehr zielnaher Plätze, ggf. dadurch mehr Parksuchverkehr
Gebühr und Dauerbegrenzung	(wie oben, noch verstärkt)	(wie oben, noch verstärkt)	schnellerer Parkumschlag wird erzwungen
tageszeitweise Halteverbote (z.B. an Schulen, für Liefer- und Ladeverkehr, an mehrspurigen Straßen für die Spitzenzeit, i.Z. mit ÖPNV-Beschleunigung)	Halteverbotszeiten entsprechen häufig dem Nachfrage-Minimum der Anwohner, deshalb geringe Betroffenheit bzw. Möglichkeit, sich darauf einzustellen	durch lange Parkdauer über den Tag hohe Betroffenheit und geringe Ausweichmöglichkeiten, Bevorzugung anderer, weniger risikoreicher Falsch- und Schwarzparkorte	durch oft sehr kurze Parkdauern nur geringe Betroffenheit, Verkürzung der Parkdauern und Bevorzugung von Hüpfverkehr zu erwarten. Plausibilität und Konsequenz der Regelung und insbesondere der Überwachung beeinflussen die Regelbefolgung entscheidend

Instrumente	mögliche Betroffenheiten/Reaktionen bei der Gruppe der:		
	Anwohner	Berufspendler	Kunden/Besucher
Anwohner-Bevorrechtigung - "Trennsystem grobkörnig": größere, zusammenhängende Quartiersteile mit ausschließlichem Anwohner-Parken	Arrangements zwischen lizenzierten Anwohnern und ihren Beschäftigten können die Regelung unterlaufen. Vermehrung der Parkchancen für Bewohner auf ihnen exclusiv vorgehaltenen Flächen.Befriedigung des maximalen (nächtlichen) Bedarfs der Anwohner je nach Dichte und Motorisierung aber nicht garantiert. Parkchancen beim Zurückkommen steigern die Pkw-Fahrten der Bewohner in Gebieten mit Parkmöglichkeiten am Ziel (Zentren mit Parkhäusern, Märkte auf der "Grünen Wiese"). Bei geschickter Abgrenzung ist Minimierung des Parksuchverkehrs der Anwohner zu erwarten. Je nach Verhältnis von Lizenzen zu Lizenzplätzen ist Verminderung der Pkw-Fahrten der Bewohner über kurze Strecken und in Zielgebiete mit unsicheren Parkchancen zu erwarten. Je nach Gebietsgröße aber auch Vermehrung kurzer Fahrten unter Ausnutzung der Sonderparkberechtigung möglich. Bei geschicktem Gebietszuschnitt und instruktiver Beschilderung können massive Reduktionen des fließenden Kfz-Verkehrs erreicht werden.	Häufigkeit der Aufenthalte und lange Parkdauer erhöhen das Risiko von Schwarzparkern, Beschäftigte meiden Anwohner-Parkbereiche. - Ausweichen auf private Stellplätze im Quartier - Ausweichen in nicht bewirtschaftete Nachbargebiete - Fahrgemeinschaften - Ausweichen auf andere Verkehrsmittel oder P + R.	Insgesamt stellt sich eine "Extremisierung" der Besucher in sehr kurze und lange Aufenthalte ein. Vermehrung der sehr kurzen Fälle von Schwarzparken und Falschparken, dadurch werden Minderungen des Parksuchverkehrs teilweise wieder aufgehoben. In Wohnquartieren eingelagerte gewerbliche Nutzungen "erzeugen" zielreinen Kunden- und Besucherverkehr. Längere Fußwege, Aktivitätenketten und damit insgesamt längere Aufenthalte der Kunden und Besucher zu erwarten, die in Anlagen oder am Rand des Quartiers parken.
- "Trennsystem, kleinteilig": gebührenpflichtige Kurzzeitparkstände und Anwohnerparkstände im selben Straßenabschnitt	Verbesserung der Parkchancen für Bewohner tagsüber, abends Konkurrenz zwischen Bewohnern und Besuchern um Parken an den (dann) gebühren- und dauerbegrenzungsfreien Plätzen, Vermehrung des Parksuchverkehrs der Anwohner je nach Nachfrageüberhang und Parkzwecküberlagerung	(wie oben, Berufspendler werden abgehalten)	gute Parkchancen, vermehrt noch durch die Möglichkeit sehr kurzer Parkfälle an Anwohnerplätzen; (realistische) Parkchancen an allen Straßen (-abschnitten) führt zu vermehrtem Parksuchverkehr, Fehlverhalten nur durch sehr hohen Kontrollaufwand zu begrenzen.
- "Mischsystem": an allen Parkständen gilt Gebührenpflicht und Dauerbegrenzung, lizenzierte Anwohner sind davon befreit	gute Parkchancen für Anwohner bei flexibler Handhabung für Nacht- und Ganztagsparker, Einschränkung der Parkchancen tagsüber kann Verzicht auf kurze Pkw-Fahrten bewirken; abendlich ggfs. Konkurrenz von Anwohnern und abendlichen Besuchern zu erwarten, die dann auch ohne Gebühr und Dauerbegrenzung parken können, keine Verhinderung von Fremdverkehr und Parksuchverkehr	(wie oben)	eingeschränkte Parkchancen je nach Anteil der tagsüber durch Anwohner besetzten Plätze, Parksuchverkehr verstärkt zu erwarten. Je nach Preis und Höchstparkdauer werden "sichere" Parkchancen in Parkbauten vorgezogen

Fazit zu: Management von Parkraum

"Management" von Parkraum hat die Aufgabe, aus dem vorhandenen bzw. dem städtebaulich verträglich herstellbaren Parkraum "das Beste zu machen".

Das kann bedeuten, auf einer begrenzten Zahl von Parkständen möglichst viele Parkfälle zu ermöglichen, es kann andererseits aber auch verlangen, die Zahl der Parkfälle, also die Parkwechsel und damit verbundenen Zu- und Abfahrten zu minimieren.

In diesem Teilkapitel wurden die Instrumente und Techniken des Parkraummanagements bzw. der "Parkraumbewirtschaftung" systematisiert nach:

- *Intensivierung der Parkraumnutzung*, also Instrumenten, die dafür sorgen, daß möglichst viele Parkwillige die vorhandenen oder "mobilisierbaren" Parkchancen nutzen können, und

- Instrumenten der *"Selektion"*, also Regelungen, die die vorhandene oder erwartbare Parknachfrage nach Parkzwecken differenziert vom Parken (jetzt und hier) abhalten

- für beide Aspekte gleichermaßen erforderlich, darum beiden Kategorien gleichermaßen zugehörig ist die *Kontrolle des Parkverhaltens* und die Sanktionen gegenüber ordnungswidrigem Verhalten.

Mehrfachnutzung von Parkraum ist eigentlich ein "Normalfall", ein Parkraumkonzept kann dazu konzeptionelle, institutionelle und anstoßende Funktionen haben. Die zum Teil erheblichen Potentiale an Parkchancen, die durch koordinierte Mehrfachnutzung zu aktivieren wären, werden zumeist mit differenzierten Belegungsganglinien sichtbar. Besondere Potentiale liegen in Behörden- und Firmenparkplätzen, häufig auch in Parkierungsanlagen von Kaufhäusern etc.

Parkraum muß vermarktet werden, d.h. auch: für zeitweise leerstehenden Parkraum eine gezielte Nachfrage ausfindig machen und Parkraum als Leistung gezielt anbieten.

Parkleitsysteme optimieren die Information über Lage und freie Kapazitäten von Parkraum. Es besteht nach aktuellen Beobachtungen aber Grund zu der Annahme, daß dynamische Parkleitsysteme angesichts der Nachfrage Mischung in Mittelstädten nicht die erhofften Effekte haben.

So wie koordinierte Mehrfachnutzung die zeitliche Verlagerung von Parkfällen betrifft, sollte P+R räumliche Verlagerung der Parknachfrage bewirken: Parken in peripheren Lagen an "verträglichen" Orten, für Wege über empfindliche Routen und an Zielpunkte mit geringer Parkraumausstattung wird der ÖPNV benutzt. P+R in Mittelstädten mit Busbetrieb ist noch die Ausnahme. Insgesamt dürfte langfristig P+R als "Übergangstechnologie" zu bewerten sein: allzu groß ist die Gefahr, daß "Schwachlastlinien" des ÖPNV dadurch noch mehr geschwächt werden.

Kontrolle von Parkverhalten ist nicht "unfein", und es ist **kein Zusatzgeschäft**, Kontrolle ist vielmehr unverzichtbar, damit das Parkraumkonzept seine Effekte auch tatsächlich entfalten kann.

Die Instrumente der "Bewirtschaftung im engeren Sinne", nämlich Dauerbegrenzung und Gebührenpflicht sowie Anwohnerbevorrechtigung sind landläufig bekannt, sie sind flexibel und differenziert zu verwenden, ihre Möglichkeiten zur Ordnung des Parkgeschehens und des gesamten Geschehens im motorisierten Verkehr werden noch nicht hinreichend ausgeschöpft. Weniger Informationsdefizite als Vorurteile bzg. der Reaktionen der Betroffenen sind zumeist die wohlgemeinten, aber nicht zutreffenden Gründe.

4.4 Zusammenfassung von Einzelinstrumenten

Die systematische Gliederung der Instrumente in solche der ("qualifizierten") Bilanzierung (4.1), der Veränderung des Angebots (4.2) und der Nachfrage (4.3) unterliegt der Gefahr der Unübersichtlichkeit, vor allem ist sie noch wenig instruktiv und kaum geeignet für Vermittlungen an die politischen Entscheidungsträger und die beteiligte und betroffene Öffentlichkeit.

Es sollen im folgenden zwei anspruchsvolle Beispiele gegeben werden, wie das Instrumentarium anschaulich zu "Bausteinen" oder "Aktionsfeldern" gegliedert und zusammengefaßt wurden.

Der **Regierungspräsident Münster** hat im Dezember 1990 ein **Handlungskonzept für eine Stadtverträgliche Neuordnung des ruhenden Verkehrs zur Entlastung der Innenstädte vom Kraftfahrzeugverkehr** herausgegeben, das Städte und Gemeinden in einer Dienstbesprechung vorgestellt und zur Anwendung empfohlen wurde.

Das Handlungskonzept faßt insgesamt 12 Instrumente und Maßnahmen in 4 Aktionsfeldern zusammen:

I. **Aktionsfeld: Lenken und Leiten**

Einführung von systematischer Parkraumbewirtschaftung und von Parkleitsystemen.

Die wichtigsten Instrumente zur Lösung der Probleme in Gebieten mit hohem Parkdruck sind die der Parkraumbewirtschaftung. Sie umfassen verschiedene Möglichkeiten, wie **Begrenzung der Parkdauer**, **Erhebung einer Parkgebühr** und **Beschränkung des Nutzerkreises** sowie Kurzparkzonen und gebührenpflichtiges Parken, Anwohnerparken, **Öffnung bewirtschafteter Angebote für Anwohner** und schließlich **Parkleitsysteme**.

II. **Aktionsfeld: Überwachung**

Einschränkungen des Parkens aus Gründen der Wohnumfeldverbesserung und aus Gründen der Verkehrssicherheit durch **Verhinderung des Gehweg- und Radwegparkens**, **Überwachung der Parkordnung** durch Verhängung von Verwarnungsgeldern und **Abschleppen** widerrechtlich geparkter Fahrzeuge.

III. **Aktionsfeld: Verringerung des Kraftfahrzeugverkehrs**

Ausbau von **Park & Ride**- und **Bike & Ride**-Möglichkeiten durch Schaffung von Park & Ride-Anlagen, **Mitfahrerparkplätzen** und Bike & Ride-Anlagen.

IV. **Aktionsfeld: Notwendiger Parkraum**

Verzicht des Ausbaus neuer Parkkapazitäten durch Verzicht auf weiteren Parkraum durch **gemeindliche Satzung** und Verzicht auf Ersatz von "verlorengegangenem" Parkraum.

Zusätzlich zur Empfehlung der in Aktionsfeldern zusammengefaßten Instrumente der Neuordnung des Parkens ("Produkt"-Empfehlungen) wird eine Empfehlung zur Reihenfolge des Vorgehens ("Prozeß"-Empfehlung) gegeben:

REIHENFOLGE DER ARBEITSSCHRITTE

1. Ermittlung der Strukturdaten: Einwohner, Beschäftigte, Parkraum.

2. Differenzierte Erhebung der
   - Parkraumnachfrage und des
   - Parkraumangebots einschl. dessen 'Managements'

3. Differenzierung nach Einflußgrößen

   3.1. Parkraumnachfrage
   - Bewohner
   - Beschäftigte
   - Besucher

   3.2. Parkraumangebot
   - Reduzierung
   - Erhöhung
   - Umverteilung

4. Erstellung von Einzelbilanzen

5. Erstellung von Gesamtbilanzen einschl. Korrektur der Vorgaben für Angebot und Nachfrage

6. Korrekturen der Gesamtbilanz aufgrund politischer Ziele

7. Umsetzung bzw. Korrektur der Vorgaben für Angebot und Nachfrage

Das Ablaufdiagramm gibt eine zweckmässige Reihenfolge der Arbeitsschritte wieder, wie sie zur Erstellung eines Parkraumkonzeptes notwendig werden. Der zentrale Teil wird durch Punkt 3 formuliert: Eine differenzierte Gegenüberstellung von Angebot und Nachfrage, wobei **beide** als **variabel** anzusehen sind, ergibt sowohl eine "qualifizierte Parkbilanz" als auch einen zweckmässigen "Mix" von Einzelinstrumenten.

Ein zweites Beispiel:

Die **Stadt Kassel** hat im September 1991 unter dem Titel "Parken in Kassel" ihr Konzept veröffentlicht und darin "Fünf Bausteine zur Umsetzung" definiert:

5. BAUSTEIN
Stellplatzsatzung und Bebauungsplanverfahren - Flankierende Instrumente zur Umsetzung im privaten Bereich

2. BAUSTEIN
Parkleitsystem - eine Hilfe für Auswärtige

3. BAUSTEIN
Bewirtschaftungskonzept - Ein knappes Gut hat seinen Preis

1. BAUSTEIN
Räumliche Neuordnung der Abstellplätze: von der Mitte zum Ring

4. BAUSTEIN
Park & Ride-Konzept - Für alle, die keine direkte ÖPNV-Anbindung zum Ziel haben

BSV 91

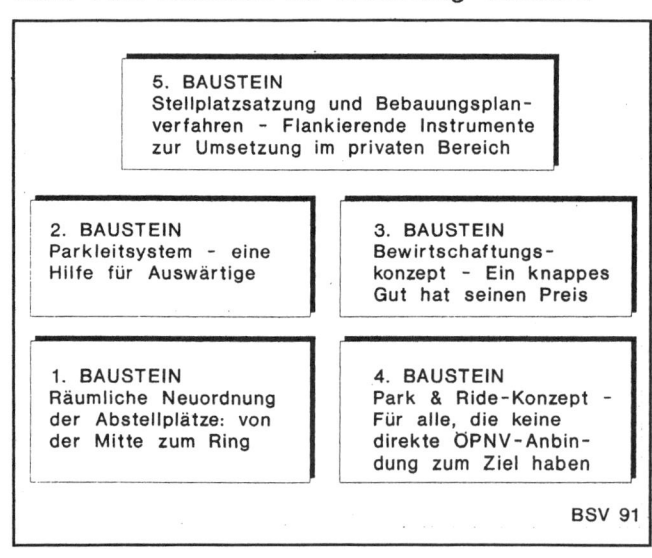

Die 5 Bausteine **integrieren** die verschiedenen Einzelinstrumente und stimmen sie räumlich, substantiell und quantitativ aufeinander ab. Es wird damit zugleich deutlich, daß nicht ein Baustein entfernt werden kann, ohne den Halt des "Gesamtgebäudes" zu gefährden.

Innerhalb der Bausteine oder der Aktionsfelder können die Instrumente noch zum Teil variiert werden, d.h. Details der Lösung durchaus in der konkreten örtlichen Detailplanung noch offen bleiben. Das ist wichtig für die Planer, die Politik und die Öffentlichkeit: zu **stabilen Zielen** können durchaus **flexible Wege** begangen werden.

Fazit: Die einzelnen Instrumente und Techniken des wirtschaftlichen Umgangs mit Parkraum sind kein Selbstzweck, ihr Einsatz kann sich nicht nach Vorliebe oder Abneigung gegenüber den Instrumenten selber richten. Der Instrumenteneinsatz kann sich nur nach dem Ziel und den Zielgruppen richten, denen durch das Parkkonzept

- das Parken erleichtert

- das Parken (jetzt und hier) erschwert

- das Parken "unnötigt" gemacht wird durch andere, gleichwertige Erreichbarkeit.

Auch in den meisten Mittelstädten ist derzeit unstrittig, daß motorisierte Berufspendler Zielgruppe von Parkrestriktionen zumindest in den Zentren sein müssen.

Restriktionen gegenüber dieser Zielgruppe haben einerseits den größten "Effekt": Auf einem Langzeitparkstand können 5 bis 8 Kurzzeitparkfälle stattfinden; andererseits sind Berufspendler besonders sensibel gegen Gebühr und Dauerbegrenzung, d.h. Restriktion gegenüber dieser Zielgruppe sind "einfach".

Ebenfalls weit verbreitet ist bereits das Instrument der Anwohnerbevorrechtigung, hier lassen durch Anlage und "Dimensionierung" des Instruments aber die positiven Effekte oft noch auf sich warten: Zuschnitt (ganze Quartiere) und Technik ("Trennungsprinzip" vs. "Mischungsprinzip") müssen differenziert und gezielt konzipiert werden.

Vorbehalte bestehen verbreitet noch gegen Restriktion mit der Zielgruppe: Kunden und Besucher. Diese Vorbehalte sind häufig unberechtigt bzw. sie können durch gutes "Marketing" des Parkkonzeptes wie des gesamten Verkehrssystems beseitigt werden.

*Wichtig ist also das **Ziel** des Parkraumkonzeptes, das Ziel bestimmt den Instrumentenmix wie seine Realisierungsschritte. Für die aktuelle Vermittlung und schrittweise Verwirklichung sind Konzeptbausteine, die im Detail durchaus noch flexibel gefüllt sein können, unverzichtbar:*

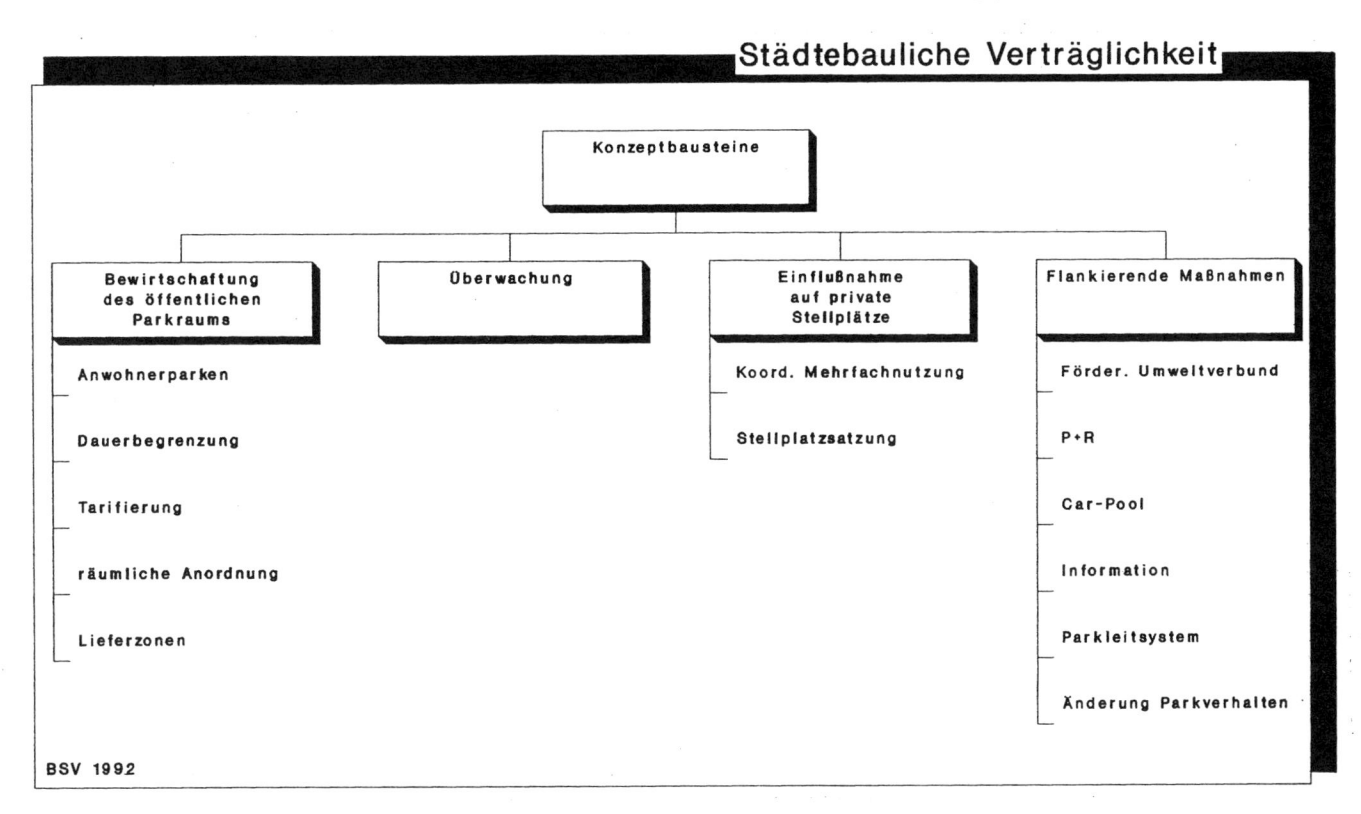

Städtebauliche Verträglichkeit

Konzeptbausteine

Bewirtschaftung des öffentlichen Parkraums	Überwachung	Einflußnahme auf private Stellplätze	Flankierende Maßnahmen
Anwohnerparken		Koord. Mehrfachnutzung	Förder. Umweltverbund
Dauerbegrenzung		Stellplatzsatzung	P+R
Tarifierung			Car-Pool
räumliche Anordnung			Information
Lieferzonen			Parkleitsystem
			Änderung Parkverhalten

BSV 1992

5. Ein "synthetisches" Beispiel: Das Parkraumkonzept in Musterstadt

Musterstadt liegt im ländlichen Umland der Kernstadt Großburg, die Entfernung dorthin beträgt 25 km. Musterstadt ist Mittelzentrum für einen Versorgungsbereich von rd. 200.000 Einwohnern, die Stadt hat 60.000 Einwohner, vor 20 Jahren waren es noch etwa 45.000.

Die optische und feinmechanische Industrie hat Tradition in Musterstadt, die Zahl der Beschäftigten in diesem Bereich hat sich auf 8.000 gesteigert. Insgesamt stehen den rd. 27.000 Erwerbstätigen in Musterstadt etwa 35.000 Beschäftigte gegenüber.

Musterstadt hat einen mittelalterlichen Stadtkern, der unter den Folgen des Krieges stark gelitten hat; aber: ein Sanierungsprogramm in den 70er Jahren hat das Zentrum wieder "herausgeputzt"; mit dem neuen Rathaus und dem neuen Hauptsitz der landwirtschaftlichen Haftpflichtversicherung sind zugleich anspruchsvolle und maßstäblich eingepaßte Bauwerke gelungen.

Schloß Edelburg östlich des Stadtzentrums beherbergt ein Museum für optische Geräte und ist Ziel von jährlich fast 30.000 Besuchern. Der alljährliche Kornmarkt im Oktober und 2 Kirmeswochenenden im Mai und September sind attraktiv für die ganze Region, dann - und seit einigen Jahren auch an den langen Samstagen vor Weihnachten - ist die Innenstadt "autofrei".

Unter dem Marktplatz wurde 1975 eine Tiefgarage mit 250 Einstellplätzen angelegt, seitdem ist dort Fußgängerzone, ebenso in den beiden auf den Markt zuführenden Straßen und einigen Gassen dazwischen, immerhin zusammen 1.800 m. Das neue Rathaus und die Versicherung haben ebenfalls Tiefgaragen, zusammen fast 500 Einstellplätze, das Bekleidungshaus Tucher betreibt seit 3 Jahren ein Parkhaus mit 200 Plätzen.

Seit etwa 2 Jahren kommt Musterstadt nicht mehr aus den Schlagzeilen der beiden örtlichen Tageszeitungen und des Anzeigenblattes Wochenendkurier: damals wurden am Roggenmarkt und um den Mühltorplatz Parkuhren aufgestellt (insgesamt 130), für etwa 200 weitere Abstellplätze im zentralen Straßenraum gilt seitdem Parkdauerbegrenzung auf 3 Std. Gleichzeitig hat die Stadt 10 Politessen mit je 20 wöchentlichen Dienststunden eingestellt, die den Parkraum überwachen. Immer wieder gibt es Artikel und Leserbriefe mit Beschwerden über angebliche Kleinlichkeit und Unnötigkeit der Überwachung. Seit Neufestsetzung des Bußgeldkataloges ist der Ton dieser Beschwerden schärfer geworden. (Der Bürgermeister weist immer wieder darauf hin, daß die aus den Wörtern "Polizei" und "Hostesse" synthetisierte Bezeichnung "Politesse" in der französischen Sprache "Höflichkeit" bedeutet; dafür ist im täglichen Umgang mit diesen Mitarbeitern nichts zu spüren).

Als dann vor 2 Monaten der Schulzenhof in der Wallgasse brannte, kam die Feuerwehr wegen der dort geparkten Pkw um wertvolle Minuten zu spät. Im Stadtrat gab es hitzige Debatten und von zwei Fraktionen wurde die umgehende Erarbeitung eines Parkraumkonzeptes gefordert.

Der Stadtdirektor hat prompt reagiert: eine ämterübergreifende Arbeitsgruppe soll sofort tätig werden und möglichst Anfang des Jahres erste Ergebnisse vorlegen. An der ersten Sitzung der Arbeitsgruppe haben der Stadtdirektor und der Baudezernent selber teilgenommen und drei Punkte genannt, auf die sie besonderen Wert legen:

- gebraucht werden kurz-, mittel- und langfristige Konzept-Teile, es geht also nicht nur um die Beseitigung eines Detail-Mißstandes, gebraucht wird auch eine **strategische** Perspektive

- die Arbeit am Parkraumkonzept soll von vornherein **offen** und **offensiv** angelegt werden; die Arbeitsgruppe muß in kurzer Zeit die Fragestellungen, unter denen sie arbeitet und zumindest den Horizont denkbarer Lösungsrichtungen formulieren und veröffentlichen; dasselbe gilt für Zwischenergebnisse, insbesondere solche mit aktuellen Befunden und Bewertungen

- das Parkraumkonzept soll keine neue Konfrontationen aufbauen oder bestehende verstärken; um einen möglichst breiten und möglichst tragfähigen **Konsens** zu erzielen, kommt ggf. ein "runder Tisch" in Frage

Die Arbeitsgruppe leitet aus ihrem Auftrag und den genannten Punkten unmittelbar Stränge der Bearbeitung ab:

Arbeitsaufträge zur differenzierten Recherche des vorhandenen **Angebots** und der aktuellen **Nachfrage**: Tiefbauamt, Ordnungsamt und zusätzlich das Bauordnungsamt sollen Zahl, Regelung und Zugänglichkeit der öffentlichen, halböffentlichen und privaten Abstellplätze ermitteln, bei den Betreibern der Parkbauten soll die Zahl der Einstellplätze, Öffnungszeiten, Tarife und die Zahl der Einmietungen erfragt werden.

Das Ordnungsamt soll aus seiner Überwachungstätigkeit eine Statistik vorlegen, aus der die Parkraumbelegung und die Anteile von Falschparken und "Schwarzparken" hervorgehen. Die Betreiber der Parkbauten sollen um die Parkkarten typischer Stichtage gebeten werden.

In etwa einem Monat sollen die Ergebnisse der Recherchen vorliegen, auch wenn vermutlich noch Leerstellen bleiben. Mit dem dann möglichen Überblick soll entschieden werden, ob für die Erstellung einer **"qualifizierten Bilanz"** ein externer Gutachter beauftragt wird.

Die Öffentlichkeit und die Politik soll bald wissen, was wie bearbeitet wird und was dabei herauskommt; in solchen Fällen bietet sich ein **"heuristisches"** Vorgehen an: man tut so, als wüßte man die Lösung schon (und tatsächlich wissen wir ja auch schon eine ganze Menge) und entwirft darauf gestützt die **Struktur** der erwartbaren Ergebnisse. Das ist in einem ganztägigen "brainstorming" der ämterübergreifenden Arbeitsgruppe ergänzt noch durch Vertreter der Polizei, der Abteilung Stadtentwicklung und der IHK schon ganz befriedigend gelungen.

Das Arbeitsprogramm hatte die Schwierigkeit zu lösen, sowohl ad hoc als auch perspektivisch ausgerichtet zu sein. Dies konnte durch das Konzept zweier paralleler Bearbeitungsstränge gelöst werden, die nicht nebeneinander herlaufen, sondern planmäßig an verschiedenen Stellen aufeinander bezogen sind.

Dem Stadtdirektor, der mit diesem Programm vor die Presse ging, gefiel besonders, daß mit diesem Vorgehen Lösungen nicht "auf die lange Bank" geschoben werden, weil aufwendige Erhebungs- und Analysephasen abgewartet werden müssen. Andererseits fand er gut, daß die "Sofortmaßnahmen" keine "Schnellschüsse" sind, sondern Eingriffe, die auf jeden Fall richtig und nötig werden.

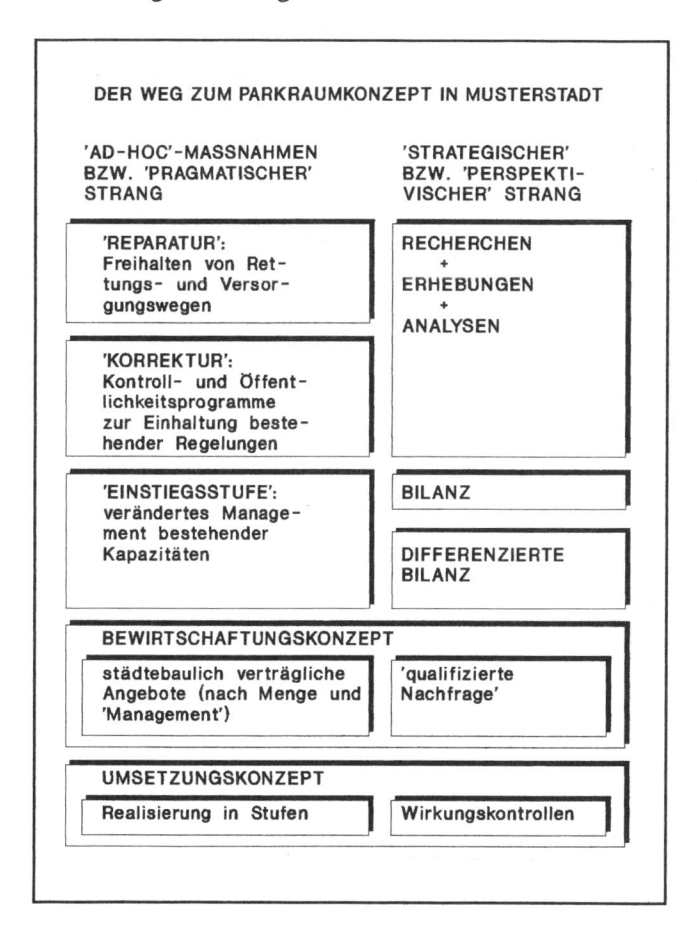

DER WEG ZUM PARKRAUMKONZEPT IN MUSTERSTADT

'AD-HOC'-MASSNAHMEN BZW. 'PRAGMATISCHER' STRANG	'STRATEGISCHER' BZW. 'PERSPEKTIVISCHER' STRANG
'REPARATUR': Freihalten von Rettungs- und Versorgungswegen	RECHERCHEN + ERHEBUNGEN + ANALYSEN
'KORREKTUR': Kontroll- und Öffentlichkeitsprogramme zur Einhaltung bestehender Regelungen	
'EINSTIEGSSTUFE': verändertes Management bestehender Kapazitäten	BILANZ
	DIFFERENZIERTE BILANZ
BEWIRTSCHAFTUNGSKONZEPT	
städtebaulich verträgliche Angebote (nach Menge und 'Management')	'qualifizierte Nachfrage'
UMSETZUNGSKONZEPT	
Realisierung in Stufen	Wirkungskontrollen

Zum Termin des Pressegespräches liegen bereits die ersten Ergebnisse der Recherche vor. Dabei fällt zunächst ein Versäumnis auf: die Arbeitsgruppe hatte noch nicht hinreichend genau das **Untersuchungs- und Planungsgebiet** abgegrenzt: die Altstadt innerhalb des Ringes muß auf jeden Fall enthalten sein, nach Westen bildet die Bahnlinie sogar eine "natürliche" Abgrenzung, ebenso der Edelburgerpark im Norden; nach Osten und Süden ist die Abgrenzung weniger eindeutig: die östliche Vorstadt wird offensichtlich nicht nur von den dort Wohnenden und dort Arbeitenden, sondern zusätzlich auch von Innenstadtbesuchern und -beschäftigten beparkt. Auch nach Süden bildet der Neustadter Graben kaum eine "Grenze".

Auf die Frage nach der notwendigen Ausdehnung der Untersuchungen und Planungen kamen natürlich auch die Journalisten beim **Pressegespräch** zur Vorstellung des Arbeitsprogramms; einer fragte sofort, ob hier nach dem "St. Florians-Prinzip" gearbeitet, also Parknachfrage lediglich verdrängt werden sollte.

Aber: die Berichterstattung am nächsten Tag bzw. am Wochenende war sehr erfreulich: endlich wird das Problem angepackt, endlich kommen Zahlen auf den Tisch und endlich wird "vor den Augen der Öffentlichkeit" geplant.

Besonders positiv kam auch bei der Presseberichterstattung die Bearbeitung in zwei Strängen weg: kein Vertrösten auf "St. Nimmerlein", aber auch keine unüberlegten Sofortmaßnahmen, die hinterher kleinlaut wieder zurückgenommen werden müssen.

Das **Ergebnis der Recherche** der einzelnen Ämter hat sehr unterschiedliche Ergebnisse erbracht:

- die 4 Parkbauten mit zusammen 950 Einstellplätzen sind sehr leicht zu "inventarisieren": 50 Einmietungen bzw. Reservierungen, die Rathaustiefgarage (ohne Gebühr und Dauerbegrenzung, keine Zugangskontrolle) ist von 9 bis 16.30 Uhr praktisch voll mit städtischen Bediensteten, die Plätze der Versicherung sind für die eigenen Beschäftigten und Kunden reserviert. Alle Betreiber haben sich bereit erklärt, bei der Nachfrageerhebung an 2 Stichtagen (dem Dienstag als "normalen" Wochentag, zusätzlich an einem langen Donnerstag) mitzumachen: sie überlassen der Arbeitsgruppe die Parkkarten, bzw. sie beauftragen den Pförtner, die Zahl der mit Berechtigungskarten oder mit Ausfahrtmünzen ausfahrende Benutzer zu zählen, unter dem Rathaus werden wohl eigene Erhebungen erforderlich;

- das Ordnungsamt hat aus Unterlagen seiner Einsatzplanungen für die "Politessen" einen Parkbeschilderungsplan für die Innenstadt hergestellt, daraus geht allerdings noch nicht die Zahl der von jeder Regelung "betroffenen" Parkstände hervor

- glücklicherweise leisten aber genau das die Ausbau- und Markierungspläne des Tiefbauamtes, die für etwa 3/4 der innerstädtischen Straßenräume vorliegen

- eine Auswertung der gebührenpflichtigen Verwarnungen der letzten 4 Dienstage und Donnerstage ergibt eine beeindruckende Liste von "zum Parken benutzten Plätze": auf Geh- und Radwegen, in Fußgängerzonen, teilweise sogar auf Grünflächen

"erzeugen" sich Autofahrer insgesamt rd. 150 "Parkplätze" allein in der Altstadt

- ernüchternd waren teilweise die Ergebnisse aus dem Bauordnungsamt; ein "Inventar" wird dort nicht geführt oder gar fortgeschrieben, Informationen müssen einzeln aus Bauakten herausgesucht werden, das braucht Zeit und kann auch dann nur ungenaue Ergebnisse liefern. Zwar gab es seit 1939 die "Reichsgaragenordnung", die auch 1953 durch die Verwaltungsgerichte in ihrer Rechtsgültigkeit bestätigt wurde, andererseits hatte der Minister für Wiederaufbau 1950 Richtzahlen für den Stellplatzbedarf erlassen, es wurde aber durchaus **nicht** konsequent oder einheitlich danach verfahren.

Die erste Landesbauordnung stammt aus dem Jahre 1962, aber erst die Novellierung von 1970 hob die Reichsgaragenordnung endgültig auf. 1972 erließ der Innenminister Richtzahlen für den Stellplatzbedarf, abgestützt auf eine Liste der ARGEBAU, und löste damit die "Nachkriegsliste" von 1950 ab. In welcher Zeit aber nach welcher Verordnung wie verfahren wurde, das konnte zumindest auf Anhieb nicht festgestellt werden, und es kommt noch eine Unsicherheit hinzu: zwar verbietet die Bauordnung die Zweckentfremdung von Stellplätzen, das ist aber niemals kontrolliert worden. Erst als Mitte der 70er Jahren die Stadt in einer Stellplatzsatzung ihre eigenen Richtzahlen gesetzt hatte, wurde konsequent danach verfahren.

Es werden also Erhebungen erforderlich, um hinreichend differenziert und hinreichend aktuell den Parkraumbestand abzubilden. Aus zeitlichen und Kapazitätsgründen kann das nicht von der ämterübergreifenden Arbeitsgruppe geleistet werden, es soll ein externer **Gutachter** beauftragt werden; dessen Aufgabenstellung wird wie folgt umrissen

- Parkraumanalyse nach Ort, Regelung, Zugänglichkeit und sonstigen Bedingungen für die Bereiche Innenstadt und östliche sowie südliche Vorstadt

- Analyse der werktäglichen Parknachfrage mit Differenzierungen nach Zeiten und nach Parkdauern sowie nach Verhalten gegenüber der Parkordnung

- Aufbereitung und Darstellung einer aktuellen und differenzierten Parkbilanz

- Aufbereitung der aktuellen Ergebnissen in solcher Form, daß verschiedene Modelle der "Parkraumbewirtschaftung" durchgespielt werden können.

Die städtischen Ämter (insbesondere: Statistik und Wahlen, Bauordnung, Straßenverkehr) werden ihre Datenbestände zur Verfügung stellen und insbesondere solche Arbeitsschritte selber übernehmen, die datenschutzrechtlich sensibel sind.

Die Pressekonferenz, bei der "nur" die beabsichtigten Untersuchungen und das grobe Arbeitsprogramm vorgestellt wurden, hatte mit einiger Verzögerung noch ein unerwartetes öffentliches und veröffentliches Echo: wochenlang waren die Zeitungen einschließlich der Leserbriefspalten voll mit Forderungen, Befürchtungen, Hoffnungen, negativen wie positiven Voraussagen. Der Baudezernent war kurzfristig erschrocken über die Reaktion, die er "losgetreten" hatte, kam aber sehr schnell auf seine bereits zu Anfang geäußerte Idee des "runden Tisches" zurück: die Ämterrunde, der externe Gutachter, Vertreter von Handel und Handwerk, ADAC und ADFC sollen die gesamten Untersuchungen und Planungen begleiten, ihre Forderungen wie Befürchtungen, ihre Informationen wie ihren Sachverstand einbringen.

Beim ersten "runden Tisch" ging es hoch her und es mußte erst mehrfach klargemacht werden, daß hier "mit offenen Karten gespielt" werden soll, daß aber auch von Seiten aller Beteiligten Informationen eingebracht werden müssen. Für Handel und Handwerk sind Fragebogen vorbereitet worden, um deren spezifischen Bedarf, aber auch ihr Angebot möglichst genau erfassen zu können:

- Öffnungszeiten, Verteilung der Kunden über den Tag

- Zahl der Mitarbeiter (Vollzeit/Teilzeit), deren Verkehrsmittelbenutzung und Parkverhalten

- Zahl, Lage und Regelung der privaten Stellplätze

- Einschätzungen zum eigenen Kundenstamm: Herkunft, Verkehrsmittelbenutzung, Parkverhalten

- Liefer- und Ladeprozesse: woher, wie oft, über welcher Route, zu welchen Tageszeiten, mit welchen Fahrzeugen, wo wird an- oder ausgeliefert?

- eigene Liefer- oder Servicefahrten

- Veränderungsabsichten: Erweiterung, Verkleinerung, Sortimentsveränderung, Verlagerung, Filialisierung?

Handel und Handwerk stimmten nach einigen Vorbehalten schnell zu, die ganze Aktion dauerte auch nur knapp 3 Wochen; die Antworten wurden vorsichtshalber der "abgeschotteteten Statistikstelle" zum Codieren übergeben, bevor der Gutachter die weiteren Auswertungen übernahm.

Inzwischen ist aber bereits die erste "adhoc-Maßnahme" angelaufen und hat - ebenfalls von einem Presseecho begleitet - schon merkbare Erfolge gezeigt: die besonders großen Auswüchse rücksichtslosen Parkverhaltens kommen kaum noch vor. Seit 5 Wochen wird, und zwar bis zum Ende der Gaststättenöffnungszeiten, im gesamten Innestadtgebiet kontrolliert und dort, wo die Behinderungen nicht mehr hinzunehmen sind, auch abgeschleppt. Die jüngsten Gerichtsurteile zum Abschleppen haben die Situation genügend geklärt, es gab kaum Widersprüche und bisher kein einziges Gerichtsverfahren. Das Ordnungsamt und die Feuerwehr haben zur Vorbereitung und Begleitung der Aktion in Gaststätten und Geschäften plakatiert und Flugblätter verteilt.

Die Feuerwehr kann nicht warten. Lassen Sie ihr bitte genug Platz.

Nehmen Sie Rücksicht, wenn Sie Ihr Fahrzeug in der Innenstadt parken. Auch Sie können auf schnelle Hilfe angewiesen sein.

HALTEVERBOTE bestehen dort, wo Feuerwehrfahrzeuge nicht weiterkommen oder weniger als 3 Meter Restbreite auf der Fahrbahn übrig bleiben

— Ordnungsamt —
— Freiwillige Feuerwehr —

Weniger "hart", aber deshalb nicht weniger verbindlich beginnt jetzt die zweite "adhoc-Maßnahme" zur Korrektur des Parkverhaltens unter dem Titel "Parke nicht auf unseren Wegen". Hier konnte Musterstadt auf einen gleichnamigen "Handlungsleitfaden für die kommunale Praxis" aus Nordrhein-Westfalen zurückgreifen, wo 1987 in 5 Modellgebieten mit einer mehrstufigen Aktion: "Belehren, Ermahnen, Verwarnen" bemerkenswerte Erfolge erzielt worden sind. Die Zeitungen haben das Thema engagiert aufgenommen und einige gängige Vorurteile und Verharmlosungen korrigiert: Gehwegparken ist weder "nötig" noch ist es "unschädlich": häufig erlauben die Fahrbahnbreiten durchaus, neben dem Bord zu parken, die Gehwege dagegen sind in Musterstadt (wie anderenorts auch) nicht "überbreit", sondern zumeist allenfalls ausreichend für Bewegung und Aufenthalt von Fußgängern.

Illegale Parkpraxis auf Gehwegen stoppen

(Ten) „Parke nicht auf unseren Wegen" lautet der Titel einer Aufklärungskampagne, mit der die Stadt ~~Castrop-Rauxel~~ im Ortsteil ~~Schwerin~~ die Bürgersteige für die Fußgänger zurückerobern möchte. Informationsblätter sollen Autofahrer auf die Probleme der Fußgänger aufmerksam machen, die entstehen, wenn parkende Fahrzeuge die Geh- und Radwege blockieren.

Seit Mitte der sechziger Jahre gehört das Parken auf Geh- und Radwegen zum städtischen Alltag; durch Aufhebung von Radwegen und die Markierung von Parkstreifen auf Gehwegen haben viele Städte einer illegalen Parkpraxis Vorschub geleistet. Autofahrer dürfen ihr Fahrzeug eigentlich nur dann auf einem Gehweg parken, wenn ein Schild dies ausdrücklich erlaubt. Daß die Straßenverkehrsordnung grundsätzlich das Parken am Fahrbahnrand vorschreibt, geriet zunehmend in Vergessenheit.

Mit einem dreistufigen Modellversuch, an dem sich neben der Stadt ~~Castrop-Rauxel~~ vier weitere Städte beteiligen, will das Verkehrministerium des Landes nun Autofahrer zum

„Parke nicht auf unseren Wegen" wünscht sich auch dieses kleine Mädchen, daß Autofahrer künftig nicht mehr die Geh-

Der städtische Bauhof hat sehr schnell mitgespielt: da wo Gehwegparken angeordnet war, ist jetzt ein Parkstreifen ausgeschildert, um nicht an der einen Stelle Verhalten einzuüben, das ansonsten nicht erlaubt und nicht erwünscht ist.

STATT: 🚫 + 🅿️   LIEBER: 🅿️
Zeichen 315 Parken auf Gehwegen   Zeichen 314 Parkplatz

Empirie ist ein mühsames Geschäft. Vor 6 Monaten hat der Gutachter mit der Parkraumanalyse begonnen, vor 5 Monaten fand dann die Parkdauererhebung statt: insgesamt 30 Schüler der Oberstufe des Obertorgymnasiums und Studenten der Technischen Fachhochschule haben morgens um 5 und dann stündlich zwischen 8 und 19 Uhr alle im öffentlichen Straßenraum Parkenden mit Kennzeichen, Ort, Aufstellung und Verhalten notiert. Für denselben Dienstag haben die Betreiber der Parkbauten Marktplatz und Tucher die Parkkarten zur Verfügung gestellt, der Pförtner der Versicherung hat alle Ein- und

Ausfahrenden - getrennt nach solchen mit Parkkarten und solchen mit Ausfahrtmünzen - stundenweise gezählt, gezählt wurden ebenfalls die Ein- und Ausfahrten der Rathaustiefgarage (das waren nur sehr wenige über Tag).

Nach der Plausibilisierung und Codierung der Daten durch den Gutachter hatte das Straßenverkehrsamt und die Statistikstelle einen sensiblen Arbeitsschritt zu tun: die Identifizierung von Anwohnerfahrzeugen in einer solchen Weise, die den datenschutzrechtlichen Bestimmungen entspricht.

Am "Stichtag" wurden ebenfalls die Belegungen der allgemein zugänglichen Parkplätze und Parkdecks des örtlichen Handels im 2-Stunden-Rythmus erhoben, die Betreiber hatten dazu ihr Einverständnis gegeben.

Bisher nur im trüben gefischt?

~~ERLANGEN~~ (ts) – Nun haben es die ~~xxxxxx~~ schwarz auf weiß: „Erstaunlicherweise vollzog sich die bisherige Diskussion über Parken in der ~~xxxxxx~~ Innenstadt nicht auf der Basis aktueller Inventare des Parkraums und ohne empirische Daten über die tatsächliche Nachfrage." Das gutachterlich festgehaltene Erstaunen über den bisherigen Verlauf der Parkplatz-Diskussion dürfte sowohl den Befürwortern als auch den Gegnern des Verkehrskonzeptes nicht besonders schmecken. Denn genauso treffend hätten die Verkehrsexperten auch sagen können: Am Neckar wurde in dieser Angelegenheit bislang nur im trüben gefischt.

Jetzt liegen die ersten Auswertungsergebnisse auf dem Tisch. Zwar dürfte der Titel der Kolumne am nächsten Morgen "bisher nur im Trüben gefischt" nicht ganz passend sein, aber erstaunlich ist das Ergebnis für viele Beteiligte und Betroffene schon:

- Auf Straßen und Plätzen der Innenstadt liegen 850 Parkstände, davon sind

    = 130 an Parkuhren mit Höchstparkdauern bis 2 Std. und minimalen Preisen von 0,10 DM je halbe Std.

    = 210 mit Parkscheiben (Höchstparkdauer 3 Std.)

    = 510 ohne Gebühr und Dauerbegrenzung

- Des weiteren sind an den Hauptverkehrsstraßen tageszeitweise Halteverbote angeordnet, nachts und auch über weite Tagesstunden stehen sie aber für ca. 90 Fahrzeuge zur Verfügung, so daß die Gesamtkapazität auf Straßen und Plätzen 940 beträgt (am Stichtag wurden 85 weitere Plätze zum Parken benutzt).

- Der Gutachter hat das Bahnhofs-Parkhaus am Schwanenwall der Innenstadt zugerechnet und in die Erhebungen einbezogen. Die Lage sowie die Tatsache, daß nur 50 der 350 Einstellplätze an P + R-Nutzer vermietet sind, rechtfertigen dies.

- Die 500 Plätze in den Tiefgaragen Versicherung und Rathaus werden statistisch je 1,1 mal täglich umgeschlagen, sie sind also praktisch ganztägig von Beschäftigten belegt.

- Die Tiefgarage unter dem Marktplatz hat 59 Dauer- und 100 Tagesparker, die rechnerisch freie Kapazität liegt also nur bei 100 Plätzen; die Belegung durch "zahlende Kunden" liegt allerdings mit 2 deutlichen Spitzen am Morgen und Nachmittag deutlich darüber.

- In der Geschäftszeit ist zwischen 9 und 17 Uhr das Parkhaus Tucher mit einem "Tal" zu Mittag ganztägig ausgelastet, überwiegend durch Kurzzeitparker. Etwa die Hälfte der Parker sind Kunden, deren Parkdauer liegt über der der Nicht-Kunden (Tucher berechnet für Kunden erst die 3. Parkstunde).

- Kaum angenommen wird offensichtlich das Parkhaus am Schwanenwall: von 300 allgemein verfügbaren Plätzen sind nachmittags knapp 100 belegt.

Neben Mängeln in der Attraktivität (Zufahrt, Dunkelheit) müssen Gründe dafür in der Tarifstruktur (in allen Parkhäusern kostet jede Std. 1,-- DM, an Uhren nur 20 Pfennige) und den guten Parkchancen am Straßenrand liegen.

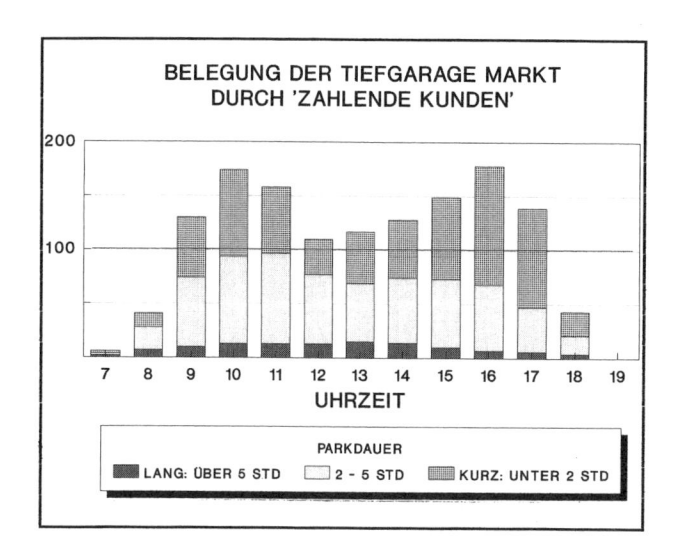

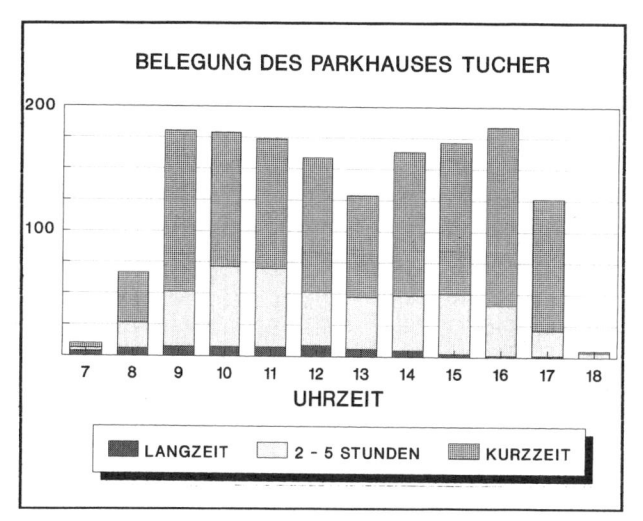

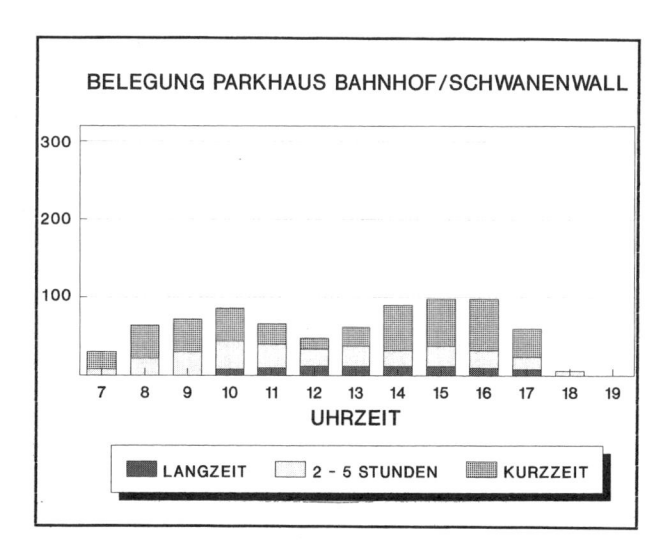

Parkchancen bestehen - das ist wohl für die meisten das Überraschende - tatsächlich auch im Straßenraum: die Gesamtkapazität (die durch tageszeitliche Halteverbote tagsüber schwankt) wird rechnerisch morgens um 11 Uhr nahezu ausgelastet, dabei ist aber zu beachten, daß dann auf über 80 Plätzen im Halteverbot geparkt wird, auf den "ordentlichen" Abstellplätzen, also ein rd. 10 %-tiger Leerstand besteht.

Aus den Begehungen und Aktenauswertungen ging eine Zahl von **1.200 privaten Stellplätzen** in der Innenstadt hervor, davon sind

- 400 in Garagen oder auf andere Weise nur durch den Eigentümer zugänglich

- 200 in Sammelanlagen

- 600 sind als "halböffentlich" zu bezeichnen: für Kunden, Besucher etc.

Auf einigen Plätzen sind verdichtete Aufstellungen möglich und üblich: aus 1.200 privaten Stellplätzen werden dadurch 1.400 gemacht.

Die Erhebungen von Angebot und Nachfrage bezogen sich nicht nur auf die Innenstadt, sondern zugleich auch auf die südliche und östliche Vorstadt. Ein Ergebnis ist dabei vollkommen klar geworden: die Verlagerung von Parken aus der Innenstadt in die dortigen Wohn- und Mischquartiere ist völlig unmöglich.

Mit der Ausdehnung des Untersuchungsgebietes und den Differenzierungen der Datensätze durch Straßenverkehrsamt und Statistikstelle ist es nur möglich, die Anwohner der Innenstadt unter den Parkenden zu identifizieren: ein Teil von ihnen parkt nämlich nicht in den Innenstadtstraßen, sondern in denen der südlichen und östlichen Vorstadt.

Mit der **differenzierten Parkbilanz** (die Ergebnisse mit Plänen, Tabellen und Graphiken füllen einen ganzen Materialband) ist nun zweierlei erreicht:

- der "strategische" Strang des Arbeitsprogramms ist ein wichtiges Stück weitergekommen, an den Datensätzen lassen sich jetzt verschiedene Bewirtschaftungsmodelle "durchspielen"

- die vorgesehene "erste Stufe" kann sich bereits auf aktuelle, differenzierte und vollständige Daten stützen.

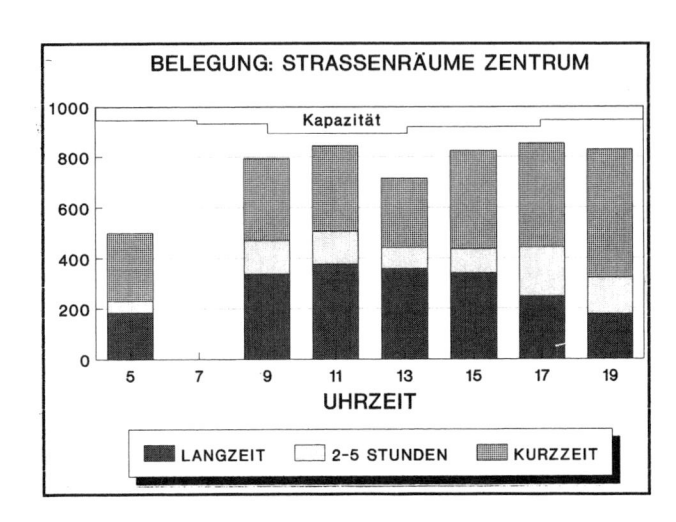

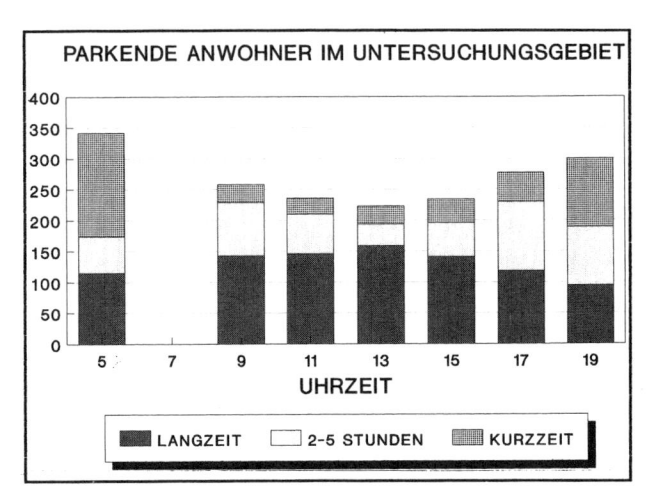

Der runde Tisch nach der Vorstellung der Ergebnisse im Technischen Ausschuß beschäftigte sich erwartungsgemäß lange mit dem Zahlengerüst: Rückfragen, weitere Differenzierungen, Deutungsversuche, der Gutachter hatte Schwierigkeiten, alles zu beantworten, ohne die gesamte Detailarbeit noch einmal zu wiederholen. Dann aber kam die Frage auf die erste Stufe.

Das Ziel der ersten Stufe stand ja bereits im Arbeitsprogramm.

Was aber sollte in Musterstadt in der Einstiegsstufe genau darunter verstanden werden ? Das Planungsamt hatte eine Liste vorbereitet mit den überhaupt zur Verfügung stehenden Instrumenten und deren Wirkung auf die verschiedenen Nachfragegruppen. Das half zwar sehr bei der Abklärung, was wir denn überhaupt "in der Hand" haben, stellte sich aber in diesem Stadium als zu detailliert heraus.

Die Diskussion des runden Tisches mußte und konnte dann doch wieder eine "Generalisierungsstufe" angehoben werden, auf die Frage nämlich: (gestützt auf das jetzt vorliegende detaillierte "Parkbild") **wo** wollen wir **was** an künftigem Parkgeschehen erreichen? Die Frage richtete sich an ein "Drehbuch" für Parken in den Innenstadtquartieren von Musterstadt. Einige Kernstücke dieses Drehbuches stellten sich schnell als konsensfähig heraus, andere werden wohl noch eine zeitlang diskutiert werden müssen:

- Anwohner (derzeit sind es 4.000 in der Innenstadt, das innerstädtische Wohnen hat hohe Priorität) sollen bevorrechtigt möglichst nahe bei ihren Wohnungen parken können

- der Preisunterschied zwischen den Parkbauten und dem Straßenraum ist derzeit unsinnig, die Akzeptanz der Anlagen muß erhöht werden

- Berufspendler sollen nicht mehr im Zentrum parken; ob das auch für private und "halböffentliche" Anlagen gelten soll, muß noch diskutiert werden, der Personalrat der Stadtverwaltung hat bereits vorsorglich einen Widerspruch angekündigt

- Liefer- und Serviceverkehr (Handwerker, soziale Dienste etc.) müssen nahe bei ihren Kunden bzw. "Klienten" parken können; ob das gebührenfrei und/oder mit Dauerbegrenzung sein soll, bleibt zunächst offen

- Optionen auf Herstellung neuer Parkgelegenheiten sind angesichts der Erhebungsergebnisse nur mit einem weiten Zeithorizont denkbar

- die Belange von Behinderten müssen erfüllt werden

- Verträglichkeit von Parken im Straßenraum wie auch der durch Parkmöglichkeiten hervorgerufenen fließenden Kfz-Verkehre ist ein durchgängiger Standard.

Der Gutachter soll kurzfristig ein Modell für die "erste Stufe" erarbeiten und anhand der Analysedaten eine Wirkungsanalyse anstellen. In der Zwischenzeit sollen die städtischen Ämter Möglichkeiten und Bedingungen klären, die beiden Tiefgaragen (und ggf. noch weitere Flächen) in das Parkraumkonzept einzubeziehen.

Zwei Monate später liegt der Konzeptentwurf auf dem Tisch, er sieht (nach Straßentypen) abgestufte und (nach Parkzwecken) differenzierte Parkberechtigungen vor:

- 2 innerstädtische Quartiere: das Talkirchenviertel und der Bereich um den Schützenhof haben so empfindliche Straßenräume, daß dort nur Parkmöglichkeiten mit geringem "Umschlag" angeordnet werden können; dafür Anwohnerparken vorgeschlagen, davon sind rd. 150 Abstellplätze im Straßenraum betroffen

- die übrigen 650 Plätze im Straßenraum (die Zahl bleibt in der ersten Stufe erhalten) werden gebührenpflichtig und haben Höchstparkdauern von 2 bzw. 4 Std.; an 300 dieser Plätze sind Anwohner mit Parklizenz von Gebühr und Dauerbegrenzung befreit (Anwohnerparken im "Mischungsprinzip")

- für die jetzt gebührenpflichtigen Abstellplätze werden 30 Parkscheinautomaten aufgestellt, die Gebühr beträgt künftig 1,-- DM für die erste, 1,50 für jede weitere Stunde, sie liegt damit bei bzw. über den Parkgebühren in den Parkbauten

- für die Tiefgaragen Markt und Versicherung wird ein Stufenmodell vorgeschlagen, das mit den Betreibern und den Personalvertretungen noch abzustimmen ist:

  a. die Mitarbeiter, die in den Tiefgaragen parken wollen, erhalten Parkkarten für die (neu zu installierenden) Abfertigungsanlagen, das Parken kostet dann für sie 1,-- DM pro Tag, das wird monatlich abgerechnet, d.h. bezahlt werden müssen nur die tatsächlich beanspruchten "Parktage"

  b. Mitarbeiter, die sich verpflichten, nicht in den Tiefgaragen zu parken, erhalten vom Arbeitgeber den "Musterstädter Durchblick", die übertragbare Monatskarte der Verkehrsbetriebe (Kosten pro Monat = 45,-- DM), dasselbe Angebot gilt für P+R-Benutzer

  c. für "Fremdparker" in beiden Anlagen gilt der in den anderen Parkbauten übliche Tarif von 1,-- DM je Stunde, diese Einnahmen sollen zusammen mit a die Kosten von b decken.

In einem ersten abklärenden Gespräch waren die Belegschaftsvertretungen zwar nicht begeistert, aber auch nicht völlig ablehnend; sie regten eine Regelung für "Härtefälle" an (wenn zum Beispiel ein Mitarbeiter seinen Pkw dienstlich braucht) und wünschten eine Gratifikation auch für solche Kollegen, die zu Fuß oder mit dem Fahrrad kommen.

Das Konzept wie einige weitere Details (Beschilderung, Park-Stadtplan, Einzelheiten des Anwohnerparkens etc.) war in der Presse, auf Bürgerversammlungen wie in zahlreichen "informellen" Gesprächen "Thema Nr. 1".

Kaufleute gaben Ton an
Parkproblem: Starker Andrang zur Anhörung

Allen Unkenrufen zum Trotz: Die Einwohnerversammlung zum Thema „Parken in der Innenstadt" in der Aula carolina am gestrigen Abend fand starken Publikumszuspruch.

Die Verwaltung, der Gutachter, die Stadträte, die Gruppenvertreter beim runden Tisch, alle sahen sich für mehrere Wochen im "Wechselbad" von Ablehnung und Zustimmung. Wertvolle Argumentationshilfen ergaben sich aus der Wirkungsanalyse, der Übertragung des Modells auf die mit der Erhebung gewonnen Daten: kein motorisierter Innenstadtbesuch, so die zentrale Aussage, muß wegen fehlender Parkmöglichkeiten künftig unterbleiben, die Parkchancen steigen sogar deutlich an. Berufspendlern werden einerseits neue Angebote gemacht (Umweltkarte, Bonus für Fußgänger und Radfahrer), andererseits werden sie auf weiter entfernt liegende Plätze (z.B. beim Stadion) verwiesen.

Die Bürgerversammlung verlief sehr kontrovers: die Exponenten der einzelnen Interessen trafen zum Teil scharf aufeinander. Bei den anschließenden **Bürgerbeteiligungen** wurde kleinteilig vorgegangen und ein sehr zweckmässiges Verfahren gewählt: nach dem "Schneeballsystem" wurden je einige Vertreter der einzelnen Bevölkerungsgruppen (als "Multiplikatoren") angeschrieben mit der Bitte die Einladung weiter zu verbreiten. Bei den nachbarschaftliche Zusammenkünfte selber fiel auf, daß bereits zahlreiche Diskussionen und Abklärungsprozesse stattgefunden hatten; die Bedingungen für Konsense waren damit wesentlich verbessert.

Die erste Stufe ist nun schon seit einigen Monaten Realität, erste Anlaufschwierigkeiten überwunden, massive Probleme sind bisher nicht aufgetreten. Die Kontrolle mußte natürlich verstärkt werden: mit doppelten Personaleinsatz und mobilen Datenerfassungsgeräten ist die Überwachungsleistung praktisch verdreifacht worden.

Zahlreiche Hoffnungen und Befürchtungen werden auf einfache "Nenner" gebracht, diese "Erfolgsparameter" sollen nach einer Laufzeit von 6 Monaten überprüft werden, ggf. werden dann Modifikationen erforderlich.

Der **strategische Strang** ist nach der Beruhigung der Diskussion um die erste Phase wieder aufgenommen worden, schließlich soll die erste Phase noch nicht der Abschluß sein. Jetzt konzentriert sich die Arbeit neben weiteren Untersuchungen zur städtebaulichen Verträglichkeit der Parkraumangebote hauptsächlich auf die "qualifizierte Nachfrage", die Frage also: welche Pkw-Fahrten (und dementsprechend Parkerfordernisse) sind verzichtbar, wenn die Erreichbarkeit mit dem "Umweltverbund" optimiert wird. Jetzt gehören natürlich auch die Verkehrsbetriebe zur Arbeitsgruppe; auf sie wird schließlich, damit auf einige Parkplätze verzichtet werden kann, eine Menge "Transportarbeit" zukommen.

6. Glossar der Begriffe und Konstrukte

(Die mit * gekennzeichneten Definitionen geben die "Begriffsbestimmungen", Teil: Straßenplanung und Straßenverkehrstechnik der Forschungsgesellschaft für Straßen- und Verkehrswesen (FGSV von 1989) wieder)

Abflußziffer (max.) alle innerhalb einer Zeiteinheit beendeten Parkvorgänge, bezogen auf die Anzahl der vorhandenen Abstellplätze

Abstelldauer*

Dauer eines Abstellvorganges (Parkdauer, Einstelldauer)

Abstelldichte*

Verhältnis der Anzahl abgestellter Fahrzeuge zur Fläche eines bestimmten Gebietes zu einem Zeitpunkt (Parkdichte, Einstelldichte).

Abstellen*

Stillstand eines Fahrzeuges, der weder verkehrs- oder betriebsbedingt ist noch ausschließlich dem Ein- und Aussteigen oder dem Be- und Entladen dient.

Abstellfläche*

Zum Abstellen von Fahrzeugen bestimmte Fläche einschließlich der Manövrierfläche.

Abstellflächenausnutzung*

Mittlerer Belegungsgrad der Abstellfläche innerhalb eines Zeitabschnittes.

Abstellflächenkennzahl*

Verhältnis der Abstellfläche zur Geschoßfläche eines bestimmten Gebietes.

Abstellflächenzahl*

Verhältnis der Abstellfläche zur Geschoßfläche.

Abstellstand*

Abgegrenzte Fläche für ein abgestelltes Fahrzeug (auch: Abstellplatz)

Abstellvorgang*

Einmaliges Abstellen eines Fahrzeuges, im öffentlichen Straßenraum → Parkfall

Abstufung

Element eines Parkraumkonzeptes: Demensionierung und Betrieb des Parkraums in Bezug auf Daten des Straßenraumes und Bedeutung des Straßenabschnittes im Netz

Anwohnerparken

Üblicher Ausdruck für Regelungen, mit denen die Parkerlaubnis zugunsten von Anwohnern beschränkt wird; die Bevorrechtigung der (lizenzierten) Anwohnern kann auf zwei Wegen geschehen:

a) "Trennungsprinzip": jeder Parkstand ist eindeutig entweder für Anwohner reserviert oder gebührenpflichtig für alle Parkenden

b) "Mischungsprinzip": lizenzierte Anwohner sind von den ansonsten geltenden Regelungen (Gebührenpflicht, Dauerbegrenzung) befreit.

Aufstellfläche*

Fläche, die von einem abgestellten Fahrzeug überdeckt wird.

Aufzugsgarage*

Stockwerkgarage, bei der die Höhenunterschiede durch Aufzüge überwunden werden.

Belegungsgrad*

a) Ruhender Verkehr: Verhältnis der Anzahl der abgestellten Fahrzeuge zur Anzahl der vorhandenen Abstellstände zu einem Zeitpunkt.
b) Fließender Verkehr: Verhältnis der Summe der Verweilzeiten der Fahrzeuge im Wahrnehmungsbereich eines Detektors während eines Zeitintervalles zur Länge dieses Zeitintervalles.

blaue Zone

Gebiet mit Zonenhalteverbot (Z. 290 StVO), in dem mit der Parkscheibe bis zur angegebenen Höchstparkdauer geparkt werden kann; in einigen "blauen Zonen" sind lizenzierte Anwohner von der Parkdauerbegrenzung befreit.

Bündelung

a) Ruhender Verkehr: Konzentration von Abstellflächen auf/in Anlagen mit großer Kapazität

b) Fließender Verkehr: Konzentration von Kfz-Fahrten bzw. Fahrt-Anteilen auf die hierarchisch jeweils höchsten Netzelemente

Differenzierung

Dimensionierung und Betrieb von Parkraum mit dem Ziel der räumlichen (ggfs. zeitlichen) Trennung nach Parkzwecken und Parkberechtigungen

Einstellen*

Abstellen auf einer Fläche mit einem an eine bestimmte Person oder an ein bestimmtes Fahrzeug gebundenen Nutzungsrecht.

Einstellfläche*

Zum Einstellen von Fahrzeugen bestimmte Fläche einschließlich der Manövrierfläche.

Einstellstand*

a) Zum Einstellen eines Fahrzeuges abgegrenzte Fläche.

b) Legalbezeichnung für Abstellstände außerhalb der für den öffentlichen Verkehr gewidmeten Fläche.

Einstellvorgang*

Einmaliges Einstellen eines Fahrzeuges (entspricht: "Parkfall" im öffentlichen Straßenraum oder allgemein zugänglichen Anlagen)

Erschließungsparkfläche*

Parkfläche, die für die bauliche oder sonstige Nutzung eines Gebietes notwendig ist.

Fahrgasse*

Zum Erreichen oder Verlassen der Abstellstände bestimmter Fahrweg innerhalb einer Anlage des ruhenden Verkehrs.

Flachgarage*

Ebenerdige eingeschossige Garage.

Garage*

Gebäude oder Gebäudeteil zum Abstellen eines Fahrzeuges oder mehrerer Fahrzeuge.

Halbrampe*

Rampe, die in oder an einer Garage mit versetzten Stockwerken eine halbe Geschoßhöhe überwindet.

Hochgarage*

Mehrgeschossige oberirdische Garage.

Längsaufstellung*

Abstellen der Fahrzeuge in Fahrtrichtung hintereinander.

Manövrierfläche*

nach Abzug der Aufstellflächen verbleibende Fläche einer Anlage des ruhenden Verkehrs.

Mechanische Anlagen

Sammelbezeichnung für alle Einrichtungen, die in Parkierungsanlagen den Transport der Pkw einschl. dessen Management besorgen.

Park-and-ride-Platz*

Einem Bahnhof oder einer Haltestelle eines öffentlichen Verkehrsmittels zugeordneter Parkplatz für einen gebrochenen Zielverkehr.

Parkarbeit

Zahl der Parkfälle in/auf einer Anlage.

Parkbucht*

Parkstreifen geringer Länge mit baulich abgegrenztem Anfang und Ende.

Parken*

Abstellen auf einer Fläche mit einem nicht an eine bestimmte Person oder an ein bestimmtes Fahrzeug gebundenen Nutzungsrecht, also: auf öffentlichen Flächen oder in allgemein zugänglichen Anlagen

Parkfläche*

a) Zum Parken von Fahrzeugen bestimmte Fläche einschließlich der Manövrierfläche.

b) Legalbezeichnung für eine Abstellfläche innerhalb der für den öffentlichen Verkehr ausgewiesenen Fläche.

Parkflächenzahl*

Verhältnis der Parkfläche zur Geschoßfläche.

Parkhaus*

Garage mit oberirdischen Stockwerken zum Parken.

Parkleistung

Zahl der pro Zeiteinheit auf/in einer Anlage abgewickelten Parkfälle.

Parkplatz*

a) Vom fließenden Verkehr abgegrenzte Parkfläche (öffentlicher Parkplatz, beschränkt öffentlicher Parkplatz).
b) Legalbezeichnung für eine Abstellfläche innerhalb des öffentlichen Verkehrsraumes.

Parkrampe*

Rampe mit ein- oder beidseitig angeordneten Abstellständen.

Parkraum*

Summe der Parkflächen innerhalb eines bestimmten Gebietes.

Parkraumauslastung/Parkraumbelegung:

Zahl der gleichzeitig parkenden Pkw, bezogen auf die gleichzeitige Zahl der ordnungsgemäßen Parkmöglichkeiten.

Parkstand*

Zum Parken eines Fahrzeuges abgegrenzte Fläche, also: im öffentlichen Straßenraum oder in allgemein zugänglichen Anlagen

Parkstreifen*

Entlang einer Fahrbahn verlaufender Streifen zum Parken (Längs-, Schräg-, Senkrechtparkstreifen).

Parkvorgang*

Einmaliges Parken eines Fahrzeuges, "Parkfall"

Parkzweck

Vorwiegender Grund für einen Parkfall; zusammengefaßt werden die Parkzwecke nach: Bewohner, Beruf und Ausbildung, Einkauf/Besorgung, Besucher und Lieger- bzw. Wirtschaftsverkehr.

Rampengarage*

Stockwerksgarage, bei der Höhenunterschiede mittels Rampen überwunden werden.

Schrägaufstellung*

Aufstellen der Fahrzeuge in einem spitzen Winkel zur Fahrtrichtung.

Senktrechtaufstellung*

Abstellen der Fahrzeuge in einem rechten Winkel zur Fahrtrichtung.

Stellplatz*

Abstellstand, zu dessen Errichtung ein Bauherr baurechtlich verpflichtet ist.

Stellplatzflächenzahl*

Verhältnis der Stellplatzfläche zur Geschoßfläche.

Stockwerksgarage*

Mehrgeschossige Garage.

Tiefgarage*

Ein- oder mehrgeschossige unterirdische Garage.

Umschlagsgrad

Verhältnis der Anzahl der in einem Zeitabschnitt begonnenen Abstellvorgänge zur Anzahl der vorhandenen Abstellstände.

Verkehr, ruhender*

Gesamtheit der Vorgänge, die dem Abstellen, dem Ein- und Aussteigen sowie dem Be- und Entladen dienen.

Vollrampe*

Rampe, die in oder an einer Garage eine volle Geschoßhöhe überwindet.

Wendelrampe*

Schraubenartig geführte Rampe in oder an einer

Garage.

Zuflußziffer (max.)

Alle innerhalb einer Zeitheit begonnenen Parkvorgänge, bezogen auuf die Anzahl der vorhandenen Plätze (vgl. Umschlagsgrad).

7. Literatur und Abbildungsverzeichnis

Quelle für alle nicht nachgewiesenen Abbildungen: BSV

1. AACHENER NACHRICHTEN: Schlagzeilen aus 1990.

2. AACHENER NACHRICHTEN 13.12.1991

3. AACHENER NACHRICHTEN 03.08.1990

4. AACHENER STRASSENBAHN- UND ENERGIEVERSORGUNGS- AG (ASEAG): Busspur 1/90

5. dies. (Hrsg.): Busspur 3/91

6. ADAC (Hrsg.): Benutzerfreundliche Parkhäuser. München 1990: ADAC

7. ders. (Hrsg.): Schneller Parken mit Parkleitsystem. München 1987: ADAC

8. ders. (Hrsg.): Abschlußbericht zur Parkuntersuchung in Schweinfurt im Rahmen der kommunalen Verkehrsüberwachung. München 1988: ADAC

9. ders. (Hrsg.): Dokumentation "Parkgebühren/-erhöhung". München 1983: ADAC

10. ders. (Hrsg.): Parkuntersuchung Meschede. München 1985: ADAC

11. ders. (Hrsg.): Es gibt noch Parkplätze in der Stadt. ADAC-Motorwelt 8/86

12. ders. (Hrsg.): Abschlußbericht zur Parkuntersuchung in Würzburg im Rahmen der kommunalen Verkehrsüberwachung. München 1988: ADAC

13. ders. (Hrsg.): Studienreise '90. München 1991: ADAC

14. ders. (Hrsg.): Verkehrsforum 1987. Koblenz 1987: ADAC

15. ders. (Hrsg.): Kontrollsysteme für Parkgaragen. ADAC-Schriftenreihe Nr. 18. München 1976: ADAC

16. AMT DER NIEDERÖSTERREICHISCHEN LANDESREGIERUNG (Hrsg.): Handbuch: Gestaltung von Straße und Ortsraum. Wien 1988.

17. ANTE, U.: Parkverhalten in Hanau. Geographische Regionalanalyse. Würzburg, 1988: Lehrstuhl für Allgemeine und Angewandte Wirtschaftsgeographie.

18. ARGEBAU: Hinweise für die städtebauliche Planung von Parkbauten für Kernbereiche. Bayer. Mittbl. 1973, S. 301

19. APEL, D./LEHMBROCK, M.: Stadtverträgliche Verkehrsplanung. Chancen zur Steuerung des Autoverkehrs durch Parkraumkonzepte und -bewirtschaftung. Berlin 1990: difu

20. APPEL, H. P./BAIER, R.: Verkehrskonzept Innenstadt Unna. Aachen 1988: BSV

21. APPEL, H. P./BAIER, R.: Verkehrskonzept: erweiterte Innenstadt Hanau. Aachen 1987: BSV

22. APPEL, H. P./BAIER, R./PETER, C.: Parke nicht auf unseren Wegen. Handlungsleitfaden für die kommunale Praxis. MSWV informiert 5/88. Düsseldorf 1988. MSWV

23. APPEL, H. P./WAGENER, A.: Vorbereitung und Begleitung des Pilotprojektes "Anwohnerparken Limpertsberg", Stadt Luxemburg. Bericht. Aachen 4/92: BSV

24. APPEL H.P./BAIER, R./SCHÄFER, K. H.: Kommunale Verkehrsentwicklungsplanung. Baustein für die Planungspraxis in Nordrhein-Westfalen Nr. 11. Dortmund 1992: ILS

25. APPEL, H. P./BAIER, R.: Flankierende Maßnahmen zum Umweltabonnenemt Wiesbaden: Parkuntersuchung Innenstadt. Aachen 1988: BSV

26. APPEL, H. P./HEBEL, C./WAGENER, A.: Untersuchungen zum Verkehrsentwicklungsplan Esslingen. Zwischenbericht. Aachen 6/91: BSV

27. APPEL, H. P.: Untersuchungen zum Verkehrsentwicklungsplan Esslingen. Zwischenbericht 2/91: BSV

28. APPEL, H. P.: Wohin mit dem Auto ? Vortrag. Forum Verkehr der SPD-Fraktion der Stadt Essen 11.07.1991. In: Bausteine für ein Essener Verkehrskonzept. Essen 12/91

29. APPEL, H. P.: Realutopien. Vortrag. Jahrestagung der Arbeitsgemeinschaft "Die alte Stadt". Wetzlar 1991

30. ARAL AG (Hrsg.): Aral-Verkehrstaschenbuch 1991/92. Bochum 1991: Aral

31. AUMUND; H. J./ARTSCHWAGER, D./ALBERS, A./HECK, H. M.: Verkehrsentwicklungsplan Delbrück: Hannover 1988: Institut für Verkehrswirtschaft, Straßenwesen und Städtebau.

32. BAG (Bundesarbeitsgemeinschaft der Mittel- und Großbetriebe des Einzelhandels e.V.) (Hrsg.): Parken und Handel. Köln 1990: BAG

33. dies.: Stellplätze - Bilanz und Perspektive -. Köln 1983: BAG

34. dies.: Parken und Handel. Köln 1990: BAG

35. dies.: Mittelzentren im Aufwind. Ergebnisse der BAG-Untersuchung Kundenverkehr 1988. Köln 1988: BAG

36. BAIER, R./MORITZ, A./SCHÄFER, K. H.: Parken in der Stadt. Heft 03.109 der Schriftenreihe "Städtebauliche Forschung" des BMBau. Bonn 1984

37. BAIER, R./PETER, C./SCHÄFER, K.H.: Straßen in Stadt und Dorf. Heft 03.113 der Schriftenreihe des BMBau. Bonn 1985

38. BAIER, R./PETER, C.: Verkehrsstädtebauliches Konzept Stadtkern Geldern. Aachen 1986: BSV

39. BAIER, R./PETER, C.: Sicherer Verkehr, ortsgerechte Straße. MSWV informiert 3/89. Düsseldorf 1989: MSWV

40. BAIER, R./SCHRÖDER, D.: Ruhiges Wohnen - Sichere Straße. MLS informiert 9/84. Düsseldorf 1984 MLS

41. BAYERISCHES STAATSMINISTERIUM DES INNEREN - OBERSTE BAUBEHÖRDE (Hrsg.): Parkplätze. Arbeitsblätter für die Bauleitsplanung Nr. 11. München 1990

42. BECHER, K. P./OVERATH, A.: Vom Abstellplatz am Bahnhof zum P + R-Terminal. Verkehr und Technik 7/91

43. BECKMANN, B.: Anmerkungen zum Thema: Parkdauer in der Innenstadt. In: Stadt Region Land. Heft 58 der Schriftenreihe des Instituts für Stadtbauwesen, RWTH Aachen, 1983

44. BHS PARKSYSTEME: Produktdatenblätter HF 594 6.91 HL und HF 594 6.91 H

45. BILLINGER, H./MEINSSNER, W./REINBORN, D./SCHALLER, T./ VALENTIEN, D.: Flächenhafte Verkehrsberuhigung Esslingen am Neckar. Planungsvorbereitende Studie, 1982

46. BOESCH, H.: Der Fußgänger als Kunde. Berichte zur Orts-, Regional- und Landesplanung Nr. 58. Zürich 1988: Verlag der Fachvereine Zürich

47. BRÖG, W.: Einkaufen in der Innenstadt. DER NAHVERKEHR 3/90

48. BÜRO FÜR INTERDISZIPLINÄRE STADT- UND VERKEHRSPLANUNG (BiS): Verkehrsentwicklungsplan Soest. 1. Bericht. Bonn 10/90: BiS

49. BUBERL, A.: Standortbestimmung Kraftfahrzeug. Energie und Umwelt aktuell. Heft 21, 1985

50. BUFF, A.: Bauordnung im Wandel. München 1971: Callwey

51. DAMBACH-WERKE GmbH: Prospekt: Parkschein-Automaten. Gagenau 1990

52. DAHLHOFF, C./GERLACH, J./FUNKE, R.: Parken in Kleve - Klever Modell. Straßenverkehrstechnik 5/91

53. DER REGIERUNGSPRÄSIDENT MÜNSTER: Handlungskonzept für eine stadtverträgliche Neuordnung des ruhenden Verkehrs zur Entlastung der Innenstädte vom Kraftfahrzeugverkehr. Münster 12/90: RP Münster

54. DERSE, K. E./SCHNEIDER, H. W./STEINHART, W.: Sonderparkberechtigung für Anwohner. Der Städtetag 3/1987

55. DIEHL, H. G.: Aus den Erfahrungen einer kommunalen Parkhausbetriebsgesellschaft. Vortrag. 6. Deidesheimer Seminar. 3./4. Mai 1991

56. ELLINGHAUS, D./WELBERS, M.: Vorschrift und Verhalten. Eine empirische Untersuchung über den Umgang mit Verkehrsregeln. UNIROYAL - Verkehrsuntersuchung Nr. 6. Köln o.j.: IFAPLAN

57. ENERGIE UND UMWELT AKTUELL, Heft 21 1985

58. ESSLINGER ZEITUNG. 29.10.1991

59. FGSV (Forschungsgesellschaft für Straßen- und Verkehrswesen): Richtlinie für die Anlage von Straßen - Querschnitte, RAS-Q 82. Köln 1982: FGSV

60. FGSV (Hrsg.): Flächendeckende Parkraumkonzepte für Innenstädte und innenstadtnahe Mischgebiete. Arbeitspapier Nr. 24. Köln 1990: FGSV

61. FGSV (Hrsg.): Hinweise für die Parkregelung zugunsten von Anwohnern. Köln 1990: FGSV

62. FGSV (Hrsg.): Empfehlungen für die Anlage von Hauptverkehrsstraßen. EAHV. Entwurf. Köln 1990: FGSV

63. FGSV (Hrsg.): Empfehlungen für Anlagen des ruhenden Verkehrs (EAR). Köln 1992: FGSV

64. FGSV (Hrsg.): Empfehlungen für die Anlage von Erschließungsstraßen. EAE -85. Köln 1985: FGSV

65. FGSV (Hrsg.): Empfehlungen zur Lösung der Probleme des ruhenden Verkehrs in Altbaugebieten. FGSV - Arbeitspapier Nr. 4. Köln 1984: FGSV

66. FLADE, A./SCHLABBACH, K./DIECKMANN, F.: Parkhaus oder Straßenrand? Eine Studie zum Parkverhalten in der Innenstadt von Darmstadt. Darmstadt 1988: IWU

67. FUGMANN - HEESING, A.: Parkvorsorge in Städten. Stuttgart 1984: Kohlhammer

68. GEMEENTE MAASTRICHT (Hrsg.): Parkeerplan '84

69. dies. (Hrsg.): Parkeerplan 1989

70. GEMEINDERAT DER STADT BERN: Umwelt, Stadt und Verkehr. Kurzbericht zur Parkraumplanung der Stadt Bern, April 1983

71. GRETSCH, L./WIOTTE, H.: Park- und Verkehrsverhalten von Benutzer/-innen der Kurzparkzonen in Saarbrücken. Saarbrücken 1989: Institut für Praxisorientierte Forschung und Bildung

72. HAUSER, J.: Parkuhren - Parkscheinautomaten - Parkscheiben. Verkehrsdienst 4 - 5/82

73. HÄCKELMANN, P.: Das Parkierungskonzept in Saarbrücken. Vortrag. Deutsches Institut für Urbanistik. 26.-30.03.1980

74. HÄCKER, S./KREMP, W.: Ruhender Radverkehr. Vom Fahrradständer zur Fahrradabstellanlage. Bausteine für die Planungspraxis in Nordrhein-Westfalen Nr. 10. Dortmund 1990: ILS

75. HEBEL, C.: Parkraumkonzepte für Großstädte - Methoden und aktuelle Ansätze. Diplomarbeit beim Lehrstuhl für Stadtbauwesen. RWTH Aachen. Oktober 91

76. HEINRITZ, G./POPIEN, R.: Das Parkplatzangebot als Standortfaktor für den Einzelhandel in Mittelstädten. Münchener Geographische Hefte Nr. 63, 1989

77. HUFBAUER, R.: Förderung des Radverkehrs am Beispiel der Stadt Freiburg. Vortrag, Aachen 1989

78. ILS (Hrsg.): Städtebauliche Verdichtung in Nordrhein-Westfalen. Band 2.003 der Schriftenreihe Stadtentwicklung-Städtebau. Dortmund 1976.: ILS

79. INGENIEURGRUPPE IVV: Parkleitsystem und Parkraumbewirtschaftungskonzept für das Kerngebiet der Stadt Geldern. Aachen 1991: IVV

80. INSTITUT FÜR STADTFORSCHUNG UND STRUKTURPOLITIK/SOCIAL-DATA: Auswirkungen auf Entwicklung der Boden- und Mietpreise. Investitionsverhalten und Modernisierungstätigkeiten sowie auf Standortverhalten von Haushalten und Betrieben. Ergebnisse der Vorher-Untersuchungen in Esslingen. Berlin/München 1985

81. INSTITUT FÜR BAUFORSCHUNG e.V. HANNOVER/PLANUNGSBÜRO RICHTER-RICHARD, AACHEN: Ruhender Verkehr in Wohngebieten. Bausteine für die Planungspraxis in Nordrhein-Westfalen Nr. 3. Dortmund 1982: ILS

82. JANSEN, P. B.: Parkeerbeleid in Maastricht. Verkehrstechnische Leergang 1988. ANBW

83. JANZ, K./SCHUSTER, A./SKOUPIL, L./TOPP, H. H.: Parkraumkonzepte: Methodik für Großstädte - Anwendung in Frankfurt am Main. Internationales Verkehrswesen 41 (1988) 1. Heft

84. KLEIN, G.: Akzeptanz von Tiefgaragen - Einfluß von Funktion und Gestalt. Fachgebiet Verkehrswesen Universität Kaiserslautern, 12/88

85. KRAUSE, J.: Modellvorhaben Flächenhafte Verkehrsberuhigung. Maßnahmendokumentation Teil Esslingen. Kaiserslautern 1990: Fachgebiet Verkehrswesen, Universität Kaiserslautern

86. KVG, KASSELER VERKEHRSGESELLSCHAFT AG (Hrsg.): Vorfahrt für den Umweltverbund. (o.j.)

87. LANDESHAUPTSTADT STUTTGART, STADTPLANUNGSAMT (Hrsg.): Parken in der Innenstadt. Zählungen 1978 - 1983

88. LANDESHAUPTSTADT WIESBADEN, AMT FÜR WIRTSCHAFT (Hrsg.): Einzelhandel in Wiesbaden. 7/1983

89. LANDESHAUPTSTADT WIESBADEN (Hrsg.): Parken für Anwohner. Informationsblatt 1991

90. LÄSKER-BAUER, U./MEYFAHRT, R./v. REUSS, J./SCHNETTER, C./WIMMEL, H.: Freiraumplanung in Innenstädten. Heft 03.114 der Schriftenreihe des BMBau. Bonn 1985

91. LÖCKER, G.: Stärkere Verknüpfung von ÖPNV und "Ruhendem Verkehr". In: DER NAHVERKEHR 5/89

92. MAGISTRAT DER STADT KASSEL: Zur Diskussion: Generalverkehrsplan, Kassel 12/88

93. MAGISTRAT DER STADT KASSEL (Hrsg.): Parken in Kassel. Kassel 9/91

94. MAUSBACH, H.: Dreidimensionales Schaubild des Stadtkerns Esslingen. Esslingen 1987: Bechtle

95. METRON: Kanton Zürich, Maßnahmenplan Lufthygiene. Bereich: Integrierte Kapazitätsreduktion. Windisch/Zürich 12/88: METRON

96. MONHEIM, H./MONHEIM-DANDORFER, R.: Straßen für alle. Hamburg 1990: Rasch und Röhring

97. MONHEIM, H.: Novellierungsbedarf im Baurecht und Verkehrsrecht zur Lösung der Verkehrs- und Parkprobleme in den Städten, Referentenentwurf im Ministerium für Stadtentwicklung, Wohnen und Verkehr vom 04.12.1989, Düsseldorf 1989 (unveröffentlicht)

98. MSWV (Ministerium für Stadtentwicklung, Wohnen und Verkehr): Schulwegsicherung in Nordrhein-Westfalen. Erlaß III A 3-75-05/14 vom 09. Juli 1989. Köln 11/89: HUK-Verband

99. MSWV: Grundsätze für eine stadtverträgliche Ordnung des ruhenden Verkehrs. Runderlaß des Ministers für Stadtentwicklung, Wohnen und Verkehr vom 30.06.1989 I C 3 - 86.20

100. NICKEL, B.: In Innenstädten weltweit Verkehrsbeschränkungen. In: DER NAHVERKEHR 1/91

101. OTTO WÖHR GmbH (Hrsg.): Die Parklücke. 6/91

102. dies. (Hrsg.): Wir wissen wie man Parkraum schafft. 1990

103. PETER, C.: Verkehrsgutachten Einkaufszentrum Bahnstraße Erkrath. Aachen 1985: BSV

104. REHAR-HOFFMANN, M./DIERSEN, A.: Graphisches Konzept "Verkehrsentwicklungsplan". Lüneburg 2/91

105. SCHIEKE, M./SCHÜNEMANN, H.: Fahrradverkehr. Lübeck plant und baut, Heft 3/Mai 1987

106. SCHIRMACHER, E.: Erhaltung im Städtebau. Grundlagen - Bereiche - gestaltsbezogene Ortstypologie. Heft 02.010 der Schriftenreihe des BMBau. 1978

107. SENAT DER HANSESTADT LÜBECK, BAUDEZERNAT: Fahren und Parken in Lübeck. Verkehrsinformation Altstadt. Mai 1990

108. SOCIALDATA: Pkw-Nutzung. Flugblatt. Kassel 1990

109. STADT DORTMUND, AMT 61/3/IVV AACHEN: Ruhender Verkehr in der City Dortmund. Dortmund/Aachen 1985

110. STADT DORTMUND/SNV/Thyssen-Engeneering: Kleinparkhäuser. Forschungsbericht zum FE-Nr. 77053/86 des BMV. Bergisch-Gladbach 1988: SNV

111. STADT ERLANGEN (Hrsg.): Wegweiser Innenstadt, 1985

112. STADT ESSLINGEN AM NECKAR: Stellplatzsatzung vom 04.02.1991

113. STADT ESSLINGEN AM NECKAR: Esslingen am Neckar - Sympathisch

114. STADT ESSLINGEN AM NECKAR - ORDNUNGSAMT UND FREIWILLIGE FEUERWEHR: Plakat und Flugblatt "Die Feuerwehr kann nicht warten". 11/91

115. STADT FRANKFURT AM MAIN (Hrsg.): Parken in Frankfurt - Einschränkungssatzung, Stellplatzablösung und Verwendung der Ablösebeträge. Frankfurt 10/90

116. dies. (Hrsg.): Parkraumkonzept Frankfurt am Main 1988

117. STADT FRAUENFELD (SCHWEIZ): Informationen zum Stadtbus. Frauenfeld 1991

118. STADT GELDERN: Parken in Geldern, 1991

119. STADT GÖTTINGEN (Hrsg.): Die Entwicklung der Göttinger Innenstadt. Planungsleitbild 1988

120. STADT LÜNEBURG (Hrsg.): Fahren und Parken. Prospekt. o.j.

121. dies.: Ein neuer Lüneburger stellt sich vor: Prospekt. o.j.

122. STADT LUXEMBURG (Hrsg.): Stadbewosst Parken. Flugblatt und Plakat. Luxemburg 1990

123. STADT MÜNCHEN: Gesamtkonzept Parken Innenstadt. 19.06.1991

124. STÄDTETAG NORDRHEIN-WESTFALEN (Hrsg.): Mustersatzung über den Verzicht auf die Herstellung von Stellplätzen und Garagen. Eildienst. Heft 4, 08.02.1990

125. STADTPLANUNGSAMT ZÜRICH: Parkierung 1991

126. STRASSEN- UND WEGEGESETZ Nordrhein-Westfalen. GesVOBl NRW Nr. 38 30.08.1983 S. 306-320

127. STRASSEN- UND WEGEGESETZ Schleswig-Holstein. GesVOBl Schleswig-Holstein Nr. 9 20.03.1979 S. 163-179

128. STRASSENVERKEHRSORDNUNG, 1.10.1988

129. SUCHY, J./STRACK, H.: Park and Ride: Möglichkeiten und Wirkungen. In: Straßenverkehrstechnik 2/91

130. TOPP, H.H: Sonderparkberechtigung für Anwohner in der Bundesrepublik Deutschland - eine erste Bilanz. Heft 4 der Reihe F, DST-Beiträge zur Wirtschafts- und Verkehrspolitik. Köln 1982: Deutscher Städtetag

131. UNFRANKIERT, Frankenberger Viertelzeitung, Aachen, September 1990

132. VESTER, F.: Ausfahrt Zukunft. Strategien für den Verkehr von morgen. Eine Systemuntersuchung. München 1990: Heyne

133. VOGT, W./WACKER, M./WEEBER, H./WEEBER, R.: Wirksamkeit und Auswirkungen von Parkraumbeschränkungen im Berufsverkehr. Schlußbericht zum FE 77035. Institut für Straßen- und Verkehrswesen, Universität Stuttgart.

134. VOLKSWAGEN AG (Hrsg.): Autofreie Stadt ? Parken mit System. Wolfsburg 1990: VW

135. VRR/SNV/GMO: Innovatives Park and Ride Terminal Konzept. Forschungsprojekt des Verkehrsverbundes Rhein-Ruhr GmbH. Bericht. Stand Oktober 1991

136. WEBERSINN, M.: Parkraumbewirtschaftung für Lüneburg. Ein neues Nutzungskonzept. Straßenverkehrstechnik 1/89

137. ders.: Fußgänger, Radfahrer und Busse gegen Verkehrsinfarkt. Lüneburger Monatsspiegel 3/91

138. WEWERS, B.: Quartiergaragen, Kleinparkhäuser, Mechanische Parkierungsanlagen. Vortrag beim 8. Deidesheimer Seminar der Technischen Akademie Südwest. Mai 1991

139. WINNEMÖLLER, B.: Untersuchungs- und Befragungsergebnisse zur Vorbereitung der Verkehrsberuhigung und Gestaltung der Hauptstraßen im Kernbereich von Delbrück-Mitte. 1987

140. WUTSCHKA, J.: Parkraumnachfrage im innerstädtischen Einkaufsverkehr. Bericht B 42, Institut für Stadtbauwesen, RWTH Aachen, 1990

141. (O.V.): Hinweise für das Anbringen von Verkehrszeichen und Verkehrseinrichtungen. Bonn 1990: Kirschbaum

142. (O.V.): Elektronisches Parkhaussystem. Straßenverkehrstechnik 1/91

8. Index der zitierten Städte

Aachen	S. 13, 19, 30, 31, 57, 69, 98, 101, 105, 106
Amberg	S. 22
Amsterdam, NL	S. 52
Augsburg	S. 19, 31
Baden-Baden	S. 98
Bad Kissingen	S. 22
Bad Neuenahr-Ahrweiler	S. 27
Bad Sassendorf	S. 19, 22, 58, 64
Bamberg	S. 22, 55
Bayreuth	S. 22
Beckum	S. 55
Bergheim/Erft	S. 63
Bergisch Gladbach	S. 22
Berlin	S. 13
Bern, CH	S. 59
Bielefeld	S. 105
Bocholt	S. 22, 53
Bochum	S. 19
Bonn	S. 30
Braunschweig	S. 19, 31
Bremen	S. 7, 63
Coburg	S. 22
Dachau	S. 62
Delbrück	S. 7, 22, 30, 45, 46, 47, 58, 68
Darmstadt	S. 19, 31, 51, 57
Dortmund	S. 30, 31, 55, 56, 64, 94
Düren	S. 22
Düsseldorf	S. 31, 64
Duisburg	S. 22, 31
Erkrath	S. 84, 85
Erlangen	S. 19, 22, 31, 51, 55, 57, 74
Essen	S. 20, 31
Esslingen am Neckar	S. 7, 18, 20, 22, 28, 30, 32, 33, 34, 50, 51, 54, 55, 59, 63, 69, 82, 87, 96
Frauenfeld, CH	S. 66
Frankfurt a.M.	S. 31, 64
Freiburg	S. 11, 19, 22, 25, 51, 57
Fulda	S. 87
Geldern	S. 7, 22, 30, 41, 42, 43, 44, 52, 54, 55, 56, 97
Gießen	S. 22
Göttingen	S. 19, 22, 31, 51, 52, 65, 98
Hagen	S. 28, 31, 51, 57
Hamburg	S. 30, 31, 53
Hameln	S. 14
Hamm	S. 22, 31, 49
Hanau	S. 7, 19, 22, 28, 30, 35, 36, 37, 50, 51, 53, 57, 58, 59, 74, 81, 86, 93
Hannover	S. 31
Heilbronn	S. 55
Hilden	S. 22
Ingolstadt	S. 22
Iserlohn	S. 22
Kalkar	S. 50
Karlsruhe	S. 19
Kassel	S. 22, 24, 25, 26, 31, 51, 53, 64, 94, 95, 98, 110
Kiel	S. 31

Kleve	S. 76, 80, 97
Köln	S. 31, 94
Krefeld	S. 19, 31, 54, 92
Lahr	S. 22, 25
Leverkusen	S. 105
Lörrach	S. 22, 55, 64, 94
Ludwigsburg	S. 22
Ludwigshafen	S. 22
Lübeck	S. 21, 24, 30, 57, 58, 63, 65
Lüdinghausen	S. 22
Lüneburg	S. 7, 19, 22, 30, 38, 39, 40, 54, 55, 59, 75, 100, 103, 106
Luxemburg,	S. 24, 61, 69
Luzern, CH	S. 53
Maastricht, NL	S. 52, 68, 87
Mainz	S. 19, 31, 51, 57, 58, 104
Mannheim	S. 31
Mühlheim a.d. Ruhr	S. 19, 30, 31, 51, 57, 87
München	S. 27, 31
Münster	S. 19, 31
Neu Isenburg	S. 22
Neuss	S. 19
Nürnberg	S. 31, 53
Nürtingen	S. 98
Oberhausen	S. 60
Oldenburg	S. 19, 31, 51, 57
Osnabrück	S. 27, 31, 51, 58, 98, 104
Ostfildern	S. 53
Paderborn	S. 22, 28, 53
Regensburg	S. 22, 31, 51, 57
Reutlingen	S. 54
Rheda-Wiedenbrück	S. 22, 50
Rheine	S. 22
Saarbrücken	S. 19, 22, 24, 31, 106
Saarlouis	S. 14
Seefeld CH	S. 60
Siegburg	S. 22
Siegen	S. 22
Soest	S. 18, 55
Stolberg	S. 50
Stuttgart	S. 31, 53, 54, 60, 75
Trier	S. 19
Ulm	S. 55
Unna	S. 22, 23, 57
Vaals NL	S. 52
Werl	S. 55
Wetzlar	S. 22
Wiesbaden	S. 19, 22, 26, 31, 50, 51, 63, 85, 99, 100, 105, 106
Witten	S. 105
Wolfenbüttel	S. 22
Würzburg	S. 19, 60
Xanten	S. 50

Schriftenreihe

**Berichte der Bundesanstalt
für Straßenwesen**

Unterreihe "Verkehrstechnik"

V1: **Leitfaden Parkraumkonzepte**
von H. P. Appel, R. Baier und A. Wagener
132 Seiten, 2. Auflage, 1993   kostenlos

**Zu beziehen durch:
Wirtschaftsverlag NW
Verlag für neue Wissenschaft GmbH
Postfach 10 11 10
D-27511 Bremerhaven
Telefon (0471) 46093-95, Telefax (0471) 42765**